世紀中國

THE CHINESE CENTURY

世紀中國
近代中國百年圖像史
◆
THE CHINESE CENTURY
A PHOTOGRAPHIC HISTORY OF THE LAST HUNDRED YEARS

圖片選輯
◆
史景遷、金安平、柯林·雅各布森、安娜貝爾·梅魯若

JONATHAN D. SPENCE, ANNPING CHIN, COLIN JACOBSON, ANNABEL MERULLO

第一頁圖說
播種，1965 年，華南。
攝影：馬克‧呂布（Marc Riboud）

第二、三頁圖說
北京，1957 年。
攝影：馬克‧呂布

第四頁圖說
1924 年的北京，人們扛著一輛附有司機人偶的紙紮福特 A 型車（Ford Model A）準備到墳前燒化，這樣死者就能在陰間得到代步工具。
攝影：甘博（Sidney D. Gamble）

第五頁圖說
1937 年，北平的少年們。
攝影：喬治‧克雷努柯夫（George Krainukov）

第六、七頁圖說
1964 年，一名農民走在北京近郊明陵的神道上。
攝影：勒內‧布里（René Burri）

CONTENTS　　　目次

編者的話
EDITORS' NOTE

本書採用「漢語拼音」系統拼寫中文的羅馬拼音。中華人民共和國自 1950 年代起便開始使用「拼音」系統，大致上取代了原來使用的威妥瑪（Wade-Gile）拼音系統。「拼音」的字母唸法大部分都和它們原來在英語中的發音相同，只有若干例外，像是「c」唸作「ㄘ」，比如慈禧太后（Dowader Cixi）；「q」唸作「ㄑ」，比如大清的清（Qing）；「iu」念作「ㄧㄡ」，比如「劉」（Liu），發音類似「yoke」當中的「yo」；「x」唸作「ㄒ」，比如光緒（Guangxu）和慈禧（Cixi），發音類似「she」當中的「sh」；而「zh」唸作「ㄓ」，比如周恩來（Zhou Enlai）、朱德（Zhu De）、廣州（Guangzhou），發音類似「job」當中的「j」。不過，有些人物的英文譯名在西方已使用多時，就按照原來的拼法不做更動，比如蔣介石（Chiang Kai-shek）、中國（China）、廣州（Canton）、西藏（Tibet）、香港（Hong Kong）、孫中山（Sun Yat-sen）等。

中文姓名的寫法，是姓氏在前，名字在後。

本書中使用的歷史照片，是從世界各地，包括中國、歐洲和美國的檔案館、博物館及私人收藏中進行研究、廣泛蒐羅而來。對於檔案館的館員、攝影師以及在蒐集資料過程中對我們和對作者施以援手的人士，我們在此表達謝忱。這本書已經得到全球出版界合作夥伴的支持，要不是有紐約蘭登書屋的哈洛德・伊凡斯（Harold Evans）始終鼎力相助，是不可能順利出版的。我們還要感謝愛克發・吉華集團（Agfa-Gaevert）和畢爾德藝壇（Bildforum）的漢斯喬欽・尼爾倫茲（Hansjoachim Neirentz）慷慨提供優質攝影紙張和化學藥劑，並且協助舉辦攝影照片展。

照片攝影者的姓名只要是知道的，一律標示在圖說標題後面。照片的來源以及從其他著作裡引用的出處，都列在本書謝辭裡。

走入中土之國

照片中的農民正走在連接雲南西南和藏邊的吊橋上。中國傳統的觀念認為，所有進入中國的道路，都代表由蠻荒踏入文明開化之境。中國，眾所周知的「中土之國」，是由其統治者、學者、官員所組成的菁英階層作為代表，呈現出真正的核心文化。相形之下，其他國家在知識與精神上都顯得貧乏。然而，中國寧可閉關孤立。幾個世紀以來，中國的樣貌仍舊維持原來的模樣，沒有受到外界的影響——就像照片中這座吊橋一樣，在這張照片拍攝之前（約攝於 1900 年前後），吊橋在中國已經有上千年的歷史了。

攝影：方蘇雅（Auguste François）

帝國終曲
END OF EMPIRE

　　十九世紀後期的中國，與我們所知，西元前三世紀由專制帝王初次大一統時的古國樣貌，仍舊保持著令人驚異的相似。儘管歷朝歷代的政權已經齊一書寫文字，建立起中央集權的官僚體系，並且修築運河與道路網，用以連通各商業重鎮，然而在 1890 年，一般來說中國人的生活仍然是天高皇帝遠，與上述這些變革無涉。大部分人說的還是外地人難以通曉的方言，在數目多到令人眼花撩亂的大小廟宇裡奉行民間信仰的儀軌，按照當地傳統養育家小，並且安排婚姻大事。只有到了情非得已時，才會和各級官府打交道。

　　傳統的國家體系確實無法掌控社會上的所有層面，因為十九世紀晚期的中國幅員廣袤，其面積大約和美國相等，與歐洲相比更要大上許多。中國的氣候與地形分布甚廣：北面與俄羅斯接壤的黑龍江流域，嚴寒冰封、作物生長期短；西南邊與越南和緬甸交鄰的熱帶地區，植被茂密蒼翠，適合農耕漁獵；而從西藏邊陲一直延伸到中亞的，是土地荒蕪不毛、終年強風吹襲的沙漠地帶。

　　幾座主要城市裡有若干身家富裕、教養高雅的人居住生活，東南沿海一帶也有少數西方人在活動，他們帶來新的工業技術，並且熱情推動都市計畫與公共衛生。但是中國大部分仍然是農村，而對四億五千萬百姓當中的絕大多數人來說，他們心目中的世界，是由環繞在鄉間市集旁的小村落所組成的。農村裡的男人和女子背負著農產品，沿著狹窄的小徑在村莊與城鎮間穿梭，或搭乘小舟，在蜿蜒曲折的溪流和內陸水道裡行進，因為能馱重的牲口非常稀少，要價甚高，農民們擔負不起。對於城鎮或鄉村的大多數居民而言，日常生活都仰賴步行，而腳上沾的是泥還是灰塵，則取決於當時的季節。那些手頭稍寬裕的人，出門時可能會選擇搭乘苦力肩抬的轎子，或乘坐獨輪車輛外出。

　　由於鐵相當稀少、要價不菲，因此儘管各種農具極其簡陋，中國卻不乏手藝精巧的匠人，他們在數百萬個小作坊裡，照應著各自鄉里社群的需求。比較稀少的物品，像是針、鹽、文房用具或孩童的玩具等，可以在約定集市的日子，在城鎮

裡買到，或由小販到鄉間兜售。北方的農家自己栽種棉花、編織衣裳，南方的農民則用自家的桑樹飼養蠶繭，做成蠶絲品到鎮上銷售。烹飪用油以花生、胡麻籽或油菜籽搗碎製成；除非遇上節慶，否則很少用油來點燈照明，而地方上的各種活動，都是依照白晝日光的節奏來進行。各種形式的時鐘都相當罕見。蒐羅燃料的努力從不間斷，廣大的鄉村地帶持續在蒐集各種樹枝、麥梗、蘆葦或矮灌木，這些都可以拿來當作燃料，煮沸一罐水，用來煮飯或泡茶。水本身也必須靠人力取得，通常是費力地從深井中汲取，或靠腳踏板水車或手

中國的勞動引擎：人力

大多數中國人民都過著十分艱辛的農村生活。即使到了二十世紀初，機械化農作甚至連遙遠的夢想都談不上。牲口耕作也遠非大部分農民的選項。因此人力一直是中國主要的勞動力來源。農民以腳踏板水車打水（跨頁圖）來注滿南方的

水稻田，或者灌溉北方栽種小麥、高粱和蔬菜的旱田。南方難以計數的溪流和運河使運輸便利，而北方來自蒙古高原的強風則可以用來減輕農耕的勞力負擔（右上圖）。竹子製成的挑竿（右下圖），材質有如天然彈簧，減輕了挑夫肩上的負擔——正如照片中人所穿的這雙草鞋，是南方人最普遍的鞋款，因為這種鞋的成本比填棉絮的布鞋更低。

右下圖攝影：甘博

動幫浦，從溪流低窪處打取。所有東西都不能浪費，人和牲口的每一塊排遺都要收集起來，作為肥料。

與路過官員身上罕見的顯赫袍服，或富人招朋引伴作樂、參加宗教慶典時的服裝大相逕庭者，是農村民眾的衣著：他們身穿因歷經風吹日曬而褪色的粗藍布或灰棉布，上頭經常綴滿補丁，搭配褪色的布鞋或者草鞋。男子剃光前額的頭髮，後腦勺則編綁一條長髮辮垂在身後，有時甚至垂到膝蓋以下。不過在工作的時候，辮子通常會盤在頭頂上以求舒適，或用簡單的粗棉頭巾打結或纏繞起來。至於女子，要是她們

以各式各樣聰明才智提高生產力

數以百萬計的農家編織棉布，或以細心照料的蠶繭紡織出絲綢；另有人集聚在織布機前，編織著讓全世界貪戀垂涎的地毯（上圖）。在很多人家裡的孩子，長到四、五歲時就被認為有能力照顧弟妹，好讓他們的母親能投入生產（下圖）。

攝影者：甘博（上圖），法蘭克・坎納戴（Frank Cannaday，下圖）

放牛童

少數農家的經濟能力足以養一頭水牛來耕作犁田。傳統的看法認為，像照片中這位放牛少年一邊看顧著牲口的同時，也能享有一段寶貴的時光，背誦經典，增進學問。博通

經典對於通過科舉考試、晉升清代
官員之階至關緊要。

攝影：方蘇雅

典型市鎮（第 14-15 頁）

左圖拍攝地點，是位於西南邊陲的
雲南府，右圖則是沿海的杭州。懸
掛在屋簷瓦片上的鈴鐺會在微風吹
拂時響起，可以驅趕邪祟，而在擱
放軍旗處旁邊歇息的兵丁，則負責

抵擋人世間的各種威脅。這樣的市
鎮，以及宵禁和各種節氣時令，定
下了農村生活與商業的步調。

**攝影：方蘇雅（左圖），南懷謙（Leone
Nani）神父（右圖）**

髮辮

髮辮是後腦勺的頭髮編織成的辮子，前額則剃得精光。髮辮是滿洲人在十七世紀時硬性強加於漢人身上，當初作為一種征服的象徵，後來在二十世紀初的中國，卻反過來成為排除外來影響的唯一顯著標誌。不過到了這個時候，少年和成年男子都以擁有髮辮而自豪，而且還交由理髮匠或僕役細心梳理。

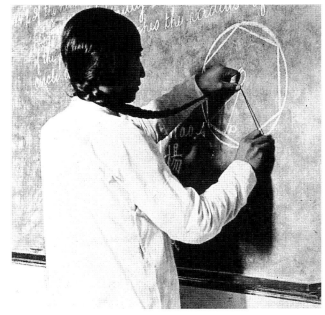

敢在自家庭院或院落裡拋頭露臉，她們的纏足就十分顯眼。女孩長到三、四歲時，腳趾就被折彎到腳底板，然後以繃帶緊緊綑綁，以阻止腳掌繼續生長，並且讓它呈尖銳的角度弓彎。女子之所以要承受如此痛苦，是為了求得一位如意郎君，他們會央請媒婆，挑選小腳的女子。纏足女子不可能正常行走，因此她們若想邁步出門，是極其緩慢而且痛苦的事。

外界觀察人士通常認為，上述這些習俗是中國社會的主要象徵，但實際上，每項習俗的源起都是相當晚近的事。前額頭髮剃光、後腦勺留髮辮，本來是滿洲部族男子的髮式，他們在 1644 年征服中國、創建大清王朝。滿洲人強迫漢人接受他們的髮式，作為其臣服的標誌；不過兩百年後，那條油光水亮的長辮卻被看作是男子氣概與優雅的象徵。與此類似的是女子的纏足，這項習俗在社會各階層之間的流傳散布雖很緩慢，態勢卻相當穩定。製作穿在纏足上的繡花鞋，成為一項由母親傳授給女兒的家事技能，繡花鞋似乎也成了男女之間，引以為傲和賞心悅目的事物。將指甲留得極長，然後以精心製作的竹指套（或其他材質）保護起來以防破損，更能突顯蓄甲主人身分地位的優越尊貴。它向所有人宣示：蓄甲主人不是體力勞動者，而是過著學者士大夫或閒雲野鶴的生活。

社會上層人士的經濟收入來自鄉間以及城裡房產的地租，任官的俸祿有時也來自經商所得或開設當鋪。他們都具備對儒家價值體系的信仰，後者為社會提供了連續與團結穩

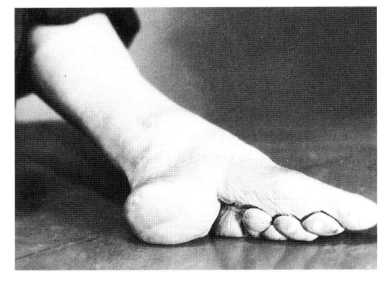

金蓮

纏足是從十一世紀開始的，並且從富人階級逐漸傳播到那些家境小康的人家（像右圖的這兩位婦女），甚至很多農家婦女也裹小腳。年幼的女孩到了三、四歲時，就得用繃帶緊緊纏綁雙足，將四根腳趾向內扳折，只留下拇趾在腳跟，以使得足部纖細修長。幾年以後，拇趾和後腳跟貼合在一起，形成弓狀，持續引發疼痛，並使行走困難。看見一名女子搖搖欲墜地用纏足行走，有如「風擺楊柳」般，將臀部由一邊移動到另一邊，據說會使男子產生綺念。纏足的理想長度是三寸。日後當改革派提倡終結此項習俗時，很少人明白：釋放纏足帶來的痛苦，其實不亞於首次纏足時所忍受的疼痛。

攝影：南懷謙神父

定。聖哲孔子在西元前五世紀的各項教誨已經明確揭櫫，透過教育，最能將道德價值灌輸到人心，而道德價值中的相互信任、順從忠誠，以及在祭祀先人與日常生活中謹慎奉行禮儀，是組成有序國家與和諧社會整體的重要核心。這些價值得以在地方上傳播延續下去，靠的是由在地幾個大姓宗族特別資助的學堂所施行的教育。孔聖人和他的幾位大弟子、日後重要的儒家大師所傳下的教誨，在朝廷的科舉取士中被奉為圭臬。科舉考試是一套分為數個階段層級的競試體系，準備科舉考試，占去了數百萬青年男子（女子不准應試）的童年與少年歲月。通過科舉，哪怕是最初階的一級，也會為他們贏得絕佳的地方聲望和慶祝活動。成功通過省級的鄉試或

朝廷舉行的殿試時，考生不但一舉成名，也會被鄉里視為地方社群的領袖人物。金榜題名更會為他們帶來獲利可期的仕途，以及對財務有利的婚姻。批評人士抱怨道，科舉扼殺了讀書人的聰明才智與創造力，同時還指出，每個地方設置的官職有限，而有資格競逐者實在太多。這些無官可作的讀書人心懷挫折忿恨，可能會對國家想建立的穩定秩序構成危機。

撇開綿延相傳這一點不說，到了十九世紀後期，有些人察覺：中國已歷經諸多重大的動盪長達一百多年之久。就算這些動亂和艱難不是他們親身遭遇，也會從旅人、士卒、乞丐或逃難者那裡聽來許多關於災難的故事。中國社會似乎正發展出一連串新的衝突導火線，其中有些是種族因素。大約

官員幼苗

菁英家庭的男孩，從六歲開始就要到宗族設立、經營的學堂就學。他們每天的日常功課，是以習寫書法和朗讀來掌握文字的字形與發音，解釋文字的意涵是之後的事。圖中牆上掛著一副對聯，中間有四幅星辰卦象圖。儘管這張攝於1900年前後的照片中全是傳統中式家具，但從左側的豎絞鍊窗可看出西方的影響。

規模的洪水或淤積，淹沒山腳下曾經肥沃的土地與河川。十九世紀中葉有一次大規模動亂，領導人是千年前由北方平原移居華南的所謂「客家人」，他們改宗信仰一種簡單形式的基督新教，並招攬了數以萬計的信眾聚集在其大旗下，宣告耶穌基督復活，以及耶穌的弟弟（譯按：即拜上帝會領袖、未來的太平天國天王洪秀全）在中國建立新耶路撒冷的宏圖。

暴力充斥於上述這些動亂之中，在全國各地引發了暴行、饑荒和無數的死亡；死屍橫陳的溪流造成疫疾蔓延，並由恐慌或絕望的難民所散布。對於逮捕到的亂黨份子，官府懲處既快速又嚴厲：嚴刑拷問、斬首示眾，或者在頸部號枷，立在狹窄的竹質站籠中，直到囚犯逐漸被勒斃，或者凍餓而死為止。儒家的信徒向來標榜透過教育和道德規勸來完成社會管控，而以刑法輔佐，認為這是維持社會秩序的理想方式，可是在過去幾個世紀以來，法典愈趨嚴厲，上述的刑罰也漸次受到採用。

除了這些動亂和災難之外，還有西方列強掀起的戰爭；從十八世紀後期以來，列強為了尋找貿易和加速傳教的永久基地，一直在東南沿海各地對中國施加壓力。英國步步進逼，在1839年與1860年導致兩次戰爭，法國在第二次戰爭時加入（**譯按：英法聯軍之役**）。後來法國在1880年代自行發動一次「懲罰」戰爭。到了1890年代，德國和俄羅斯也加入對中國施壓的行列，前者在山東攫取了一大塊區域，作為其海軍與貿易基地，後者則在滿洲北境、沿著經常變動界線的黑龍江畔，取得了大片勢力範圍。

面對這樣深重的危機，清朝皇帝與其樞輔重臣有兩種回應之道：在師法西洋部分科技、以建造新式輪船槍砲的同時，一面試圖強化中華文化既有價值。許多中國官員對於西方控制下的地區相當熟悉，這些城市像是上海、廣州、天津和漢口，西方人在這些地方整地鋪路、設置路燈照亮街衢，引進西方的公共衛生和治安體系、修築碼頭，並在中國原來老縣城以外的區域打造全新的商業環境，設置大量的辦公樓與倉儲。到了十九世紀末，這些初發展起來的半西化城市已可互通電報，有些城市之間還有鐵路交通，而這些電報與鐵路，其資金、設計與建造都來自西方人。

日本的崛起則是造成這個混亂動盪局面的另一個因素。好幾個世紀以來，中國一直將日本視為一個無足輕重的蕞爾鄰邦，日本的書寫文字、哲學思想與行政體系全都仰賴中國文化，而且一直透過朝貢關係網向中國表達效忠順服。到了十七世紀初年，執政的德川幕府閉關鎖國之後，中國只剩下在長崎的少數商人還與日本方面保持接觸往來。在中國，如果一般人心中還有關於日本的記憶，恐怕只記得日本是海盜的故鄉，倭寇曾在十六世紀於中國沿海燒殺擄掠。不過日本在1869年、政治領袖推動所謂「明治維新」之後，國家與社

有百分之九十的人口自認為是漢族，他們與各個文化較落後的部族或新移民發生衝突。有些導火線則來自於宗教間的緊張關係，或者同時結合兩個因素。有幾次民眾起事，其領袖正是出身於民間佛教的教派，他們宣揚新的千年救度之說，承諾新的「劫」即將降世，人們不再於世間受苦受難。另外還有一些亂事，是由生活在西南與遠在西北邊陲的回族穆斯林所發動，他們通常和在當地拓墾的漢人積不相容，並且對官府試圖控制與徵稅心懷忿恨。若干少數民族也因為類似的憤慨不平起而造反，他們原來耕種的膏腴谷地被漢人侵占，被驅趕到荒瘠的山陵上。他們在這種惡劣的環境下耕種，導致山坡地土壤流失，不但使他們的生活變得貧困，更引發大

清代刑罰體系

清代刑律認為懲罰須公開執行，以
儆效尤。陝西省西部，一名年輕的
竊賊雙手和髮辮被反綁在市場一根
木樁上（左圖）。亂黨與叛徒則頸
部上枷，被囚在露天木籠中（右
圖）。囚籠犯人站立的木板或磚頭，
在隨後的數日內會逐漸撤去，直到
他們窒息為止。按照中國習俗，如
此死法好過被斬首示眾，因為這樣
還可以保全屍首，在九泉之下見祖
宗。不同的罪行有不同的刑罰方式，
其中最令人聞之色變的（尤其對於
犯了大逆或逆倫罪的囚犯來說），
是所謂「殺千刀」的凌遲處死，犯
人在處死過程中仍然活著。

攝影者：南懷謙神父。

傳統轎子

（左圖）馬車拖拉的轎子有兵丁隨行護衛，轎中主人是在 1904 年日俄戰爭前夕離開戰區，南下至北京避難。照片前景的小車上，有個包裹布幔的轎廂，在一般情況下，它應該是作為人抬的轎子或肩輿。

趕早班火車

（右頁）外國銀行團在中國大舉興築鐵路，而中國的愛國人士質疑，此一可能的戰略運輸系統竟掌握在外國人手中，是否為明智之舉。各省的菁英尋求募集資金以自建鐵路，而當 1910 年，清廷打算將所有這些自建鐵路收歸國有時，隨之而起的衝突是造成清朝崩潰的因素之一。鐵路的興建改變了農村糧食運輸分配的模式，因此在機動性與便利性之外，也帶來了干擾。

會起了翻天覆地的驚人改變，迫使清廷必須重新審視這個鄰邦。日本廢除了舊日的封建體系，實施全國徵兵、將國民義務教育標準化、選舉國會，並且精心打造、扶植重工業、造船與銀行集團，然後以上述作為基礎，建立君主立憲政體。日本因而能以嶄新的面貌出現，調整與西方列強的關係。列強不得不放棄不平等條約，以及他們已施加於中國、現在準備將施加在日本的關稅體系。而日本則反過來運用新的國際法與商業法概念，鞏固自身的商業貿易地位，並且將其外交效力擴展到世界各地。

正當日本政府下令其民眾改著西洋服裝的同時，日本軍隊也改採西方的制服、訓練和組織。到了 1890 年代，日本已經在中國的藩屬朝鮮建立擴張基地。與此同時，日本展開一系列對外擴張：它將琉球諸島納入版圖，開始入侵台灣，派遣輪船進入長江，並且在滿洲南部窺伺新的商業與投資契機。1894 年，中國試圖增強自身在朝鮮的力量，並排除日本的勢力。對此，日本以展現驚人的軍事力量作為回應：陸軍以保護其親日「盟友」權利為名登陸朝鮮，現代化的海軍鐵甲艦隊駛入黃海，經過一場短暫的戰鬥之後，以其砲火和機動上的優勢重創清北洋艦隊。日軍隨即登陸山東半島，很快就摧毀北洋艦隊停泊港口的周邊防禦，進而長驅直入、擊沉大部分在港灣內下錨的中國艦艇，這對清廷而言是致命的一擊。在 1895 年的《馬關條約》中，日本要求清廷割讓台灣，並開放南滿作為日本擴展商業與貿易的投資特區（**譯按：日本所提要求為割讓台灣、澎湖以及遼東半島，開放沙市、重慶、蘇州、杭州、**

順天、湘潭和梧州等七處作為通商口岸，賠償白銀三萬萬兩。後經談判與俄、德、法三國出面干涉，日本降低要求，放棄遼東半島，賠償減少為二萬萬兩白銀，通商口岸亦有縮減）。儘管西方列強聯合起來，堅持要日本放棄對南滿的要求，卻默許日本取得台灣。歷經短暫的軍事動盪並被日本鎮壓下來以後，台灣正式成為日本的殖民地。與此同時，日本也加強對朝鮮的掌控。

許多頂尖的學者文人站出來，就《馬關條約》的內容向朝廷表達強烈抗議，並且呼籲進行政治與教育的徹底改革。1898 年的前幾個月人心激盪，因為這些大聲疾呼的人士，看來他們的願望將由光緒皇帝付諸實現。光緒生於 1871 年，由於他的叔叔（譯按：應為堂兄）、前任皇帝年紀輕輕即駕崩，而且膝下無子，因此他在四歲時繼承大統，繼位為帝。光緒皇帝在十八歲之前的一舉一動，完全由他的姨婆（譯按：應為姨母，光緒生母婉貞為慈禧親妹）、威儀赫赫的「慈禧皇太后」牢牢掌控。慈禧原是先帝咸豐的貴妃，她以殘忍無情而又嫻熟高明的政治手腕鞏固自身的權力地位。然而，等到光緒年紀漸長，遂自有主張，他開始研習國外政治制度與歷史，學習英文，並且省思日本新崛起力量當中的政治、軍事因素；1898 年夏季，光緒任命數名新大臣，宣示要展開一系列大幅度的改革計畫，當中包括改進農耕、設置新式學堂、實施西方軍事訓練、引進科學教育、建立精確而公開的年度預算，以及裁撤冗官等。但是這些以朝廷名義支持的改革，宣布得太倉促、內容太龐雜、範圍也太廣泛，讓許多朝廷重臣和滿人統治菁英難以接受。慈禧太后結合幾位滿、漢文武重臣發動政變，將光緒軟禁在宮中，皇上身旁六位最有才華、立場最激進的支持者則被處死。很諷刺地，倖免於難者流亡到日本，因為該國願意給予他們政治庇護。

僅僅兩年後，1900 年，許多農民和鄉村粗工組成的拳民團體，在華北的山東和河北作亂。他們對於外國在華傳教士利用國際法和列強在華駐軍維護自身權益、並以犧牲中國人為代價，感到非常憤怒。這個地區改宗信奉基督教的中國人，也利用自己的新地位引入外國勢力，在地方處理財產糾紛時施壓、干涉民俗宗教慶典，還逼迫清廷地方官員站在他們這邊，以對付社群的其他成員，拳民對此深感羞辱。外國傳教士更被認為專橫傲慢。粗工和農民冠上「拳民」之名（這個名稱與他們當中，許多人修練的武術及宗教儀軌有關），開始殺害外國傳教士及信奉基督教的中國信徒，拳民在夏季時前進北京，群聚包圍了外國駐北京使館區。

一開始，拳民之舉得到皇太后的庇護與默許，也受到滿、漢重臣的支持，但兩個月以後，當一支由各國組成的聯軍一路打進北京城、解除使館區的包圍時，這種支持就煙消雲散了。數百名拳民正在攻打使館區，當中有不少無路可逃的外國人已經遇害。聯軍後來占領紫禁城這處近五百年來明、清兩朝皇帝的燕居理政之所，慈禧帶著朝廷重臣及仍被軟禁的光緒皇帝倉皇西逃到陝西；在北京城內，英、法、德、俄、美、日等國所組成的聯軍發起好幾波劫掠行動，報復還留在此處

威儀赫赫的慈禧皇太后

慈禧在新落成的頤和園留影,鑾駕旁有大群宦官簇擁。頤和園在北京西邊,這張照片約攝於 1903 年。1852 年,慈禧初因貌美而被選入宮中,作皇上嬪妃。她在五年之內即成為咸豐皇帝的皇貴妃。1861 年,咸豐駕崩,她成為皇太后,並開始以各種手段鞏固自身的政治地位——當中包括發動政變及刺殺。慈禧所生之子登基成為同治皇帝,在同治年間 1874 年龍馭上賓後,為了保持自身的權力以及「聖母皇太后」的稱號,慈禧很快地收養外甥為子,是為光緒皇帝。1898 年,慈禧發動政變,將光緒軟禁在皇宮中。

城市裡，朝廷中仍說或寫滿洲文字，而若干滿人的宗教習俗也保存了下來，然而滿人在許多重要層面上看起來與漢人愈來愈相似。可是，為了找尋中國在十九世紀後期國力急速衰敗的箇中原因（特別是敗在洋人手上），年輕的革命理論家開始歸罪於滿人，以拯救全數中國百姓於喪權辱國的水火之中。這種論述當中的寓意很明確：如果驅逐滿人，漢人就能建構自己的政治架構，並按照他們自己的構想，重新塑造國家的面貌。

這類觀點透過報紙與雜誌，在二十世紀初年快速傳播；報刊在上海這種由外國勢力控制的地區出版，可以避開清廷

義和拳亂

（左圖）因為自身修習武術而得名的義和拳民起來作亂，反抗不斷提出各種要求的外國基督教傳教士與中國教民，並在 1900 年包圍北京的使館區。由八個國家組成的聯軍一路打進北京，迫使慈禧太后、光緒皇帝及其正宮皇后避往西安。在聯軍解除使館區的包圍以後，拍攝了不少照片，記錄他們的勝利。照片中的軍隊正在重演攻入北京、兵臨城下的那一幕。

的拳民和其支持者。

在庚子拳亂之後的歲月裡，本朝依舊奉行各項傳統規矩：太后頭頂上有一組朝會用的黃羅傘蓋，她身前懸掛香爐，薰香以淨化她呼吸的空氣，身旁的宦官都穿著繡有象徵繁榮昌盛圖飾的朝服。不過，慈禧也對新事物做出讓步，比如允許自己被拍攝入鏡。滿洲女子禁止纏足，因此能防止滿族和漢人通婚（因為漢人男子聲稱女子未纏足令其厭惡）；不過，滿族女子還是希望能走漢族女子那種踩高蹺式的流行步法，於是可見像照片中慈禧所穿模樣奇特的厚底鞋。

當慈禧太后於 1902 年重返北京，看來已經深受教訓，願意承受諸多列強所提出的懲罰性要求：清廷被迫支付一筆重創其財政的賠款，總額相當於四億五千萬兩白銀，在接下來的四十年分期償付；慈禧還必須忍受幾位最支持她的重臣遭處死的羞辱；而朝廷將應洋人要求，在多個支持拳民作亂的城市，停止科舉數年以示懲戒。但是慈禧隨即擺出令人訝異而又確實有效的公關姿態，開始在她位於北京西北、新落成的頤和園風景如畫的湖畔，正式接見外國外交官及其妻眷。1905 年，雖然這時慈禧仍將她的外甥光緒皇帝軟禁於深宮大院，卻下令派出一小團官員到外國考察——考察的國家包括：日本、美國、英國與德國，考察內容則是這些國家的憲政體制，以及該如何將清帝國直接轉型成為君主立憲的政體。儘管抱持華夷之分見解的年輕民族主義者試圖以行刺考察團成員來破壞此次考察，不過次年的第二次出洋考察則順利成行。慈禧在 1905 年還下詔停止舊式科舉，改以新式學校體系代替，教授更加實用、以西方為借鏡對象的課程。

考察團成員行刺未遂突顯出一個新的現象：也就是反滿民族主義當中惡意形式的逐漸滋長。在清代迄至當時兩百五十年的統治期間，儘管八旗及其眷屬還駐紮在幾個重要

處決場面

（右圖）照片裡，前來救援使館區的聯軍士兵與清軍兵丁站在被斬首的拳民屍體旁。左方的日本軍官正在擦拭佩刀上的血汙。

審查人員的注意。這些地區也對提倡反滿主張者提供國際法律保護；若換成其他地方，這些人可能早就因為他們的政治主張而遭到處決。詳細記錄十七世紀滿清征服中國時對漢人犯下暴行的史料、以及讚揚漢人如何英勇抵抗滿洲人進犯的著作（雖然最後失敗），也都一一出現。於是，滿人愈是尋求增強陸、海軍的力量，或愈想試圖改革教育與行政體系，就有愈多民族主義者緊張不安的神經受到觸動。他們心中憂慮的是，一個配備新式陸軍、最新火炮，並有蒸汽輪船與鐵路網的大清帝國，想推翻它可能難如登天。再這樣下去，前景可能是永久被滿洲人奴役，而滿洲人則聽命於西方及日本

勢力的指使。

　　組織政治團體與不受限制表達反政府言論的新機運，出現於有大批中國學生東渡日本留學，以及華人海外社群的大規模成長——後者就是所謂的「中國城」，在美國和加拿大尤其如此。至於前者，表面上看來，似乎頗令人感到訝異，畢竟中國最近才新敗於日本之手，但這也是有理可循的，因為愛國志士們若想要強國，日本很明顯是值得效法的典範。1905 年，日本軍隊在歷經幾個月的苦戰之後，終於從俄國人手中拿下東北南部的工業重鎮旅順，並在日俄戰爭中獲勝。這場勝利使中國對日本更增仰慕。現在，一個西方強權竟然

被一個新近崛起的亞洲國家打敗，這實在令人振奮。廢除傳統科舉在同一年發生，這就表示數以千計的中國學生為追求前途事業，必須另尋途徑，而日本的軍校、醫學院和幾所新興大學院校裡的經濟學門，則提供了令人鼓舞的前景。女學生和男學生一樣，也能夠以低廉的旅費、便捷的速度赴日本留學，她們在日本組織各種婦女團體，見到 1898 年變法失敗後流亡海外的重要人物，並且參加若干反滿組織，其中有些團體還鼓吹中國，應採選舉形式的共和政體。她們回到中國以後，通常會打入家鄉的社群，宣揚激進理念，並且招來志同道合者，致力於反清大業。

儘管海外華僑社群（尤其是美國華僑）面臨有組織勞工的嚴峻挑戰，而且在住房、就業機會、法律、受教育等層面上都受到歧視，但他們仍然團結一致，發展繁榮昌盛。雖然 1894 年和 1904 年通過施行的美國《排華法案》（Exclusion Acts），使得被歸類為勞工身分者無法自由出入境美國，但這些限制並不適用於商人或學生及知識份子。好幾位中國反清陣營的領袖，在海外華埠都受到溫暖的歡迎，華僑對他們的演說反應相當熱烈，他們因此發現：在擴充發展組織、募集資金、增加報刊及宣傳品規模與影響力等層面上，華僑社群都是極為豐裕的資源寶庫。

在這些領袖人物中，有一位特別受惠於北美華僑社群的支持，此人正是孫中山。1866 年，孫中山誕生在華南一個貧寒的農家中，少時隨兄長遠赴夏威夷，在一所教會學校接受教育，之後回到中國，在香港習醫。孫氏對於中國的積弱不振感到憤怒，對自己前程的曲折多艱深感挫折，他嘗試一連發動多次反清起事，數次在香港遭遇可能被處死的威脅。隨後他在 1896 年走避英國倫敦，但卻差點喪命：當時清廷駐倫敦使館的密探綁架他，試圖將孫偷運回國受審。倘若此舉成功，孫必死無疑。但孫中山設法傳遞訊息給他在倫敦的友人，在輿論大譁之後獲釋，孫氏也因此在歐陸與海外成為知名人物。之後，孫在北美和日本之間穿梭來去，運用他新獲致的名望和逐漸嫻熟的政治手腕，創制出令人讚佩的共和革命綱領。

孫中山也藉由爭取加州華僑的支持，奠定了一種新形態

海外軍事組織的基礎。這些準軍事團體由華僑組成，成員身著軍服、配備自費購置的來福槍，在閒暇時延請美籍教官訓練，課程由一位模樣古怪的加州男子荷馬李（Homer Lea）總其成。這位荷馬李並非華裔，他於孫中山在美國前期的一場巡迴演說上得見孫氏，對其十分仰慕，日後更終生為孫中山效力。（譯註：1876年荷馬李生於科羅拉多州的丹佛市，曾入軍校，因先天脊椎側彎，加上小兒麻痺，身高不到160公分，而且不良於行，更因為健康因素而未能完成學業。實際上，荷馬李先結識康有為等保皇會成員，並為其制定軍事計畫，1909年孫中山赴美籌款時與荷馬李見面，荷馬李加入同盟會，辛亥革命後，被孫氏任命為首席軍事顧問，但旋即於1912年病故。荷馬李生前遺願葬於中華民國土地上，1969年由美國遷葬於台灣台北陽明山公墓。）孫氏還靠著參加三合會來增強自身實力。三合會是祕密會黨「天地會」的有力分支，在美國設有多處香堂。自十八世紀晚期起，這類祕密會黨在中國實力雄厚：他們藉由歃血為盟與祕密入會儀式來維繫成員，在經濟上相互扶持，共同抵禦鄉里橫惡。在許多情況下，他們的行事採取若干或全然非法的手段。祕密會黨

和前述留學生一樣，在回國時能打入中國的政治體系之中。

在日本或海外華埠的生活，突顯出中國許多習俗的怪異，甚至荒誕之處。比方說，那根拖在後腦勺的長髮辮，在穿著翻領襯衫一類西服或西式軍服時，就顯得特別古怪，於是許多海外中國人開始剪去長辮。即使日後他們回國，在自己頭髮或帽子裡裝一根假辮子作為掩飾，剪辮此一排拒滿洲習俗之舉，仍舊產生了顛覆破壞的效應。儘管解放纏足比起剪辮自然複雜許多，二十世紀初年的中國婦女，正開始解開她們纏足繃帶的痛苦任務，並試圖讓自己的雙足慢慢恢復原來的形狀。以提供子女現代教育而自豪的年輕父母，不讓他們的幼女纏足，而且尋求和其他菁英家庭相互結社，以保障自己女兒未來的終身大事：這些「天足會」團體當中的兒子，會被勸說迎娶這些不纏足的女孩。中國民族主義者則開始強調，唯有體魄強健且接受現代教育，才能成為一個復興中華民族的自由公民。

「公民」和「民族」的概念對中國來說都是新思想，必須借用日本在社會轉型時新創的名詞來代表。不過這些從日

孫中山

（中圖）孫氏為共和革命之父，此時正在北美從事募款之旅。他倡導革命，得到許多海外僑胞的支持。

穿著「滿洲式」軍服的荷馬李

（右圖）荷馬李是個古怪、跛足的美國人（並非華裔），他支持孫中山推翻清朝。

荷馬李的民兵

（左圖）他們的武裝是美軍的剩餘武器，兵員是來自洛杉磯的華人，他們在城郊接受訓練，但始終沒有參與實戰。

本傳來的影響,在中國出現強而有力的思想家引領思潮、省思這些名詞背後所蘊含的政治力量之後,就顯得微不足道了。這些思想家中最頂尖的健筆如椽,莫過於梁啟超。梁氏是1898年那場變法維新諸多參與者其中的一位,變法失敗後,他遭清廷通緝,東渡日本避難。梁氏在文章裡寫道,中國之人各自分散於鄉里各處,將會永遠受到帶有敵意的外國列強欺凌擺弄,而長此以往,必將使國家陷於受人奴役的境地。然而,倘若全國公民能夠團結一致,兩萬萬男性將是一股很強大的力量;若再透過教育和改革,扶持全國為數兩萬萬名女性,使她們能反過來加入男性公民的行列,那麼四萬萬公民這股沛然莫之能禦的力量,可以使中國屹立於世界,暢行無阻。梁啟超經常以西方歷史為例來強化自己的論述。無論是舉出十九世紀時,義大利的全國統一作為例證,或者頌揚

法國大革命時的強悍女性,她們勇於掌握自己的命運,梁氏都擴大、增強了關於中國政治生活的對話,並向他的讀者傳達出一種政治上的全新可能性。

在上述熱情衝勁與歷史經驗的推動下,出現了一種中國歷史上的新行動模式,也就是以國家政治團結一致為名,對外國產品進行政治性的抵制杯葛。觸發排外運動的事件,是美國於1904年時決定永久延長的《排華法案》,該法案於此前數十年間,特別針對準備進出或居留美國的華人進行差別對待。一場針對美國製品的杯葛行動於1905年間快速展開,參加抵制者多是城市裡的零售店主和商人,而且因為中國民族主義份子的挑動而升高,有時更偶有暴力情形出現。抵制行動還得到了反清陣營的支持,其在過去十年原本團結一致:這是因為清廷對抵制美貨人士抱持同情的態度,更訓令駐華

盛頓的公使及北京外務部採取行動做為呼應，外務部試圖對美國施壓，好讓該國改變立場。

　　清廷最終還是向美方的壓力讓步了，而中國大眾輿論也失去了熱情。但在抵制行動中所得到的成就感，令機敏的中國生意人為之振奮，並且讓他們察覺到運用排外思潮來強化自身國內市場基礎的可能性。中國的香菸產業正是其中之一，他們之前由於受到英美菸草公司（British American Tabacco Company）市場優勢與製造技術的打壓，大都只能銷往東南亞，現在緊抓住這個排外機會，增加國內市場占有率。即使國家的整體面貌和以往看來相同，然而中國社會的若干部門正快速地變遷、發展。

英國外交官座車在上海遭焚毀
民族主義排外的激情導致暴動與外國人的資產遭搗毀。大約在 1906 年前後，美國立法歧視在美華人，激起了中國的排外浪潮。大多數排外抗議人士採取抵制外國貨品的手段，而不是公然攻擊外國人。

2

CHAPTER

1907-1917
脆弱的憲政
A FRAGILE CONSTITUTION

到了 1907 年，清廷與民眾看來都已從中日甲午戰爭失敗的屈辱與義和拳亂造成的動盪中恢復過來，終於朝君主立憲政治體制邁進了一大步。時年七十一歲的慈禧太后看似絕不可能支持改革，她在家庭關係與情感上，確實和諸多權勢薰灼的保守滿洲菁英較為接近，然而老太后卻積極回應中國所面對的各項挑戰。1906 年底，慈禧太后派遣出國、去年卻未能成行的滿漢考察團歸國，並向朝廷提出建議：中國的政府體制改革，應遵循日本明治維新的成例進行。在接下來幾個月內，慈禧太后與她的臣僚制定出一個為期十年的漸進改革計畫，最終目的是成立國家議會（資政院）。按照計畫，議會成員應由各省諮議局成員中選出，而各省諮議局的代表則是由選舉產生（儘管只有具備教育程度與一定財力的男子才有投票權）。

許多幹練且思想開明的官員在各大城市及省會中更進一步，組成地方諮議局，將傳統菁英納入新體制。諮議局的設立與留日甫歸國學生組成的促進憲政新團體兩相結合。與此同時，朝廷的行政體系也由原來的六部改為擴充規模的近代部會組織，以求更能因應國家在軍事及經濟上的需要。朝廷制定計畫，將現有修習外國語文的京師同文館轉型改制，成為一所國立大學（京師大學堂，即日後北京大學的前身）。一批來自原刑部的優秀官員，受命修改中國陳舊的刑律，並設計出一套臨時暫用的審判體系，結合上訴機構，成為新設立的最高法院（大理院）。軍事方面，以西方操典重新編練陸軍，稱為「新軍」；新的參謀本部由那些曾被送往海外學習軍事的滿洲貴冑、軍官組成，並且掌管新式陸軍學堂。朝廷還討論全國教育系統的改進，並開始觸及那些令人困擾的賦稅改革問題。

中國的對外關係，似乎也較十年前好轉許多。無可否認，西方列強和日本在「租界」中的權力，是他們透過戰爭和各種強制性條約強取豪奪而來。不但如此，列強還透過與中方專門協商和投資貸款為手段，維持不公平的低關稅稅率，藉此控制中國經濟。然而，這卻使得中國得以從連年烽火的戰禍蹂躪中獲得喘息，而清廷的外交官在這段期間則陸續派駐

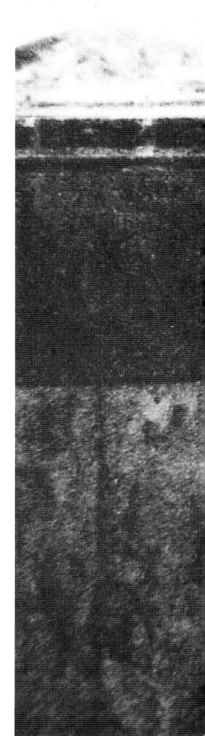

末代皇帝溥儀
這張照片攝於 1911 年末，清廷由攝政王宣布退位的前夕。當時溥儀六歲。照片左側，露出半張臉的是光緒皇帝的正宮，此時已晉位為太后的隆裕皇后。

天主教傳教士

1900 年的義和拳亂過後不久，羅馬天主教的傳教士不顧仍然存在的排外恐怖而重返中國。照片中的義大利籍傳教士南懷謙神父正在陝西佈道途中，為許多信徒執行洗禮。南懷謙神父於 1904 至 1914 年間在中國傳教，他與其他傳教士一樣，試圖記錄自己的經歷。許多傳教士為了更有效完成傳福音的任務而「成為中國人」，就像照片中的南懷謙神父那樣，經常穿著中式服裝，後腦勺也有一根滿洲式的髮辮，蓄長鬍，頭上還戴著一頂道士模樣的「繫巾」。當初在十七世紀時，來華傳教的天主教耶穌會士率先採用這款頭巾。可是頭巾上的符號卻是基督教的十字架，傳教士的屋子通常也採中國樣式。

攝影：南懷謙神父

世界各主要國家的首都，他們在駐在國逐漸掌握了國際法與外交協商的訣竅。更重要的是，列強在義和拳亂後向中國要求的懲罰性巨額賠款，如今已被許多國家調整額度或部分撤銷。舉例來說，美國在 1908 年決定豁免若干賠款，將剩餘賠款額度轉為提供中國優秀青年學子學習外語的公費，並以庚子賠款基金作為這些學生在美國求學與生活的費用。

原先在十九世紀後期時，舉止相當具侵略性的外國傳教士（無論是天主教或基督新教），現在似乎將大部分心力放在關注中國的教育需求（尤其是女童與成年女子教育），以及社會福利措施的建設，像是醫院、圖書館及閱覽室等。向來提倡公民道德、強健體魄和球類運動等不遺餘力的基督教青年會（Young Men's Christian Association），這時也開始發揮影響力。其結果是，中學、大專學院的設置快速普及，一股同情民主的新社會與知識浪潮湧入城市，以及新型態的中西合作模式出現，美國耶魯大學的「雅禮協會」（Yale-in-China）在湖南開展的各項事業就是一個例子。這是耶魯大學對於該校一名畢業生在 1900 年拳亂時遇害的紀念之舉。到了 1908 年時，雅禮協會已興辦了一所中學和一所診療院，還計劃和湖南省的地方菁英合作，要設立一所醫學院與護士學校，來培訓新世代的中國醫生。雅禮收取租金的程度、對學生紀律的要求，以及課程上允許傳授的基督教義總量，都在地方上引發緊張關係，不過這些做法最後能打下長遠且具建設性的基礎。

然而，清廷領導階層所計劃的、一個和平過渡到更加民主的新時代最終未能付諸實現，箇中有許多因素。當中最大的問題在於，民族主義者認為，清廷推動的這些改革，只增強了滿洲王朝的力量。過往的失敗與羞辱帶來的憤怒與挫折情緒在此刻快速蔓延。多起反清起事在這時出現，其中很多是由孫中山策劃，或打著他的旗號為號召。雖然這些起事都以失敗告終，參與者都遭到嚴厲懲處，但是反滿情緒仍舊飽滿激昂。那些呼籲和平克制、在現有滿人統治下實行君主立憲政體的人士，遭遇到以下兩種群體的反對。有一派人士痛恨滿洲統治，卻情願選擇漢人的君主政體；另一派更為重要，他們反對所有君主政體模式，認為中國必須盡速建立起共和政體。

1908 年 11 月，清廷的實質統治者、年邁而威嚴的慈禧太后，以及仍遭到軟禁的光緒皇帝，在一天內相繼駕崩，使

進展中的西方教育事業
（左圖）一所基督新教所辦的學校裡，穿著中式長衫的男孩們，正於穿西服的教師監督下學習拉丁文。
（右頁）天主教慈善修女會的修女，正在一間西式風格、以基督教圖像為裝飾的教室內教導孩童。

年輕孩子的新方向

（第 40-41 頁）纏足年代告終，意味著年輕女孩也能盡情從事體育活動，像是左圖中的跳繩，這是破天荒的頭一遭。像照片中這樣的體能訓練課程，以及學生穿著的制服，

在學校中變得更加普遍。如小號、腳踏式風琴和行進小鼓等西方樂器也紛紛引進中國。

最後的帝國葬禮

（第 42-43 頁）慈禧太后和她的外甥光緒皇帝，在 1908 年 11 月的一天之內接連駕崩。參加喪禮的外國代表，包括德意志帝國的駐華武官（第 43 頁上圖）等人出席慈禧的大

葬（第 42 頁上圖）。經過防腐處理的遺體之後被運送到北京以北 160 公里的陵寢安葬。跨頁的照片中，載運光緒皇帝靈柩的台車正在乾荒的華北平原上，展開漫長的旅程。

得局面更形複雜。自從 1898 年那次中途失敗的變法嘗試後，光緒就一直被軟禁在宮中，沒有誕育子嗣；於是，繼承大統的順序就來到他的下一代，皇室旁系年僅三歲的男童溥儀繼位。滿洲親貴王公組成的新攝政團，對於當前中國面臨的問題所知甚少，心心念念防堵任何可能有損他們脆弱統治權威的改變。清廷將慈禧與光緒的喪禮辦得風光闊綽，還特別修築了一條由北京直通北邊陵寢的道路，卻無法掩飾新執政者在道德與財政上皆瀕臨破產的困境。攝政親貴們還做了另一件事，讓自身的問題更為雪上加霜：他們以「患病」為由，迫使當時最有權力的漢臣封疆大吏袁世凱辭職回鄉。袁世凱是各省推動現代化的督撫當中的領袖，他一手建立了強大的北洋新軍，1898 年時還站在滿洲保守派陣營這一方，驅逐變法志士。面臨朝廷逼退，袁世凱表面上身著粗布素衣，採行古時大臣被放逐時的「隱居」傳統，私底下卻精明地維持他

與軍隊和及各方的聯絡。

　　來自各省的壓力，要求加快慈禧原來訂下的十年召開國會計畫，促成清廷在 1908 年宣布，九年內召集民選國會，在此之前各省應選出諮議局議員，並對此詳細研討。然而，朝廷頒布的這些詔命幾乎沒有發出去，而此時，各省菁英、許多新近致富的商人、海外留學歸國的學者及學生、再加上自新式軍校和參謀學堂畢業的軍官，全部聯合起來要求朝廷加快立憲腳步。到了 1909 年，由民選議員與督撫指派代表混合組成的各省諮議局，紛紛召開第一年會期。

　　若干地方督撫（大部分都是漢人）仍效忠朝廷，不過他們在大多數情況下都站在本地的諮議局這一邊。很快地，大多數省諮議局議員就不甘只居於朝廷賦予的「建議」角色，開始要求掌握預算和稅收。到了 1910 年，他們已經開始提名臨時國會的議員人選，而某些被提名人當時就身在北京。各

民國與帝制軍人

（上圖）一位民國初年的士兵自豪地展示身上的新軍服，他所戴的大盤帽上，綴有象徵民國的白色五角星帽徽。他以一枚別針固定住領口。儘管這些士兵的穿著看來寒酸，他們的組織及精神卻足以推翻滿清。

（右圖）作為對照，就顯得精緻許多。圖中穿著傳統制服的清軍士兵正在進行操練，傳統服裝較適合中國士兵的體型。士兵們皆將髮辮盤在頭頂上。每名清軍兵丁的胸口上，通常會註明他的籍貫省籍和階級。

攝影：南懷謙神父

省諮議局議員還在軍事計畫和發展等方面要求發言權，就遏阻外國勢力之事貢獻意見，並且在投資結構、興築鐵路（經過或計劃穿越他們的省份）等事項上提出看法。鐵路興建向來都有外國資金挹注，自 1880 年代起快速成長，現在以北京為鐵路起點，北可通瀋陽，南可抵華中的武漢。其他鐵路路線不是正在計劃中，就是已經進入初步興建階段，像是由武漢通往廣州的粵漢鐵路，以及武漢通往華西成都的川漢鐵路等。這些新的鐵路正緩慢地改變國外與本地產品的運輸路線，同時加快調遣軍隊前往動亂地點的速度。對於朝廷以「收歸國有」為手段，試圖掌握鐵路之舉，各省的仕紳領袖們既恐懼又憤怒，他們大聲疾呼，要求從外國勢力和朝廷手中收回鐵路的經營權。

1911 年下半年發生的一連串事件，很難找出一個特定的模式來解釋，然而這些事件卻於 1912 年 2 月導致清朝覆亡，並終結了為時兩千多年的中央集權帝制時代。促成這一重大變局的是一場意外事件：1911 年 10 月 9 日這天，幾位與孫中山有聯繫的革命黨人在長江中游武漢三鎮的漢口外國租界製造炸彈，但不慎失手引爆。

在爆炸案現場，清廷的偵騎無意中搜抄到漢口革命黨領導人未能妥善保管的名冊，上面詳載了地下革命組織所有成員的名單。成員中有許多人是駐紮在武漢三鎮新軍裡的士兵或低階軍官。他們在匆促會商後，決定不待清廷軍警搜捕，提前舉事。這場於 10 月 10 日發動的兵變一舉成功。起事者奪占軍械庫，隨即又因為駐軍統帶官紛紛逃逸而更壯膽色，於是起事者宣布脫離清朝獨立，冀望成立一個立憲政府。

正當清廷努力集結一支效忠朝廷的部隊，準備沿著新建成的京漢鐵路南下，鎮壓這場兵變時，武昌起義成功的消息已經傳遍全國。許多省份紛紛跟進，領導者通常是各省諮議局裡，那些對朝廷欠缺變革感到失望的議員。此時，清軍在忠誠度上出現分歧：有些改換陣營支持立憲政體，有的仍然忠於清廷，另有些軍隊則趁機擴充自身地盤。在多座城市中，雙方的駁火戰鬥相當激烈而曠日持久，傷亡極為慘重，然而並非所有人都弄得清楚，究竟這些人是為誰而戰，或為何而戰。

有些人對這些局面只是一知半解，卻忙不迭地向新建立的民國表示忠心，甚至還在剪掉他們自己或他人的髮辮、趕忙學習新口號的同時，為自己編造「革命經歷」。這些人一直受到作家魯迅的冷嘲熱諷（魯迅自己也是留日歸國學生，

新秩序的先鋒隊
1911 年武昌起義爆發時的革命軍士兵（左圖）。起義成功後不久，勝利的革命軍士兵通常會逼迫當地民眾剪去髮辮（右圖），當作是舊日清朝秩序瓦解的象徵。

後來定居浙江），魯迅筆下創造出「阿Q」這個虛構人物。魯迅還在日本求學時，就痛感於中國的積弱不振，因而決定放棄學醫生涯，轉而以寫作為手段，重新喚醒中國的良知是非，治療這個國家的「靈魂」，而非「軀體」。他筆下的阿Q是一個沒有原則的人，平日欺善怕惡，向富人阿諛奉承，對婦女和窮人卻橫加欺侮。阿Q為了獲取短暫的名聲，聲稱自己也是革命黨，結果後來竟因這個他未曾真正抱持的政治信仰而遭到處決。對許多中國人來說，這篇令人感到喪氣的小說透露出這場革命在本質上含糊不明。可是對於另一些人而言，武昌起義卻構成了他們的軍事初體驗：頭一次與暴力、意識形態及政治切身遭遇。這就是年輕時毛澤東的際遇。這位日後統治中國和共產黨的領導人，在 1911 年時還是一個來自湖南省會長沙的十八歲農家中學生。毛在長沙投身革命軍行列，曾經與當地的清軍短暫交戰。若干未來的領導人和知名知識份子，日後將回想起這段充斥混亂軍事衝突與無節制暴力的時期：地方上的宿仇兩造、漢族屯墾民眾與在地少數民族間自古以來的仇怨、或近期拓墾者之間的冤仇，全都公開爆發出來。這些人當中有極少數的幸運者，能就近在為數不多的新建現代醫院得到有效治療，但其他數十萬的農民和

城市裡的兵丁就無此好運，最後傷重致死。

　　隨著軍事衝突日趨激烈，有些滿洲八旗駐軍遭受攻擊，滿人（八旗士兵、平民旗人和孩童）慘遭殺戮。小皇帝溥儀的攝政團只好回頭請求一個下野之人的協助，他們先前因為懷疑這個人的忠誠，強迫他去職。這個人正是袁世凱。面對清廷徵召，袁氏一開始不置可否，還諷刺地以自己仍在「病中」作為推辭，直到朝廷為了與南京革命黨人所組織的臨時政府競爭，提名他為內閣總理大臣之後，袁才同意復出。袁世凱迅速集結效忠他的軍隊，下令反攻，並於 11 月時收復漢口。但是建立共和的潮流浩浩蕩蕩，勢不可擋。到了 12 月 29 日，在南京集會的各省代表決議組織中華民國臨時政府，選舉孫中山為「臨時大總統」。

　　武昌起義時，孫中山正在美國巡迴募款，當他得知起義成功後，兼程趕往歐洲，試圖得到列強在目前局勢下維持中立的保證，接著於 1912 年 1 月返抵國門，受到盛大歡迎（譯按：**孫中山係於 1911 年 12 月 25 日由香港抵達上海**）。倘若孫中山不是對於他的支持者在軍事上居於劣勢、國家處於分裂邊緣的局面如此瞭若指掌，他大可利用此刻起義勝利的歡欣鼓舞之情，宣布革命大功告成，並在他的領導之下，為這個新生的

辛亥革命的犧牲者

革命軍抓獲的清軍俘虜被反綁，正等待著他們的命運（左上圖）。負傷的士兵痊癒後，在雅禮協會開設於湖南長沙的湘雅醫院留影合照，西方外科醫師在這裡拯救了許多人的性命（左下圖）。在其他地方，絕大多數傷兵最後的命運只有死亡一途，因為軍醫體系在此時的中國軍隊幾乎完全缺席。右圖中清軍士兵正在廈門街頭處決一名叛黨。廈門是根據不平等條約對外開放的港埠，這也說明了為何有美軍士兵在一旁觀察（右頁圖）。

民主國家建立穩固根基。但是，他擔憂政治局面的分崩離析，只會導致西方帝國主義在中國勢力增強，使任何建設國家的理性計畫都無從實施。孫和他的幕僚因此和袁世凱談判，在一通電報中向其保證，如果袁能協助推翻清廷，並以其軍事實力及個人聲威支持南京新政府，那麼臨時大總統之職將虛位以待。

袁世凱接受孫的提議，轉而支持共和，使清廷別無選擇，只能在 1912 年 2 月下詔退位。袁氏向來精於政治操作，他清楚南京是孫中山及革命黨人實力最強的地盤，若自己到南京就任總統，在該處並無影響力。於是他聲稱北方部隊中發生一連串兵變與動亂，自己不得不留在北京以資震懾，因此民國的新首都也應當建都北京。這些兵變和動亂很有可能是袁世凱本人教唆發動的，但無論真相如何，孫中山的支持者再次認為，等到選出新的國會後，必須同意袁氏之請，將首都由南京移往北京。

中國的各政治派系開始摩拳擦掌，準備在即將來到的大選中搶奪席次。同樣為此目的，孫中山改組此時已是一盤散沙的同盟會。先前的同盟會成員來歷各異，包括地下會黨份子、平民以及革命軍士兵，分布國內各地及海外；現在孫中山將其與其他許多政黨合併，成為一個統一的新組織，並命名為「國民黨」，有效掌握了民眾心理和時代脈動。孫氏本人則投身於國家經濟領域，成功取得袁世凱的支持，承諾讓孫實施其深具遠見的建設計畫，修築大量彼此相連的鐵路網，一統中國，並帶來前所未有的商業與繁榮年代。孫中山將國

民黨選舉操盤大權交給一位長期追隨他的幹部：宋教仁。宋當時三十歲，自二十歲起即參加革命，孫中山在日本創立同盟會時，宋便是創始成員。之後他擔任同盟會最重要的機關報（《民報》）總編輯，以及華中地區革命團體的領導人。宋教仁在 1912 年秋季的競選活動中相當活躍，他呼籲限制大總統的行政權，並在政策形成層面賦予內閣總理重要角色。至於內閣總理的人選，當然由大選中取得國會多數席次的政黨領袖出任。

與此相反的是，1898 年變法失敗後曾流亡海外、長居日本的梁啟超；起初，他試圖集結分布各地的友人與支持者，共同擁護一條中央集權的政治路線，他將其定義為「虛君共和」制。不過，在了解帝制業已破產後，梁氏便轉而支持發展成熟的共和體制，並成為新成立民主黨的積極活動成員，後來又加入共和黨，成為該黨的幕後支持者。

首屆國會選舉於 1912 年 12 月舉行，候選人之間競爭激烈，儘管沒有什麼監票機制，地方軍人或外國勢力似乎並未公然干涉選舉。不過，投票結果卻讓人感到困惑，這是因為，某些候選人同時擁有數個政黨的黨籍，而若干小黨則未正確辦妥登記手續。梁啟超將幾個彼此競爭的小黨整併成一個聯盟，現在更名為進步黨；進步黨在選舉中取得不錯的成績，不過整場選舉最大的贏家，還是孫中山與宋教仁領導的國民黨，該黨雖然沒能在總席次 596 席中取得絕對多數，但仍然當選 269 席議員。此時，宋教仁很可能成為新誕生中華民國的實質領導人，他已是一位經過選舉洗禮的政治人物，清楚

當前國家所面臨的各種問題，或許能夠以高明的手腕，將國家帶往新的方向。可是宋教仁勝選之後興高采烈，自信過度，他高談闊論各種願景而未曾審慎思考，國會開議後立即起草約法，或許國民黨就能以各種方式約束袁世凱的總統權力。1913 年 3 月 20 日，當宋站在上海車站月台候車，準備開始他期待已久的北京之旅時，突然遭到刺客近距離槍擊胸口，並在兩天後傷重不治。

國民黨獲悉噩耗後深感震驚，他們一面哀悼死者，同時試圖揪出行刺案的幕後主使者：許多跡象都指出，教唆行刺者可能是袁世凱或他的黨羽。各省選出的新國會議員在北京集會，擘劃新中國未來的藍圖，然後有條不紊地安排第一次大總統選舉會。這些國會議員離開的省份，在許多情況下都處在不穩定狀態，內部權力界線還不清楚。許多省的省議會（原來的省諮議局），連同議會駐在地的城市，都由新軍將領，或一些在 1911、12 年武昌起義戰事期間，擁兵自雄而崛起的軍事領袖掌握。這些將領當中，有些人仍然效忠已經遜位的清室。例如麾下兵強馬壯的張勳，他在義和拳亂後扈從慈禧太后平安返回北京，從此躍上權力舞台。張勳麾下部隊軍容壯盛、裝備精良，士兵全部禁止剪去髮辮，他們因此自然就成為民國初創時聚焦反對的對象。滿洲人興起的東北，許多地方也已悄悄落入地方軍頭之手，這些地方軍事領袖當中，有些人原是盜匪出身，直到後來才加官進爵。

國民黨籍國會議員極力主張，要求組成文人政府，並立

民主政治的最佳希望
（上圖）著西服的宋教仁，他是孫中山最得力的助手。在 1912 年首次國會選舉、國民黨獲勝三個月後，宋遭刺殺殞命，很可能是袁世凱在幕後唆使。宋是在上海車站月台上、正要動身前往北京開會時被刺，他原本準備起草一部新約法，以限制袁世凱的總統權力。

孫中山
（右圖）頭戴圓禮帽的孫中山，身後兩側分別有文武官員跟隨，當中包括在孫氏倡導革命初期即贊助資金的張人傑（前排右二），他身著絲綢馬褂，頭戴小禮帽。

結成同盟
（左圖）照片中的孫中山身著西服、坐在正中央的位置上。照片是在出席一場國民黨人與老同盟會會員的集會時所攝。孫的右邊坐著穿長袍的陳其美，出身浙江的陳是傑出的權力掮客，他於二十世紀初在日本加入孫中山的同盟會，之後引介年輕的蔣介石參加組織。1911 年底，聽聞武昌起義成功的消息後，陳其美率領一部革命軍成功奪占上海與南京。這些勝利使革命黨人於 1911 年底在長江下游地區創建民國變得可行。陳其美不贊成孫中山信任袁世凱的看法，他對袁始終抱持極度懷疑的態度，並大力反對袁擴充總統職權。陳氏後來在 1916 年遭到特務暗殺。

即舉行公開、自由的選舉。袁世凱得到麾下文武官員的支持（他們對國民黨人的舉動甚為懷疑），決定鎮壓任何公開的政治變動；此舉似乎難以避免，現在看來仍舊是一齣歷史悲劇。1913 年 5 月，京師警察大舉搜抄國民黨籍議員及其支持者的辦公室與住家，接著袁世凱下令取消國民黨議員資格，並將支持國民黨的各省都督免職。國民黨呼籲全國各地的黨人奮起抵抗，希望能抵擋住此次襲擊，取回他們原有的政治權利，但袁世凱的軍隊及其忠誠的屬下很快就將國民黨擊潰。因此孫中山於 1914 年再次流亡日本，他的追隨者或死去，或飄零四散各處。他只能緩緩重新創建一個新的政治團體，這一次他不是向清廷，而是要從袁世凱處奪回權力。孫將這個組織命名為「中華革命黨」。

袁世凱之所以整肅國民黨，部分原因是他深信，中國需要強而有力且統一的領導，而只有他才具備足堪勝任的權力與經驗。事實上，他確實達成了不少重要目標。袁與國會裡非國民黨籍的議員共同合作，組織內閣；試圖增強中國地方行政機構的機能；透過任命各省都督的方式，重整這些省份中的軍令體系；並且將稅收收歸國有，如此一來他就能騰出

手來，以經費挹注許多野心勃勃的事業。他的若干改革還呼應了 1898 年主張變法維新者的意圖：擴充受教育的機會、使法典更趨合理，並建立最高法院審判體系；強化警力、創建模範監獄；最後還試圖提升中國的國際地位。儘管袁世凱公然違反各項民主程序，他卻贏得美國對其政府的正式承認，至少部分原因是，袁氏表達請美國民眾為他的新政府禱告的願望，此舉成功觸動了美國人的情感與宗教情緒。

袁世凱一開始時，便意外得到梁啟超的支持。梁氏所屬政黨於 1912 年國會選舉中取得佳績，席次僅次於國民黨領袖宋教仁。宋遇刺之後，梁將進步黨打造成一個聯合同盟，作為國民黨之外的另一種聲音，進步黨主張賦予大總統更大的行政權力，以求遏制各省政府及地方軍事領袖的離心力量。為了加強推動的力量，梁氏的進步黨支持袁世凱於 1913 年向各國銀行團大借款，此舉正是國民黨所反對的。袁世凱取消國民黨籍國會議員的資格後，梁不但沒有辭職抗議，還入閣擔任司法總長。1914 年，袁大總統又強迫剩餘的國會解散，正式以「參政院」取而代之。梁啟超再次未辭職明志，而被任命為參政院參政，並出任袁大總統新創的「幣制局」總裁，

道家扮相的將軍

（左圖）袁世凱，約攝於 1910 年。袁世凱是清軍當中最具實力的將領。他於 1908 年被迫辭職返鄉之後，就循傳統作法，過著歸隱鄉間的閒散生活，向朝廷做無言的抗議。照片中他身穿簑衣草帽，在小舟中釣魚，神態若有所思，這幕景象在中國傳統繪畫中經常可見。武昌起義後，孫中山邀請袁世凱出任首任中華民國臨時大總統，然而，袁氏後來卻在 1913 年取消國會中國民黨議員的資格，之後更謀求恢復帝制。

軍閥的屬下

（右頁）效忠清室的張勳部隊，在 1917 年的復辟行軍途中暫時停下來休息，照片中的兵丁正在賭博。他們試圖將遜位的小皇帝溥儀重新送上龍椅寶座。張勳部隊的士兵仍然保留髮辮，作為效忠清朝的象徵。

試圖協助穩定中國當時搖搖欲墜的貨幣體制。梁氏還在此時提出實施全國義務教育，以及對中國民眾實施全面軍訓等計畫。（譯按：梁啟超於 1914 年 2 月請辭熊希齡內閣之司法總長獲准，改任幣制局總裁，7 月起請辭，12 月 27 日獲准。）

　　儘管袁世凱曾經獲得像梁啟超這樣有名望的人物力挺，然而由於他拒斥民主，使其無法得到統治的正當性及廣泛的民意支持。他以公然鎮壓的手段，並重申自己的特權，來對付國會及各省反對他的勢力。袁氏顯然受到其延聘的政治顧問——美國政治學者古德諾（Frank Goodnow）所持論點影響，認為應當將其掌握的政治權力制度化，於是他開始對支持者傳達下列想法：袁大總統應當登基為皇帝，但其角色類似當代的日本天皇。到了 1915 年，袁氏下令訂製皇家瓷器與袍服，並且在上面綴補其新年號。在袁氏為了防止其政府金融財政全面崩潰，而安排一連串對日本大幅借款後，益發不得人心。隨後，日方堅持以在關內及東北擴大貿易與投資權利，作為其貸款的抵押保證，史稱「二十一條」要求；消息傳出，中國民眾更是憤怒。於是，民間開始掀起抵制日貨的浪潮，與十年前抵制美國貨的情況相似。袁世凱終於明白，自己錯在冀欲恢復帝制，在 1916 年下令取消所有籌備活動，但為時已晚。不只袁氏原來的支持者，如梁啟超等人離他而去，更有許多省份宣布脫離北京政府而獨立，準備與他作戰。1916 年 6 月，就在袁世凱想集結麾下軍隊，向反對他稱帝者發動第一波攻擊之際，他突然離開人世。袁世凱內心堅信，自己的能力足以領導中國走上復興道路，然而他身後留下一個危疑

不定的國家，在各地軍頭彼此競逐的內戰陰影下，開始分崩離析。

　　袁世凱死後，大總統一職由曾擔任其臨時副總統的黎元洪接任。黎元洪才具平庸，原是清軍將領，1911 年武昌起義時，在漢口由發動兵變的下屬推舉出來引領群倫。黎元洪既不孚眾望，手中又無實力，頂多只能算是一位處位元首。從此以後，中央權力就經常快速無預警地轉手，總統、總理與眾軍事強人彼此競奪主導位置。1917 年 8 月，當時在位的總理乃是袁世凱的前部屬段祺瑞，這位軍事強人是終結帝制再次嘗試復辟的關鍵人物——此次復辟，主角是遜位的幼童皇帝溥儀。

　　袁世凱離世，使效忠清室的將領張勳有機會實現他真正的意圖。雖然張勳一向忠於袁世凱，後者也授予他一省督軍之職，但張的內心深處仍然忠於清朝。當初為了清廷，張勳於 1911 年底曾試圖從革命黨人手上奪回南京，但並未成功。1912 年時，為了表示對清室的敬重，張又運用自己的職位，充當權力掮客，遊說爭取，終於確保遜帝溥儀與其皇室親屬能繼續住在紫禁城，享受宮中珍寶、內務府的繼續侍奉，花費開銷由民國負擔。正因要紀念清朝，他命令所部不得剪去髮辮；為了標榜所部是保衛中華文化的禁衛軍，他派兵守衛孔子的出生地，使之不受暴民侵擾，並持續祭孔。

　　當大總統黎元洪與營私舞弊的總理段祺瑞之間爭論不休，全國似乎也因此快要分裂之際，張勳做出大膽舉動：他迎回遜位的溥儀，重新復辟稱帝。張勳率領五千士兵進入北

京，集結大批前清遺老，於 1917 年 7 月 1 日這天，一同入宮晉見當時已經十一歲的溥儀，說服他再次穿上皇袍，重登御座。在接下來的十一日裡，滿洲朝廷再度登場，而且忙不迭以其名義頒發大量詔命，當中包括授予張勳為親王，並任命他為復辟朝廷的內閣總理大臣。然而到了七月中旬，反對復辟的軍隊（譯按：段祺瑞於七月一日在天津馬廠組織討逆軍，誓師開回北京鎮壓復辟）進攻北京，張勳的軍隊寡不敵眾，他被迫逃入外國領事館尋求庇護。

張勳發動的這場未遂政變，加速了自袁世凱當政時期就已開始的進程：中央政府衰弱分裂，國內許多地區落入軍事強人之手，而他們實際上不受中央或地方政府控制。自十九世紀中葉起，中國就有落入手握兵權的總督彼此競爭的危險，當時國內變亂頻仍，亟需地方大員率兵鎮壓，造成清廷將權力授予前線將領的情況，因此出現了一個半軍事化的社會（partially militarized society）。在十九世紀後期，儘管與外國的戰爭引起諸多問題，列強帝國主義勢力也在中國現身，中國的軍事力量卻因為新式武器與外籍志願顧問之故而得到快速發展，不過在滿洲武力與地方大員統領的「新軍」部隊之間，仍存在重大的分歧。

這些駐紮於華北的現代化新式軍隊掌握於袁世凱之手，他們又被稱為「北洋軍」。本來組建北洋新軍，是為了防衛華北及沿海，使其不受內地亂黨侵擾及外來武力進攻，1894年北洋軍敗於日本之手，顯見這支軍隊有簡化與現代化的急迫需要。袁世凱向來是個手腕高明的官僚，同時也具備軍事戰略眼光，他運用自己練兵處會辦大臣的職位，一手提拔、扶植了北洋軍中所有重要軍官，從而使他們效忠於袁。即使在 1908 年至 1911 年，袁氏被迫「歸隱」期間，他仍舊維持與北洋軍官之間的密切接觸。民國建立後，袁世凱之所以能夠有效鎮壓民主陣營的反對勢力，當中有個重要原因，就是他麾下這些將領，利用革命期間政府機關動盪不安的機會在各地大肆發展勢力，並與地方有頭臉的人物及省諮議局中的菁英份子結成同盟關係。袁世凱任命這些將領為各省督軍，讓他們進入內閣任職，以吸收他們進入新的民國軍事體系中。

張勳發動未遂復辟政變時的內閣總理段祺瑞，就是上述袁世凱一手栽培的軍事將領；他正是二十世紀初，中國新型態政治人物的代表——又稱為「軍閥」：他們手段高超，善於操縱局面，態度強硬，身段靈活卻又殘忍無情。北京成為這些軍閥爭鬥的政治角逐場，他們爭搶大總統或國務總理的位置，擺弄內閣要職，並公開賄賂或恫嚇 1913 年選出的國會其剩餘成員（以及之後的國會議員）。袁世凱死後，某些之前不是袁氏嫡系的軍事將領便自立門戶，在北方建立自己的地盤。閻錫山便是其中之一。閻出身山西，早年東渡日本學習軍事。1910 年閻回國之後，逐步發展家鄉經濟，並運用麾

下部隊打破袁世凱的繼承者中，北洋派系競逐權力的平衡局面。（譯按：閻錫山於 1909 年自日本士官學校畢業歸國，出任山西陸軍小學監督，不久應鄉試，中舉人，轉任山西陸軍第二標標統，約等於團長。1911 年 10 月 28 日，閻錫山及其他贊成共和的新軍軍官發難，攻入太原，閻錫山出任山西都督。袁世凱當政時，閻支持北洋政府，稱帝期間亦然。）從 1917 年起，山西被認為是閻的地盤，直到二次大戰結束後，他仍保持對山西的實質掌控。

張作霖是另外一位獨立軍閥，他從清末時期開始，率領地方民團武力在南滿一帶活動。和閻錫山一樣，張作霖精明地避開了辛亥革命及袁大總統當政期間的眾多陷阱，至 1917年時，他已毫無爭議地成為東北大部分地區的共主，麾下更統領一支大軍，可與北京的政治、軍事人物爭雄。

在中國南方，軍閥同樣因辛亥革命而崛起掌權，或者於民國建立後獲取權力。南方的軍閥當中，有些曾受過高等教育，甚至留學海外，另一些則與盜匪無異，他們以手中的軍事實力獲得官職頭銜。這樣的軍事強人在袁氏死後，以穩定的態勢成長增加，這是因為農村社會流離失所、失業與盜賊橫行等因素所促成。為了養活麾下大批人馬，某些軍閥通常會徵收特別稅或額外捐，有些則將忠誠待價而沽，投靠其對手、政客或外國勢力，另外還有一些軍閥，則帶著整支軍隊「就食」某省，運用軍事實力逼迫該省付帳。許多軍閥會在自己的地盤內鼓勵栽種可提煉鴉片的罌粟花，之後則從鴉片販售中獲取可觀利潤。軍閥中橫暴殘忍的代表人物，首推張宗昌。張生於 1881 年，身高約 180 公分，相貌威猛，父親原

來是個貧窮的吹號手，母親據信是位神婆。張曾在北方的賭場裡工作，不久後成為盜匪頭子，隨即在1911年時搖身一變，投身革命軍的行列。張宗昌後來升為旅長，負責剿辦盜匪（這正是他之前的身分），他在這段期間相當盡職，因而有機會被相中，成為北京政府的師長及軍事教育督辦。1925年他成為山東省督軍，統治手段殘暴，對地方強取豪奪，在電線桿上掛滿犯人的頭顱。他麾下軍隊超過十萬人，當中有一支「娃娃兵團」，裡面許多士兵年僅十歲（配備特地改裝為短槍柄的來福槍），以及一支約四十名女性組成的衛隊，其中有許多是白俄羅斯或其他西方國家的難民。張在其鋪張炫耀的晚宴中，常令這支白俄衛隊娛樂自己與賓客。他使用最精緻的瓷器餐具，還以法國香檳沖洗。他最終被刺殺，行刺者的繼父當年因遭到張任意殘害而喪命。

四位中國最具實力的軍閥

（上圖）清朝覆亡後，中國進入軍閥割據的時代。四位軍閥由左至右，第一位是黎元洪，他在武昌起義時是位心存猶豫的將領，之後同意出來領導，控制武漢三鎮，並在1916年繼袁世凱之後成為大總統。左起第二位是張作霖，滿洲地區的盜匪出身，於1920年代稱雄北方。左起第三位是閻錫山，日後最終成為一位極端反共的政治人物，他統治山西，主持該省現代化事業，直到1949年。最後一位是馮玉祥，人稱「基督將軍」，他在組織上的高超能力引來國民黨與中共的青睞，兩黨爭相爭取他。

反對帝制復辟

（右頁）許多軍人反對袁世凱稱帝自為。照片中這些軍人在山東，攝於1916年5月，後來被編為兩個師，出兵討袁。右起第三人為居正，是山東討袁軍的領導人。（譯按：居正是老同盟會員，加入孫中山的中華革命黨。1916年5月，居正在日軍的支持下，到青島組織中華革命軍東北軍，自任總司令，在山東省展開反袁軍事活動，出兵占領淄博並建立革命軍政府。）

1917-1924
告別傳統
AWAY WITH THE OLD

　　儘管清朝覆亡時政治局面動盪不安，整個國家還是處在一種相對繁榮的狀態。少了清廷官僚的桎梏，新的貿易商業活動頻繁昌盛。自晚清開始的鐵路修築計畫現在持續進行，即使這些計畫有外國投資參與其中，中國的企業家仍然因此獲得新的機會，得以低廉而快速的大量運送貨物和原料。生意人很快就從美孚洋行（Standard Oil，或譯為標準石油）或英美菸草公司（British American Tabacco Company）這樣的公司行號學會西式的廣告技巧與促銷手法。廣泛銷售的進口煤油和石油，再加上國外資金投注興建的發電廠，都是新穎且具備擴充廠房潛力的能源。如商會這樣的民間社團組織，自清末開始興起，此時的發展來到新的高峰；通常這類商會的會長會照管所在城市的大片區域，支持民間對城市新基礎建設的投資。路燈和電話的設置，使得城市生活更加安全，商業貿易往來也更為簡便。儘管此刻能供汽車行駛的馬路為數不多，但是改良型的人力車，搭配可充氣式的輪胎，加快了人們在城市裡移動的速度，並且給予數萬名工人新的就業機會——在這些工人中，有許多是革命後被剝奪財產的滿人。

　　中國商業菁英人士的教育程度比從前更高，他們通常在家鄉就讀外國人興辦的學校，或留學海外大專院校。化學教育使得鹽業及其相關產業開始轉型，從而在紡織纖維染色和加工、玻璃製造和鋼鐵生產等領域取得了技術突破。第一次世界大戰在歐洲爆發，同樣也對中國的工業和經濟發展起了刺激效應，因為許多在華西方人士被徵召回國加入軍隊，使得一整個新世代的中國技術人員有機會接手西方人留下的管理職務空缺，這些技術人員都是由外國技師訓練出來的。此外，由於大戰爆發的緣故，船運由遠東海域召回，以及歐陸補給品與備用零件的欠缺，都激發中國工程師的創造力，並導致替代品的進口。

　　如此增長的必然結果，是中國發展出一批為數眾多的工業勞動力量。雖然傳統手工業在很大程度上仍未受到這些變化的影響，但是新的就業機會出現，加上農村地區因為爆發零星戰鬥而導致的困難情形，促使農村人口移往某些較大的城市尋求工作機會。在這些城市裡，他們與傳統手工業行會

被逐出紫禁城的太監

他們正與警察扭打，照片攝於 1923 年。遜帝溥儀將這群太監從紫禁城驅逐出去（溥儀和他的皇后及家人自清廷退位後，仍舊居住在皇宮大內），因為這些太監偷竊且私下盜賣宮中的藝術作品，這些古玩字畫都是無價之寶。當這群太監的犯行被發現後，便在宮中縱火，試圖毀滅能將他們定罪的證據。溥儀後來開始擔心，他可能會遭到左右太監刺殺。日後他回憶道：「想到這裡，我簡直連覺都不敢睡了……從我的臥室外間一直到抱廈，都有值更太監打地鋪睡著，這裡面如果有誰對我不懷好心，要和我過不去，那不是太容易下手了嗎？」於是他別無選擇，只能將這些太監從宮中趕出去，此舉「大受社會輿論的稱讚和鼓勵。」（註）

註：
引文根據溥儀，《日落紫禁城：我的前半生》（台北：慧明出版社，2002）回譯。

的成員，以及當地匠師不安地共處，這些匠師扎根在地已有多時，對於經濟商機和孰先孰後有更準確的判斷。隨著中國日益堅定地融入國際商業和貿易的世界，其農業生產受到世界經濟不穩定周期的影響，導致難以事先預料的危機，特別是在那些從原來維持生計的農作，改為栽種利潤誘人的經濟作物（如絲綢、棉花或菸草）的農民，更是如此。

清朝覆亡後不久，民主選舉政府迅即崩潰，各省大片地區逐漸落入軍閥掌握，卻未阻礙經濟活動的成長；同樣地，動盪的局勢也未對思想界造成束縛或限制。事實上，中央政治權威的衰弱，使得中國思想界得以大放異彩，以至於有一種說法，稱這段時期為第二次文藝復興，堪與十五世紀時歐洲的文藝復興相比。但這是一種容易使人誤解的說法，因為中國的情形，並不只是重新發掘古典時代被遺忘的元素，然後將其嫁接在當前的思想體系上，用以創造出一個新形態的文化來。相反地，當時中國的知識份子是從全世界的文化中汲取養分，將自身文化與各式各樣的外來概念作比較，挑戰

從傳統繼承而來的認定與信念。同時他們深信：唯有因應中國的需要，創造性地改編、學習外來思想，才能將國家從軍閥和列強肆虐的分崩離析局面中解救出來。

語言本身也是與這些思想上的追尋相關的面向。傳統中國所使用的文言文極難掌握，因此只有少數菁英才能精通運用。只有那些有大量時間學習、思考的人，才能領略文言文的精微之處，而隨著民主與社會主義思想在中國占有一席之地，開始有學生和學者倡議放棄傳統文言文，甚至放棄中國原有的表意文字。有些人建議改採世界語（Esperanto），或徹底將中國文字改為羅馬拼音，又或者運用注音符號系統來進行所有語言表達。最後終於拍板定案：文言文的書寫形式，應該改為模仿口語或白話的語言模式。如此一來，複雜深刻的理念就可以傳遞給庶民大眾。白話文的興起促成小說、詩歌和政治理論著作出現的新契機，學者文人在實驗各種替代的韻律和結構時，很快就掌握了運用白話文的竅門，並創造新詞來表達新思想。有若干學者文人哀嘆白話文失去了文字

的典雅、精確和優美。然而對年輕一輩來說，這樣的改變卻是重新喚醒國家民族的象徵，也是讓中華文化與世界各大文化並駕齊驅的契機。

在 1910 年代後期，數以萬計留學海外的男女學生歸返故里，將他們帶回國內的新思想發揚光大。採用西方課程標準教學的中學和大專院校繼續增加。很多新的文學、科學和政治期刊開始在全國各地販售進步刊物的書店裡傳播，這些期刊大受年輕讀者歡迎。在這類新期刊、乃至於當時讀者群快速擴展的白話報紙上刊載的廣告，也帶來各種外國生活方式的訊息與想像。大量外文小說作品（尤其是法文、英文和俄文小說）被譯介為中文，同時還有許多關於社會與政治理論的深奧之作被引介到中國，其中有許多篇首先刊載在以北京大學教員為主要編輯群的《新青年》雜誌。探討那個時代的社會亂象，以及試圖深化個人精神認知的作品，特別受讀者歡迎。譬如易卜生（Ibsen）的戲劇呈現出個人意志在社會中作用的新概念，以及中產階級家庭中女性受束縛的困境。佛洛伊德（Sigmund Freud）的著作介紹了人類潛意識中慾望、動機與行為的力量。經由對馬克思以及各種形式的行會社會主義（guild socialism）、無政府主義（anarchism）的簡單介紹，社會主義思想開始傳播。西方科學的重要性受到詳盡討論，

練習西式打字

（左頁）民國建立後興起的新趨勢，對於中國商業實務產生了巨大的影響。左圖中的中國青年正以進口的雷明頓（Remington）打字機，學習西方秘書和語言的各種技能。而他們接受培訓的目的，是為了和西方貿易以及在租界的外國洋行謀職。

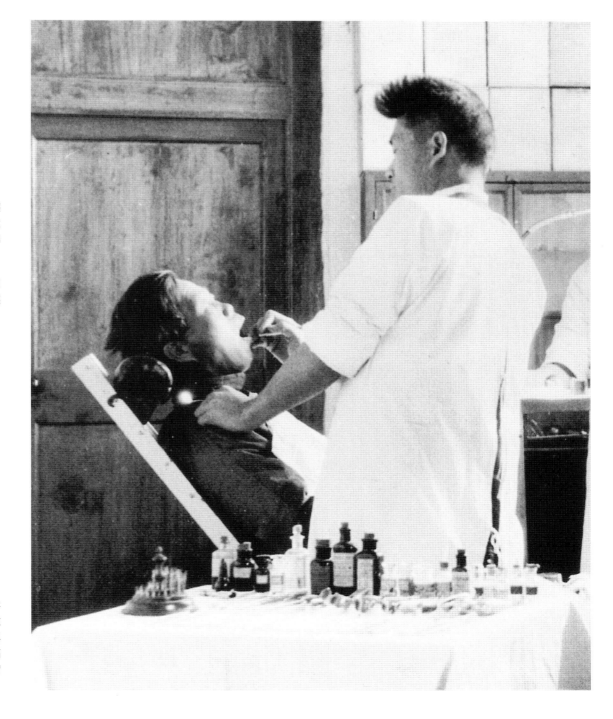

新式醫學

（右圖）到了 1920 年代，現代牙科診療進入中國。1926 年，國民革命軍北伐期間，兩位受過西式牙科教育的中國牙醫，為總司令蔣介石拔除了一顆因阻生而疼痛不已的智齒。

跟上時代的皇帝

在清室宣布遜位後的起初幾年間，居住在紫禁城裡的遜帝溥儀，生活上仍然依照滿洲傳統。1920 年，在新延聘的英籍教師莊士敦（Reginald Johnston）影響之下，溥儀開始跟上時代潮流：他下令宮中的理髮師傅將自己的髮辮剪去，為自己的近視眼配了一副眼鏡，購買若干西式服裝，學騎自行車，甚至還裝設了一部電話機。1922 年，年屆十七歲的溥儀大婚，他遵照安排，迎娶了滿洲女子婉容為正宮皇后，同時還納了另一位滿洲女子為妃。根據他在回憶錄中的描述，新婚之夜這對夫妻並未圓房，溥儀和這一后一妃並未有子嗣。溥儀和他的皇后、皇妃在 1924 年被帶有敵意的軍隊逼迫出宮之前，這是他「對歐化生活醉心」的時期，當時他還發現「甚至連（莊士敦）衣服上的樟腦味也是香的。」這些現藏於北京故宮博物院內溥儀相冊的照片，其中有三張是溥儀和他的皇后婉容在紫禁城內的留影，另一張是皇上正在打網球時所攝。甚至還有一張照片，捕捉到一位昔日慈禧太后身邊的老宮女在宮中盪鞦韆的模樣。

而那些類科學或科學思想——例如社會達爾文主義（Social-Darwinism），提出調整社會結構以適應時代壓力，避免過時及其後遭淘汰的必要性——一時之間也蔚為盛行。

　　到了 1917 年，由於《新青年》雜誌風行一時，加上那群年輕、大都在海外留學的教職員的聲望，使得北京大學成為重要思想與思辨的中心。北大在其思考靈活、度量寬宏的校長蔡元培帶領下，表現出非凡的勇氣和主動，聘用了不少擁護新思潮的青年男女為師。蔡元培曾經到德國修習政治哲學，因此接受過西方思潮洗禮，但他同時也在科舉中取得最高等級的進士功名，是清朝末年傳統學問的重要學者。正因如此，

蔡得以運用其經驗，提倡以新的學術方法來研究中國固有文化；北大的教員陣容濟濟多士，其中包括中國古典文獻的專家，鑽研上古甲骨文和青銅器的學者，以及歷朝歷代史上的文學遺產，他們研究的對象從唐、宋的偉大詩人到十八世紀影響深遠的小說巨著，像是《儒林外史》與《紅樓夢》。這些錯綜複雜的思想、信仰和社會行動主義彼此激盪，在「五四運動」的大旗下交會在一處。「五四運動」名稱的由來，是為了彰顯發生在 1919 年 5 月 4 日那天的各種戲劇性事件。

　　在「五四」爆發前幾個月，北大的文化思潮與國際間的外交折衝，以及國內混亂複雜的軍閥政治碰撞在一起，而產

前往西方戰線

英、法兩國招募的華籍勞工（作為條約協議的一部分）正要離開中國（左圖）。在中國面前展開的，是一個全新發展的局面：超過十萬名華工來到法國，協助協約國陣營作戰。這些勞工是從貧瘠的山東招募而來，他們得到承諾，定期領取工資以改善家計。這些人衣不蔽體、身上都是蝨子，他們領到一張身分證件後，就被送往歐洲了。第一艘啟程的船途經地中海時，遭到德國的 U 型潛艇擊沉，船上六百餘人罹難。從此以後，船隊皆改行太平洋，然後由加拿大上岸，經鐵路運輸到達大西洋彼岸。

填充槍砲

右下圖是身在法國的中國勞工，他們頭頂法國頭盔，自列車上卸下已拆卸的大砲以及大口徑的砲彈。中國勞工於 1917 年至 1918 年在法國期間，被看作是第二線非戰鬥人員。他們的工作包括挖戰壕、掩埋屍體以及破壞電線。

生了強烈的化學效應。1917 年 8 月，北洋政府對德國正式宣戰。傳統中國的外交及外交政策很少越出國境，也從來不曾嘗試涉入發生在地球另一端的事件，所以這次對德宣戰可謂邁出了重要的一步。然而，中國雖然宣戰了，派往戰場參加戰事的卻不是戰鬥兵員，因為西方認為，中國的軍隊不具備在戰況慘烈的西歐戰線機械化戰爭中作戰的能力。但是中國可以提供另一種服務，因為在 1917 年時，英國軍隊正面臨人力短缺的重大危機。

中國加入法國、英國、日本等協約國陣營，於 1917 年參加一次大戰，促成此事的國務總理段祺瑞（他本人之前也是軍閥）有許多難以告人的動機。表面上，段準備向日本政府大舉借款，以實施赴歐洲參戰。但實際上，段將這筆錢拿來鞏固自己在北方的地盤，然後策動麾下部隊揮戈南下，以武力完成國家統一大業。作為償還貸款的抵押，日本在中國獲得修築鐵路、架設電報網路的特許權利，同時得到設置銀行、採礦、販售軍事裝備，以及未特別指名的「修復項目」中，取得特惠權。在 1918 年，段再次向日本貸款後，將原為德國勢力範圍的山東各項權利讓予日本（自 1914 年起，日本即出兵占領山東）；同時，段還開放東北、內蒙給日本駐軍，並在自己軍中聘用日本軍事顧問。

在 1919 年初巴黎和會協商條約期間，段祺瑞之前私下做的各種交易，現在都公諸於眾，使得中國外交官於駐在國顏面掃地，在國內則引發輿論的熊熊怒火。其結果便是，在 1919 年 5 月 4 日這天，北京發生了一連串憤怒且參雜暴力的反政府示威，這股浪潮很快席捲其他城市，學生、教師、城鎮市民、商人和工廠勞工紛紛加入。接連出現的示威遊行迫使出席巴黎和會的中國代表團，最終未簽署《凡爾賽和約》。

五四運動的知識思想浪潮，從發生的中心點北京，一路

腐化的勢力

段祺瑞（右下圖）於 1916 年袁世凱
死後出任國務總理。1917 年，他將
中國帶進第一次世界大戰，和協約
國共同作戰。章宗祥與曹汝霖（上
圖，左、右分別是章、曹二人，這
張照片攝於 1914 年）私下為段祺瑞
安排向日本借款。日本則在中國取
得大量領土主權讓步以作為回報。

五四運動

（右頁）示威抗議的市民在天安門
前集合，天安門前廣場正是 1919 年
5 月 4 日那天的運動爆發之地。之
前的《凡爾賽和約》，將段祺瑞的
醜惡意圖以及他暗中對日借款之事
公諸於眾，遂引發五四運動。

攝影：甘博

擴散到中國偏遠的內陸省分，青年毛澤東的經歷可以說明此
一過程。日後領導中國共產黨達四十餘年的毛，此時還是個
靠自學獲取知識的中學畢業生，他寫過幾本內容激進的小冊
子，在湖南省會長沙經營一間小書店。根據現存於世的書店
銷售紀錄，在 1920 年的四十天期間，書店賣出三十本英國哲
學家羅素（Bertrand Russell）的《政治哲學》（Political Ideals）、五
部美國教育家杜威（John Dewey）的演說集、三十本無政府主
義思想家克魯泡特金（Kropatkin）的文集、五本《愛的成年式》
（The Coming of Age of Love）、十本達爾文（Darwin）的《物種起源》
（Origin of Species）、數十冊關於俄國革命與科學方法論的研究
集、超過四十部胡適以白話文撰寫的《嘗試集》（胡適是北
大教授，也是五四運動的領軍人物）、最後是 165 本「五四
運動」最重要的刊物：《新青年》。銷售上述這些書籍共獲
利三十五元；淨利是虧損的，不過書店的五名員工都沒有支
領薪水。

　　五四運動（今日中國仍然如此稱呼）更長遠的目標，是
要終結當前中國的軍閥混戰，並且以大眾接受的兩個中心概
念──民主與科學，和國家政治重新步上軌道兩相結合起來，
如此就能將中國帶往和西方並駕齊驅的發展道路上。問題是：
這樣的改變要如何產生？自從宋教仁遇刺、國民黨遭到袁世
凱擊潰以來，聰明才智之士持續投身政治，但是他們後來發
現：自己懷抱的使命幾乎不可能實現。思想家暨政治活動家
梁啟超此時的經歷，再次證明了政治變革在此時的中國絕非
易事。梁氏於 1916 年最終厭棄了袁世凱，與其分道揚鑣，而
在袁死後，舊國會於 1917 年重新集會，梁又重返政治舞台。
他接受總理段祺瑞的任命，出任段內閣的財政總長，然而，
梁對於段暗中向日本巨額貸款一事竟毫無所知。梁啟超支持
段祺瑞參與歐戰的決定。直到隔年，他才永遠退出政壇，將
此生剩餘的十一年光陰投注在研究、教授歷史和著書立說上。

　　梁啟超在著作中明確表達反對馬克思主義各項教條的立
場。他認為，馬克思主義有如晚清的儒教，不但狹隘、限制
思想，而且閉塞民智。然而，縱使梁氏的見解得到若干人支
持，時代的潮流仍舊堅定地朝其他方向前進。早在二十世紀
初、第一次世界大戰前，便有許多中國青年前往巴黎留學，
深受社會主義和無政府主義思想的薰陶。後來成為富商的浙
江人張人傑，便是這些留法青年當中的佼佼者。1902 年他獲
得駐法公使參贊的頭銜前往法國；到了 1907 年，張已經成
為革命團體在法國辦雜誌和研究會的經費贊助者。張人傑在
1906 年時首次見到孫中山，隔年至少捐了六萬銀元給孫的反
清革命團體。1912 年，當張氏隨孫中山回國，共同效力於民
國之時，他的友人創立了留法儉學會，使貧寒的中國學生得
以先在設於北京的留法預備學校學習法語後，到巴黎南邊約
九十公里的蒙達爾（Montargis）學院留學。1913 年，在袁世凱

取締國會中的國民黨人之際，許多孫中山的追隨者竟未隨他流亡日本，反倒選擇前往法國。到了 1915 年，他們將原來的「留法儉學會」轉型成為「勤工儉學運動」，參與該運動的中國成員在法國工廠工作，一面獲得勞動經驗，一面賺取自己的學費。

1917 年，由於中國本身經濟情勢發生變化，促使志願遠赴歐洲、參與對抗德國戰爭的人數出現驚人成長。超過十萬名中國勞工，分別由各地經船運或火車，穿越太平洋或經由加拿大的越洲鐵路，再轉從大西洋抵達法國，協助協約國船艦卸載貨物，運送補給品到前線，並且幫助清掃戰場以及掩埋死者。兩千餘名中國人最終在此喪命，他們或死於德軍的槍彈與轟炸，或因疾病而犧牲。可是，有更多人在這裡接受國內無法得到的教育。中國志工團體（由那些在美國或歐洲

受教育的人士組成）也到這裡來為國人同胞服務，教導他們讀寫及工業技術。

這時在法國的中國人，包括數百名留學生，以及十萬名以上的勞工——另外還要加上至少一千名中國學生，他們受到國內五四運動的鼓舞，還有此地勃興的馬克思研究團體的影響，變得十分激進。這些新團體（其中包括新近從傳統桎梏中掙脫的女學生）有不少人和法國激進人士會面，並被引介加入共產黨。當這些學生於 1920 年代回到中國後，在中國共產黨於 1921 年召開首次全國代表大會時，都成為黨內的活躍成員。他們之中有不少日後留名中共黨史的關鍵人物：例如 1920 年代後期、中共處在艱困歲月時，領導全黨的李立三，以及周恩來和陳毅這兩位 1920 年代的勤工儉學領導人，在毛澤東於 1935 年取得黨內領導權後，直到 1976 年毛過世為止，

尋求創新
（上圖）赴日留學的中國婦女，她們的穿著混合了傳統與西方服飾。當時的日本有許多中國留學生團體，這些留日學生深受日本進步氛圍吸引，其混合了傳統東方價值與現代西方秩序。

舊制度
（右頁）1918 年 11 月 13 日，一位北京年老貴族婦女坐在銅製香爐基座上，觀看大總統為慶祝簽署一次大戰停戰協議而舉行的閱兵儀式。她身穿絲綢旗袍，纏足裹小腳，嘴裡叼著菸斗，身旁還有一位侍女。

攝影：甘博

都是他的得力助手（譯按：陳毅死於 1972 年，周恩來死於 1976 年 1 月 8 日，都在毛生前離世）；最後還有鄧小平，他在 1920 年啟程赴法時年僅十六歲。日後，鄧注定帶領中國走上經濟發展復興的道路；從毛澤東死後起，直到 1990 年代。

這些「歸國」的學生倘若單憑自己的本事，恐怕沒辦法有效建立起共產黨的組織，況且由於他們缺乏發展組織的經驗，幾乎可以肯定：他們很快就會遭到各路軍閥人馬的圍捕與處決。好在他們留學法國時，正好遇上蘇聯領導人列寧（Vladimir Lenin）在 1919 年，也就是布爾什維克革命（Bolshevik revolution）兩週年後，做出了一項關鍵決定：蘇聯共產黨以共產國際（Comintern）的名義，派出一個善於發展組織的代表團到中國來。這些共產國際的代表包括一位俄國人、一位荷蘭人以及至少一位中國人，他們抵達中國的第一站是北京，首先從北京大學曾經贊助馬克思主義學會的教員中，發展第一批成員，他們都是五四運動的領袖人物。共產國際代表接著前往上海都會區，與前北大文學院院長、現任《新青年》總編輯陳獨秀接觸。共產國際清晰的革命訊息，以及代表們在發展組織上的高超技巧，都讓陳獨秀立刻為之折服。在陳的協助下，他們開始在勞工組織裡尋找能成為未來中共領導人的活動份子，並於 1921 年召開中共第一次全國代表大會。同樣重要的是，他們緊緊抓住了孫中山這股勢力。袁世凱死後，孫於 1917 年回到華南，試圖重建已搖搖欲墜的政治大本營。

他即將成為共產國際鼓動社會主義革命的盟友。

自 1890 年代末起，孫中山就開始對社會主義理念感興趣，當時他於首次流亡海外時途經歐洲，閱讀了很多當前社會主義的文獻。在 1913 年之後孫氏二度流亡海外期間，他的理念又因為日本社會主義者而得以增強，而或許日本社會主義者也因為孫的緣故，對美國勞工運動有了更深刻的理解；不論美國勞工運動對於在美華工的權利抱持怎樣的反對態度，此時美國的勞工組織已經發展得十分複雜精細。而在 1920 年以後，社會主義引發民眾支持的潛力對孫中山來說更為重要，因為當時他正準備在上海或廣州組織政府，與北京分庭抗禮，以重新致力於國家統一大業。然而，這時的孫中山極度欠缺資金，麾下能幫助他發展組織或通曉行政的能手也寥寥無幾，也沒有一支聽命於他的軍事武力。因此，孫在一開始只好與他所在之處的軍閥結成同盟，或令人感到羞辱地寄人籬下。

共產國際的代表和蘇聯派來的其他交涉人員，終於在 1922 年和孫中山取得接觸，他們很明智地沒有要孫接受共產黨領導。相反地，共產國際代表遵循列寧及其顧問制定的各種路線，提議建立某種聯盟關係，並由孫氏來領導。如此一來，身為中國國民黨的總理（這個國民黨是孫重新組織、整合而設立，在不到十年間已改組三次），孫中山就有機會能實現自己對政治體系的理想。他以獨創的「三民主義」來說明自己對理想政治體系的構想。在這套兼容並蓄的獨特思想體系中，孫氏試圖運用政治民主、社會主義和反帝國主義民族思想等關鍵價值，來謀求國家的復興與統一。由於共產國際的政策支持本土民族主義運動，因此只要他們提供反帝、反封建的保證承諾，孫中山就能獲得大力援助。蘇聯透過共產國際，以海運將資金、武器以及軍事顧問送抵廣州。共產國際決定，目前規模尚小、但充滿能量的中共將加入孫的國民黨，跨黨的中共黨員們遵循馬克斯列寧主義路線，結合孫中山的反封建、反帝國主義意識形態，為國共兩黨創設農民與勞工運動部門。中共黨人在原來反資本家、反軍閥、反地主的鬥爭目標上又添加一項內容：反帝國主義鬥爭，試圖終結外國在中國的特權，恢復國家主權。

時間來到 1923 年，在活力充沛且行事有效率的共產國際代表鮑羅廷（Mikhail Borodin，這是他在蘇聯共產黨內的化名）主持下，這個新的「統一戰線」以廣州為指揮中心，正式開始運作。國共兩黨攜手合作，在廣州周邊的農村地帶組織「農民協會」，鼓勵土地鬥爭。儘管廣州本身並不是高度工業化的城市，中共的工運份子卻到珠江下游的香港積極參與勞工運動，他們在香港協助策劃了一場海員罷工。此時，工運份子正努力增強自身在上海、漢口等大城市中的實力，以做為繼續向北方發展的前進基地。

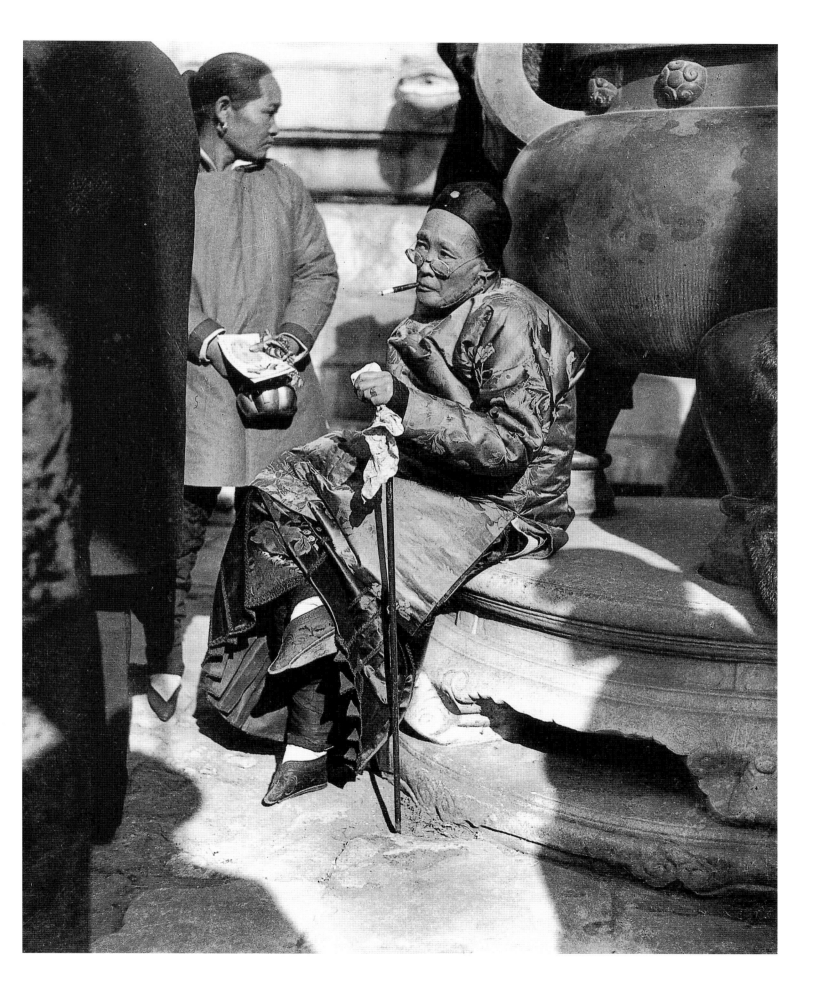

鮑羅廷

（左圖）站在左側者就是共產國際派駐廣州的代表鮑羅廷，他協助孫中山將國、共兩黨組成統一戰線。當時有位美國女記者米莉．貝內特（Milly Bennett），深受這位「魁梧、英俊，令人留下深刻印象的男人」吸引。「（當）我和他在漢口共事，」日後她寫道：「鮑羅廷的頭髮黑而有光澤，唇上髭鬚沒有一絲斑白的痕跡。他的膚色相當白皙。從他友善而直接的棕色眼神裡，絲毫看不出他是一個陰謀家。……（他）很冷靜，也很溫和……他可能喜怒無常，張牙舞爪，卻又機智詼諧……他還有饒舌多話的本領。他對於記住人的名字和面孔有過人的本事，他喜歡人群，尤其喜歡和美國人來往。他是一位令人浮想連翩又能擄獲人心的男人。」

攝影：米莉．貝內特

國民黨領導人群像

（右頁）在這張罕見的照片中，立於國民黨青天白日黨旗下的孫中山，正在對黃埔軍校師生訓話，時間是 1924 年 6 月。站在他身旁的是黨內幾位重要人物：他的妻子宋慶齡站在左側，蔣介石站在右側。蔣氏結束訪問蘇聯之行後不久，就被孫任命為黃埔軍校校長。照片中立於講台最左側，身穿白色西服、手拿一頂草帽的是廖仲愷。廖是孫的友人，在孫逝世後則成為蔣在黨內的主要競爭對手。廖仲愷在 1926 年被刺身亡（譯按：廖仲愷為國民黨左派領袖，黨內主要政敵被認為是右派領袖的胡漢民，並非當時資歷尚淺的蔣）。黃埔軍校成為蔣的權力基礎，許多黃埔畢業生在日後二十多年裡，仍然是蔣氏最忠誠的支持者。

在軍事方面，共產國際也實現了他們的承諾。裝載武器與彈藥的船隻抵達廣州，而一所新式軍官學校也在蘇聯顧問的協助下順利建立。這所軍校由於位在廣州以南、珠江口的黃埔島上，日後便被稱為「黃埔軍校」。年輕的入伍生在這裡接受嚴格的軍事訓練與政治教育課程。軍事訓練課程由兩個人負責主持，一位是蘇聯顧問加倫（Galen）將軍，他是蘇聯革命時，在西伯利亞戰役中率軍擊潰白俄軍的戰爭英雄，另一位則是新近躍升中國政壇的強人：蔣介石。

蔣氏生於 1887 年（譯按：原文作 1889 年，已改正），是晚清躁動不安的民族主義者新群體中的代表人物。蔣出身於浙江一個鹽商家庭，和許多同代人一樣，東渡日本接受軍事訓練，然後於 1906 年加入孫中山的同盟會。在 1911 年至 1912 年，蔣參加革命軍在上海附近的戰鬥，由於他作戰勇敢，因而成為張人傑的親近僚屬。張人傑就是那位在法國設立勤工儉學計畫、並成為孫中山事業貴人的富商。有了張人傑的推薦，蔣介石得到孫中山的賞識，在 1914 年時隨孫氏流亡日本，四年後又追隨他到廣州。孫中山於 1923 年時派蔣前往莫斯科，此行蔣氏除了會見共產國際的領導人之外，還要考察蘇聯的軍校，並研究政黨組織發展的技巧。就在這次訪俄之行結束後，1924 年孫中山任命蔣介石為黃埔軍校校長。蔣所主持訓練的，是一整個世代未來中國的軍事領導高層，在蔣日後的政治生涯裡，這些軍校生中有許多人成為蔣的忠誠部屬。

黃埔軍校灌輸給學員的不只是孫中山的意識形態，軍校教職員中有好幾名中共黨員，周恩來是其中最重要的一位。1919 年五四運動期間，周恩來活躍於北京大學最早的馬克思主義研究社團（譯按：應為天津南開大學之覺悟社），曾經因參加反日活動而被天津警方拘捕過一段時間。他後來赴法參加勤工儉學，並於 1921 年加入中國共產黨。隔年，周和李立三一同參加中共旅法支部的成立典禮。1924 年，遵循國共合作的統一戰線新政策，周恩來在創設巴黎首個國民黨支部時也相當活躍。同年稍後，年僅二十六歲的周由法返國，並被任命為黃埔軍校政治部副主任。學者譚若思（Ross Terrill）指出：

周恩來身上有許多毛澤東沒有的特質：容易相處、瀟灑體面、長袖善舞、還是一位協調仲裁者……。在書香仕紳之家成長的周，因為道德選擇而投身行動，他從原來的社會階級走下來，加入革命行列。

然而，此時中、外政治人物持續密切注意的焦點並不在廣州，而在北方軍閥之間，為了掌握北京政府而不斷發生的大小戰事。此外，廣州並不是發動激進行動的唯一中心。中共黨人有時與國民黨聯手，有時獨自行事，他們在上海發動了一連串大罷工，其中有許多次最後以血腥鎮壓收場。在北方，鐵路工人試圖關閉一條由當地大軍閥控制的鐵路，這位軍閥素來依靠鐵路運兵，以求快速對北京的政治、軍事變化

做出反應。他將罷工的工會領袖斬首，頭顱懸掛於車站月台示眾。另外還有三十五名工人被殺，多名工人受傷。（譯按：此為 1923 年 2 月 4 日發生於河南鄭州的京漢鐵路總罷工，當時北洋軍閥中的首要實力人物、直魯巡閱使吳佩孚下令以武力對付，2 月 7 日下午，軍隊對抗議工人開槍，造成多人死傷，史稱「二七慘案」。）

在農村，改革策略同樣也不是全由廣州協調或掌控。實際上，土地改革的最早嘗試，是由出身地主家庭的共產黨員彭湃在廣東沿海地方施行的。1923 年，彭湃幫助農民組織協會，以提倡公共衛生、教育，並增進農耕技術。他還鼓勵農民起來要求地主減租，為此他特地組織糾察隊，保護農民及其家人，以防地主對參與土改的農人採取行動。之後，地主確實發動了反擊，彭湃被迫放棄這次實驗。但是，此次實驗已經提供了寶貴的教訓，指出中共黨人將來要如何尋求農民支持，而獲得農民支持這一點，即將成為中國革命的核心進程。

　　1924 年下半年，因其對國家的未來深具遠見，而且在政治道路上百折不撓、持續奮鬥，孫中山在全國享有很高的聲譽。孫氏以自己家人為維持權力的左右手。其中以孫氏第一段婚姻所生的長子孫科，以及他再娶的妻子宋慶齡，最受他的倚重。孫科生於 1891 年，武昌起義爆發時，他正在美國加州大學念書，其父要他在踏上從政之路前先完成學業。因此孫科一直到 1917 年，在紐約哥倫比亞大學又取得經濟碩士學位後，才回到中國。他隨即被任命為廣州市長，在任上開闢新馬路、興建公共設施，表現相當傑出。孫科還協助其父，為新改組的中國國民黨草擬黨綱章程。

　　宋慶齡是位美麗而聰慧的女性，她比丈夫孫中山年輕二十六歲，比繼子孫科還要小上一歲。宋的父親是財力雄厚的實業家，自清末起就一直支持國民黨的革命事業。宋慶齡和她的兩個姊妹在美國完成大學學業，之後在孫中山流亡日本初期擔任其祕書，孫、宋兩人於 1914 年結婚，兩年後相偕回到中國。宋慶齡的政治觀點比較傾向國民黨內的激進派系，許多人稱之為「國民黨左派」；然而孫中山顯然很照顧她，而且在政治事務上對她絕對信任。夫妻倆的關係，因為攜手度過 1922 年那凶險的數日而更形緊密：當時他們在廣州的官邸遭到軍閥叛軍團團包圍，宋慶齡幫助丈夫先行脫困出險，登上停泊於廣州內河的一艘砲艇，而她自己則留在官邸內牽制叛軍追兵。經過此次事件後，宋經常陪伴孫左右，之後孫氏去世時也隨侍在側。或許是因為這樣緊密的關係，孫中山對宋的胞弟宋子文有著類似的信任。宋子文是精明幹練的哈佛大學畢業生，孫中山任命他為廣州革命政府的財政廳長。

　　孫中山下令編練的新軍正在緩慢茁壯，而國民黨的政治組織在共產國際顧問的協助下也日益鞏固，然而除了這些進展之外，孫氏在廣州的基礎並不穩固。當時他受到來自三個方面群體的威脅。頭一個群體是廣州市裡的富人與商家，他們對於革命軍武力進駐城中感到不滿，對於國民黨政權時常徵收各種苛捐雜稅也怨聲載道。1924 年，廣州商團發起暴動，反抗廣州政府的各項要求，並以他們自行組建的武力占領了

圍捕一般嫌犯

在 1920 年代末、1930 年代初，由於蔣介石和他的盟友轉為反共的緣故，同情左派的人士經常遭到警察逮捕。在這張攝於 1931 年的照片裡，傳統人士和那些擁抱西方價值的上海市民，安逸地坐臥於人力車的座椅上，觀賞這齣警察撲向嫌疑犯的戲碼。蔣介石於 1920 年代晚期改革上海警察，使其現代化，給予他們更好的待遇與訓練，配備現代通訊系統。他還確保這些警察都接受執政國民黨的意識形態教育。左派在此部署了可觀的勢力對抗他們。除了公安局警力，上海還有蔣介石的軍隊及保安警察部隊、上海公共租界和法租界巡捕房的警探，還要加上許多外籍人士，都很樂意和國民黨配合。被逮捕者很少得到中國法庭或軍事審判庭的同情，許多人被判處立即處決。

繼承孫氏志業

（左圖）孫中山病逝時，遺孀宋慶齡只有三十三歲。在與孫結縭十一年的歲月裡，她和丈夫長期共事，在孫去世之後，她成為國民黨左派在漢口的領袖。據說她強烈反對妹妹宋美齡和蔣介石的婚事。蔣於1927年發動的反共整肅，逼使宋慶齡離開中國，前往莫斯科，然而她在1929年專程返國，參加孫中山的奉安大典。1949年中共在內戰中獲勝，宋慶齡留在新成立的人民共和國，而她的妹妹宋美齡則去了台灣。

孫中山的最後旅程

（右圖）1925年3月，孫中山因癌症病逝，享年五十九歲。他的遺體經過防腐處理，暫厝於北京西山碧雲寺。四年後，孫中山的靈柩被運上一列以孫氏肖像，以及他一手創建的中國國民黨黨旗為裝飾的火車（見右圖），抵達南京以北的紫金山，此處有國民政府特地興建的中山陵——南京是蔣介石選定的中國新首都。孫中山畢生致力於中國的團結統一，他離世之時，正在參加結束內戰的和平談判。他的遺囑希望中國與蘇聯「在為世界被壓迫民族自由之大戰中，攜手並進以取得勝利。」

大部分市區。經過多次徒勞無功的往返調停協商後，孫中山命令蔣介石率領新軍與黃埔軍校第一期學生攻擊商團武力。在慘烈的戰鬥後，孫的軍隊成功地將商團繳械，可是相當諷刺的是，這些黃埔軍校學生初出茅廬的首次戰火洗禮，竟然是向廣州城的市民開槍，這讓人回想起軍閥混戰黑暗的一面。

第二種群體來自國民黨內部，這批人與共產黨沒有多大關係（此時中共仍遵守共產國際的指令，與國民黨組成統一戰線），而是來自於國民黨內一個派系，通常被稱作「右派」，其中成員包括若干最早期的孫中山支持者。這些人和孫氏有著共同的夢想，都期盼一個富強而統一的新中國，不受軍閥的宰制，以及列強的經濟剝削。但是他們不喜孫中山獨斷專行、掌控國民黨組織的作風，更對國共合作抱持不信任的態度。這種不信任部分出於意識形態，但同時也有現實考量，因為他們當中有許多人出身自富裕地主或殷實業主之家，共產黨人要是掌權，他們必定受害。右派當中有好幾位成員認為，自己是順理成章的孫中山繼承人，這時的孫已經五十多歲，既衰且病。

第三種反對孫的群體，聚集在控制廣州的軍閥陳炯明身邊。陳炯明和其他軍閥一樣，也上過西式學堂，早年的他還

曾追隨孫中山革命。辛亥革命爆發後,陳的部隊掌握了廣州一帶地區,他的廣東都督之職後來得到袁世凱的追認。1917年時,陳炯明似乎真誠支持孫中山,但是他的野心實在太大,以至於到了1922年,孫和廣東、廣西幾個軍閥勢力結為同盟,試圖抵制陳炯明潛在的軍事威脅。這些軍閥的忠誠度也大有問題,如果沒有得到足夠的報酬,他們很可能會改變效忠的對象。

1924年底,孫中山動身北上,前往北京,會見各方政治人物,試圖阻止一場大型內戰爆發。此行充滿危險與變數。這時的北京,由兩方勢力共同控制:一方是現在自稱為「臨時政府臨時執政」的前國務總理段祺瑞,另一方則是率軍隊進駐北京的東北軍閥張作霖。正當孫中山試圖說服他們在協商中納入工農商團體的代表時,他的病情突然加重。經過新設立的北京協和醫學院附設醫院檢查後,發現孫氏罹患肝癌,已經擴散到其他器官,無法施行手術切除。孫不為所動,仍然堅持參與協商談判,但是他的健康已無法負荷。1925年3月12日,孫中山於北京去世,享年五十九歲。他臨終時,對祕書汪精衛口授簡短的遺囑,敦促國民黨人繼續追求實現他促成國家統一的目標。

孫中山離世後不到七個星期,發生了一連串事件,使得左派大為活躍,更帶動新一波民族主義的激情浪潮。先是五月底時,有一批中國工人於罷工期間破壞被日本雇主鎖上的紡紗工廠大門,入內破壞若干機器。日本警衛開火,擊斃其中一名工人。5月30日,為了抗議工人被殺,上海舉行大規模示威遊行,正當示威群眾遊行到上海公共租界最繁忙的街道、準備前往外灘時,租界當局的英國籍捕頭下令錫克族警

（左頁）這兩位穿著講究的男童，是東北軍閥張作霖的孫子。他們的父親張學良是統轄華北大軍的重要將領。像這樣的孩子，等在他們面前的，會是富裕和有影響力的人生道路。但是軍閥的人生卻時刻處在不安之中，許多人更死於非命。張作霖就被日本人炸死，張學良則施打嗎啡成癮多年，而他的政治生命更在被蔣介石軟禁之後戛然而止。

有爭議的權力繼承

（右圖）孫中山死後，國民黨內競逐領導權主要有兩個人物，分別是胡漢民與廖仲愷。廖氏是國民黨左派活躍份子。他在 1925 年夏末被謀害（最右圖為他的遺體），據信是出於胡漢民的教唆（右圖為胡漢民）。胡漢民成為南京國民政府的首腦人物，下令逮捕在漢口的汪精衛及其他共產黨的領導人物。然而，汪與蔣介石合作，使得胡的野心遭受挫折。胡漢民在 1927 年赴歐考察，一年後返國，但自此以後他未曾取得絕對的權力。他於 1936 年因腦溢血逝世。

察開槍，當場打死十一名群眾（譯按：另一說為十三人死、四十餘人傷）。這些死者被稱為「五卅殉難烈士」。同年六月，廣州群眾聚集抗議，紀念 5 月 30 日上海的死難者，並呼應香港如火如荼的大罷工。再一次，英籍警察下令開火，這次有五十二名群眾遇難。當這三起暴行的消息傳遍全國時，加速了各地反帝國主義的憤怒浪潮，中共黨人便趁機加大力道，招攬大批學生和工人追隨。國民黨人則面臨一個左右為難的局面：如果他們按兵不動，日子一久則中共會過於壯大，難以壓制；要是他們感情用事貿然投入，統一戰線可能會被地方軍閥擊潰，國民黨這股政治力量將遭到毀滅性的打擊。

　　緊隨著這些戲劇性的事件而來的，是可能繼承孫中山事業的黨內人物彼此施展手段，競逐領導大位。當中最具實力的角逐者，看來是財力雄厚、出生於美國舊金山的廖仲愷。

廖氏是孫中山最早期的助手，他於 1903 年在日本初次見到孫中山，隨後共同策劃革命。由於廖的英文甚佳，孫中山借重他，將若干社會主義著作翻譯為中文供其研究。1906 年，廖仲愷祕密潛赴華北，憑著勇氣與機智，說服法國駐華武官提供關於清軍實力的機密情報，此舉使孫中山對他更加佩服敬重。廖與孫中山的關係，因為其妻何香凝的關係而更為緊密。何香凝在香港出生，原先是頗有才華的國畫家，後來成為孫中山同盟會的首位女性成員，以及國民黨的婦女部長。廖仲愷本人則成為國民黨與中共結盟的主要設計人，並歷任廣州政府財政總長、廣東省長、黃埔軍校黨代表等要職。廖氏同時也是一位高明的工運組織者，更精通於共產國際所引介的列寧式政黨組織。然而，1925 年 8 月，正當廖準備出席廣州國民黨中央執行委員會議，甫下車便被刺客殺害。此案的幕

1927 年的漢口

（左圖）北伐期間，國民黨左派在
這裡建都，照片中的軍隊由南方開
來增援，這些士兵仍然配戴傳統式
樣的寬邊草帽。外國觀察人士誤將

這些草帽看作是盾牌，輕蔑地相信
這是中國軍隊仍停留在原始狀態的
證據。這年夏季，中國群眾衝擊漢
口的外國租界（右圖）。

後主使者，儘管沒有證據，各界都懷疑是孫中山另一位重要
助手、立場保守的胡漢民所為。在各方壓力之下，胡辭去黨
內各職，離開廣州。看來堅定與黨內左派結盟的汪精衛，將
會毫無爭議地控制局面。可是在 1926 年 3 月，蔣介石突然宣
稱，左派份子企圖以武力顛覆國民黨，而效忠於他的部隊已
經在廣州拘留了多名首要中共黨員和共產國際顧問。在中共
同意交出加入國民黨的共產黨員名冊、放棄他們在國民黨中
央的多項職務、並遏制共產國際顧問的權力之後，國共合作
方告恢復，被拘留的人員獲得釋放。汪精衛發現局勢已不可
為，只好出走赴法國休長假。

此時蔣介石已完全掌握了國民黨的武力，於是他決定運
用這支兵力，完成先前孫中山以和平手段無法達到的目標。
他準備統一全國的軍事行動，也就是所謂「北伐」，遭遇到
許多人反對。國民黨左派及中共都認為北伐的時機尚未成熟，
但是到了 1926 年 7 月時，北伐的各項計畫都已制定完成，各
軍在總司令蔣介石的指揮下集結。雖然北伐後期的計畫還未
確定，不過在頭一階段，北伐軍需要快速推進，穿越湖南省
境，攻擊湖北境內長江兩岸的北方軍閥。

國民黨取得令人驚訝的成功，而即使是黨內最樂觀的人
士，對於北伐取得如此戰果也感到訝異。八月初，北伐軍奪
占湖南省會長沙，打敗許多地方軍閥武力。九月，北伐軍攻
占工業城市漢口，而後在 10 月 10 日、也就是辛亥革命十五

週年這一天,拿下了肇建民國的首義城市武昌。到了十一月,蔣的軍隊攻下江西中部的南昌,他下令主力部隊暫停前進,以評估當前形勢。如果北伐最終目標是北京,現在有三種路線選項擺在蔣的面前:第一種是從漢口繼續北進,寄望於漢口工人的政治支持;其次是東進南京,將這座革命黨人於

1911 年底和 1912 年初取得短暫勝利的城市當作臨時基地;第三是進攻上海。這三種進軍方案各自有充分的支持理由,但最後蔣決定拿下上海。

　　1927 年的上海是馳名世界的國際大都會,也是中國最大的工業化城市,更是犯罪肆虐之地。無疑地,上海對蔣介石

來說十分具有吸引力，如果他能夠以高明的手腕，巧妙地運用這裡各項豐沛的資源，上海就能成為供養他麾下大軍主要資金的來源。但是想要從上海提取財富，無論採取抽稅、沒收充公或其他手段，必定困難重重。首先，上海大部分的地區，長年以來都處在殘暴的地方軍閥控制下，他們對國民黨並無好感；再者，上海最大的兩個區域，即法租界和公共租界，掌握在外國強權之手，中國人不得置喙。這兩處租界，當初是清廷與外國簽署條約而設立的，時間可以追溯到1860年代，此後經過多次擴展，由外國僑民組成的工部局、公董局（**譯按：即管理租界的行政委員會**）負行政管理責任，施行各

西方強權的標誌

（第78-79頁）上海外灘是1840年代時經由條約取得土地，當初這裡還是一片未開發的農地。外灘以混合著富裕與驕傲的姿態，櫛次鱗比聚集了銀行、俱樂部、購物中心和旅館飯店，全都受到英國法律的保障。在它背後，是西方人聚居的三條街道。

西化風格

（左頁）上海比其他任何一座中國城市都還夠格見證西方文化的登堂入室。上海的有錢人已經雇用司機駕駛的豪華轎車（如上圖）和出租計程車來取代人力車。期刊雜誌開始頌揚新一代「舞廳皇后」的迷人魅力，就像左下圖照片中這位女性，留著一頭時髦的髮型，左手拿著一部西式裝幀的書籍，右手夾著一根香菸。右下圖這位手持遮陽傘的女性，是上海電影製片廠的明星。

抹去舊日光景

學習藝術的留學生從法國學成歸國。他們帶回來新的技巧，新的概念以及新的道德觀念。清朝時，以女性模特兒寫生不但違法，而且是驚世駭俗、不可想像之事。但是到了1920年代後期，上海美術學院西畫系的學生（右圖）已經可以和他們的裸體女模特兒一起在相機前合影留念了。

國法律。租界有獨立的賦稅體系，並且維持自己的武力、水師以及巡捕隊。他們主持租界區域內的城市規劃，並監督房地產業的開發。租界內有發電廠在運作，也建立公園、下水道與街燈照明設施，並管理範圍廣泛的社會服務機構，包括學校、圖書館和醫院。他們掌管優雅的賽馬場（這是租界都市生活的一大重心），以及讓賭徒一擲千金的賽狗跑道。他們還對旅館、賭場、舞廳和妓院發放許可執照，並定期巡邏。其堂皇的辦公巨廈沿著黃浦江畔排成一列，這裡被稱作「外灘」；美輪美奐的宅邸和造景美化的花園，延伸出去達數百畝，而他們所修築的道路網，則拓展得更遠，一直深入到市郊的農村地帶。

在二十世紀前二十五年當中，有愈來愈多的中國人遷入租界，這些人希望從租界的各項便利設施和法律體系當中獲益，尤其是後者，能夠提供人們不受任意逮捕或敲詐勒索的保障。到了1920年代，上海法租界的人口大約有三十餘萬，當中外國人占一萬兩千餘人；公共租界大約有七十五萬人口，其中外國人口超過三萬。圍繞在這兩個租界區域之外的，是幅員廣大、正在擴張的中國市區及上海工業郊區地帶，這些地方的人口約有一百五十餘萬，幾乎全部都是中國人。

夜幕降臨時，上海較富庶的區域照耀著霓虹燈。在汽車與電車不斷的喧囂聲中，人們還是可以聽見上海市數千名人力車伕從擁擠的街衢巷弄試著開道時發出的警告叱喝。從1920年代初起，房產開發業者在上海建起一座座偌大的娛樂購物城，當中設有提供全國各地菜式的餐館，擺滿商品的店鋪，每天都招攬數以千計的用餐、購物和閒逛人潮，使業者荷包賺滿，成為新一代的百萬富豪。夜總會裡熱鬧浮華，擠滿了外國人和新近致富的中國企業家，在西洋樂隊演奏的搖擺舞曲或爵士樂中翩翩起舞。戲院播映最新的西方電影，以及中國新生電影產業的作品，大部分中國電影產業的片場也都集中在上海。上海市各區的娼妓人數，估計最多高達十萬

新的財富，舊的貧窮
幾乎每位到訪上海的人士，都對貧富之間生活的各種巨大反差感到驚駭。中國的現代銀行體系是由孫中山和蔣介石的小舅子宋子文建立的，國民黨的南京政府也帶來一定程度的金融秩序。勤奮努力的人和作奸犯科的人，現在都能夠放心地把他們辛苦努力賺來、或為非作歹得來的錢存進銀行。可是，對於那些從饑荒的鄉間逃出來的絕望難民來說，在街頭凍餓而死是他們人生最可能出現的結局。

人，她們的境遇判若雲泥：有自行駕駛汽車前往恩客家中的豪奢應召女，也有處境悽慘絕望的鄉村女子，在臨時搭建的娼寮裡，為勞工或外地移民提供性服務，換取區區幾個銅板。

貧富之間的極端對比無處不在。到處搭建的小屋和棚架為那些失業者和因饑荒或軍閥混戰而逃難的難民提供棲身之所。他們的處境悽慘，死亡也無人聞問。根據統計，租界當局衛生部門每年從街道上收殮倒斃街頭的屍體，約達兩萬至三萬具；而在嚴冬時很可能一天之內就發現四百具屍體。這些倒斃街頭的人裡，有許多還是孩子。

上海市的各種問題，又因為幫派組織的力量而變得更形複雜。幫派組織控制了上海諸多賭場和妓院，負責圍事，又獨占毒品（尤其是鴉片）的販賣銷售。青幫是上海幫派組織當中規模最大者，當初在清朝，它是由在運河與水道上討生活的苦力和拉縴船伕組成的。到了 1920 年代，青幫是個組織龐大、控制嚴密的幫會，轄有數萬幫眾。該幫的勢力因為幫眾打入上海的公安與巡捕房而大為擴張。法租界的總探長就是青幫幫眾（譯按：黃金榮），他因而有機會得到若干個人與財務金融方面的重要情報來源。有了這層利害關係，地下社

會的收益非常巨大：尚且不論那些控制妓院和私娼寮的人賺得的錢難以估算，單憑賭場收入，據估計每週就可達一百萬銀元，而每個月販毒的收益則為六百萬美金。

有幾位青幫領導人，儘管眾所皆知他們與犯罪活動有密切關聯，卻仍然在上海享有家喻戶曉的知名度，其中最為人所知的是杜月笙：這位上海貧民窟小店鋪主人之子自幼失學，靠著賭博和販毒從碼頭一帶脫穎而出，到了 1925 年，已經掌握整個上海的鴉片交易。杜氏不單藉由自己和黑社會的關係以維持權勢，更向法租界的管理階層、以及控制上海華區的軍閥勢力尋求結盟關係。杜在上海法租界的華格桌（Rue Wagner）路上有豪宅一處，專門用來款待他的好友及列強在上海的社群領袖。法租界當局為了投桃報李，也提拔他擔任公董局的華人董事。

北伐軍總司令蔣介石在辛亥革命後數年間曾混跡上海，不但活躍於金融界，而且當時和上海的幫派組織有過來往。因此，當他於 1927 年春兵臨上海之際，很容易就與青幫及其他幫會取得接觸，並且共同密謀如何一面驅逐當地軍閥，一面遏制上海愈發成長的共產黨勢力。大上海有數十萬工人。從 1921 年起，中共便一直嘗試在上海工人中培養將來的領導人，並且發展工會組織。雖然不少上海工人四散分布在手工業的小作坊裡，不過那些在大工廠裡勞動的工人——例如在棉紗紡織廠、造船廠、鋼鐵廠、香菸和火柴製造廠——在 1923 年時的人數已經非常可觀，或許可以將他們看做完全夠格的「城市無產階級」。這些工人的人數，又因為那些在港口、交通運輸業以及公共設施產業裡勞動的勞工，而又激增數萬人。

組織工運既困難又有危險。很多勞工最近才從鄉間來到上海，他們當中許多是按季節進城打工的婦孺，很容易遭到雇主恫嚇；許多人住在特別的宿舍或廠方的工寮，共產黨人很難與他們取得聯絡。由於失業率很高，大多數的工人不願意被當作惹禍的頭子。有些工廠業主使用威脅恐嚇或暴力手段對付工會成員，有的則以精心餽贈禮物或施加恩惠來維持家父長式的管理。話雖如此，中共仍然取得很大的進展。他們利用民眾對「五卅慘案」的憤怒浪潮，成立統轄所有勞工、

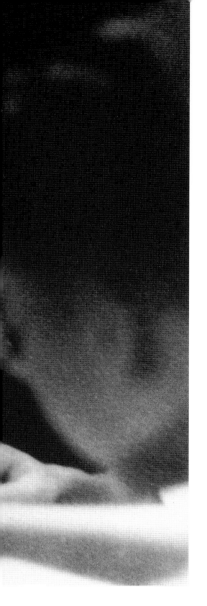

財富之子

賭博在上海可是一項大生意。外國租界為賭博提供了安全無虞的場所，在這些地方可以用極高的賭注玩紙牌（左圖）。對那些放蕩不羈的浪子來說，透過有組織的賭博、彩券、賣淫、賽狗、賽馬與販毒，都可以發大財。

地下社會的大亨們

（右圖）在 1920 年代，青幫控制了大上海的黑社會。有三個以不法勾當起家者，幾乎壟斷了整個上海的所有毒品買賣。他們勢力龐大，實力雄厚，被稱為上海灘「三大亨」。中國警察和外國租界裡的巡捕都拿他們的錢，而他們對上海每家鴉片煙館、每桿點燃的煙，「徵收」三角美金的「稅」。照片中的兩位青幫領導人，分別是右邊的杜月笙，以及中間的張嘯林。三大亨合開的公司一年賺得的收入，據統計約達四千萬銀元之譜。青幫動用自身的武力，攻擊左翼工會份子，殺害了許多人，並且將其他有共產嫌疑者交給深受蔣介石信任的將領楊虎，楊虎本人也是青幫幫眾。

工會的上海總工會，在 1925 年 6 月中展現出能夠號召十六萬工人聯合總罷工的驚人能量。他們的成功有部分要歸因於罷工行動的排外本質，尤其是在日資和英資工廠更是如此，這也確保罷工行動能夠得到上海中產階級的支持。罷工所需資金也同時來自廣州政府和北京的北洋軍閥。1926 年與 1927 年的接連政治浪潮，使得上海總工會的會員人數大幅遽增：1926 年 6 月時原有會員四萬三千人，到 1927 年 1 月時已達七萬六千人，至三月時，竟劇烈增加到八十二萬一千人之眾。

正當蔣介石下令他的北伐軍勒馬於上海市郊，由共產黨領導的工人於 1927 年 3 月 21 日發動大罷工，全市幾乎為之癱瘓，似乎也證明了工人的實力。罷工工人實際上控制整個大上海，直到蔣麾下一位將領（譯按：白崇禧）率軍進入市區為止。工人們在此次罷工所展現出來的力量，使得許多國民黨領導人，還有上海商界及外國社群都心生警惕，因此在四月第一週，蔣介石與各方達成了一連串協議。其中一項，是英國與其他各國承諾，在上海租界內的約兩萬名外國軍隊將保持中立。另一項是上海商界答應贊助蔣氏的軍費開銷。第

三項協議，則是杜月笙和青幫幫眾（許多人已經滲透進工會和共產黨組織之中）要組織一批糾察隊武力，準備採取行動。租界巡捕房裡的青幫幫眾持續將共產黨人的計畫洩漏給蔣的指揮所，而杜月笙和他的人馬則被允許自由穿越外國租界區域。

共產國際的政策，加上史達林認定中國革命應當如何進行的成見，要求中共必須維持目前和國民黨的統一戰線，因此中共黨人沒有讓所有的工人糾察隊配備武裝，也沒有對現有的糾察隊發出「大難臨頭」的警告。1927 年 4 月 12 日拂曉，在蔣的軍隊與外國勢力的默許下，青幫組成的武裝力量對總工會指揮部和知名共產黨人的住處發動了一系列精心設計的破壞襲擊，接著攻擊罷工工人的領導階層。這場突如其來的政變完全將中共與上海總工會的力量打垮，而有數千名工人及中共的工運組織者喪命。

大致上來說，中國共產黨之所以沒有被徹底摧毀，是因為在該黨內部、以及在國民黨內，對於北伐應該採取何種路線、中共黨人在國民黨內究竟應該扮演什麼角色，全都存在

著路線分歧。正當蔣介石將注意力集中在上海的同時，國民黨內所謂的「左派」，則集中在長江中游三大工業城市「武漢三鎮」一帶動作頻頻。這些所謂左派人物，包括孫中山的年輕遺孀宋慶齡、長子孫科以及孫氏生前的密友、很早就追隨孫革命的汪精衛；汪在此前一個月，方從法國結束自我放逐的流亡之旅，返抵國門。這股勢力在 1927 年 4 月到 6 月間逐漸集結，其組織運作模式令人聯想起同年三月的上海：集中力量於聯合所有工會、組織工人糾察隊、爭取學生和市民團體的支持，並且和地方軍閥勢力結成同盟。他們還在這個地區發展農民協會，承諾施行比從前更激進的土地改革和沒收地主財產方案。然而，此舉讓共產國際的顧問大為緊張，他們連忙要求鄉村的農民協會改採較溫和的策略，並且抑制群眾的革命熱情。要不然，當地農民團體很可能會採循俄國革命嘗試過的路子，組織「農民蘇維埃」，對於正在進行中的中國革命產生難以估計的影響。

這時從事黨務工作的毛澤東已經三十四歲，在廣州和他的家鄉湖南農村十分活躍，而且熱切擁護在農村採取激進路線。1927 年 2 月，在一份致中共領導人的內部報告當中，毛記錄下在見到貧下中農終於舉起手反對剝削他們的地主時，自己內心的興奮激動之情，也寫道中國農民將成為一股不可抵擋的力量，橫掃面前一切障礙。可是，毛這樣的情緒、觀點與行動都與黨的政策相違，他只好在農村低調行事，以免當地的地主起來反抗，反而和國民黨左派及其盟友為敵。在另一方面，中共極力主張在大城市當中採取極端的反資本主義路線，而在黨的領導階層如李立三等人的激烈作風帶領之

下（李立三在留法期間加入中共，他也是組織上海總工會的關鍵人物），武漢三鎮成為左派人士活動最活躍頻繁的地區，人稱「赤都武漢」。

結果，共產黨人再一次高估了自身的實力，也錯估了其政治盟友的可靠程度。國民黨在武漢的政治領袖汪精衛，本來便不相信中共打算遏制農村的激進傾向，他的這種猜疑，到了 1927 年 7 月時更得到確證：當時一位在漢口的共產國際代表，顯然是意圖恫嚇，對汪出示一份來自史達林給中共的機密指示，敦促他們要加深革命。於是，在與地方軍閥勢力與蔣介石進行了一連串祕密協商談判之後，汪精衛在武漢驅逐共產黨，同時命令共產國際的顧問返回蘇聯。大部分的共產黨人都安全離開武漢，撤回廣州或其他沿海城市，可是許多原先站出來支持他們的人，下場卻相當悲慘。軍閥與地主結合，將還留在農民協會裡的農民集中繳械，之後有多起案例顯示，他們遭到拷打或射殺。學生和其他激進份子也受到攻擊，特別是那些被認為為了共產革命理想而獻身的年輕女子，更是遭受到令人反感的報復。那些被認定是共產黨的女性（通常沒有其他證據，只因為她們梳著當時流行的革命髮式）慘遭性虐待凌辱，通常遭到異常殘酷的殺害。許多像毛澤東這樣的工農運動組織者，儘管此刻仍然遵從中共中央與共產國際的指示，卻已對工農運動在此地區存活不抱希望，因為當地軍閥勢力和國民黨結成同盟，已經支配全局。雖然他們仍舊相信社會主義革命有成功的一天，這時卻帶著他們一切所能集結到的軍事力量，撤退到丘陵綿亙的內陸農村地帶，期望能抵擋國民黨的反攻，重新點燃農村革命的燎原之火。

不過在此之前不久，毛澤東卻因為遭到地主民團捕獲，差點就性命不保。當時民團押解毛到一處柵欄，準備將他處死。毛拿出之前向同志借來的錢，試圖對押送者行賄，但沒有成功；之後他找到機會脫逃，跑進一片長滿雜草的荒地。民團到處搜找他，有好幾次幾乎要擦身而過，不過到了夜幕降臨時，毛仍然沒被抓獲，民團於是放棄了搜捕。毛赤腳連夜趕路，第二天一早用身上僅剩的七塊錢，買了一雙鞋、一把傘和一些食物，終於趕上自己的部隊。

雖然中共急於彌補他們遭受到的這些重大打擊、提振黨人的低迷士氣，但他們仍然聽從共產國際的指示，罷免了總書記陳獨秀。陳是北大前文學院院長，也是《新青年》雜誌的總編輯，於 1920 年首先應共產國際代表的請求，加入共產革命的行列。取代陳獨秀擔任中共中央總書記的，是之前曾經在蘇聯居留一段時間、沒有任何實務經驗的年輕黨員瞿秋白。新的領導班子為了回應史達林先前「加深革命浪潮」的號召，便試圖在國民黨統治的城市中發起武裝暴動，期望能重新喚醒幾乎已死的農民革命意識。所有嘗試都以失敗收場。

到了 1927 年底，中共決定做最後的賭博：由兩名新到的共產國際代表協調指揮，在廣州發動大規模的武裝暴動。策劃起事的領導人希望藉由此次武裝起義，在廣州建立容納工、農的「廣州公社」，並組織蘇維埃政權。他們準備驅逐國民黨與其軍閥盟友，然後和鄉村土改的激進勢力領袖彭湃結合；後者已設法恢復 1923 年，率先成立的農村蘇維埃。

廣州暴動以災難性的失敗告終。縱然共產黨支持的工人勢力在 1927 年 12 月發動總罷工，卻只能控制一部分廣州市區，始終沒能建立他們期盼已久的人民公社。報復行動來得既快速又凶狠。國民黨和本地軍閥的部隊逮捕、槍殺了數百名參加暴動，或據信有「共黨嫌疑」的市民。由城內通往郊區的道路兩旁，沿途橫七豎八滿是被槍斃的屍體。許多人遭到斬首，或囚禁於柵籠內任其凍餓至死，又或者被綑綁在一起拋進珠江。這類殘暴行徑顯示施暴者有極深的恐懼與仇恨，現在這種情緒攫獲了全國。

1927 年下半，北伐戰事的進展停滯下來。總司令蔣介石受困於國民黨內的紛爭，辭去本兼各職下野，國民黨黨務交由孫中山的兩位資深繼承人——汪精衛與胡漢民接掌，後者和汪一樣，結束海外放逐之旅返抵國門。至於蔣本人，在短暫返回浙江家鄉後便前往日本，此行目的在尋求宋家老母親的支持，同意蔣與其三女宋美齡的婚事。宋美齡是孫夫人和宋子文的妹妹。儘管宋家有多名成員反對這椿婚事，尤其是蔣之前曾經娶妻，也還不是基督徒，但宋母最終還是點頭同意蔣宋成婚。這對新人於 1927 年底回到上海，舉行兩場結婚儀式，一場傳統婚禮，另一場按基督教儀式進行。

自此之後，蔣介石恢復原先在黨內的活躍角色，然後和各地軍閥勢力結成一系列新的軍事同盟，好讓他可以繼續進行北伐。蔣氏的新科大舅子宋子文籌集款項的技巧與他那種冷面無情的態度，讓蔣獲益匪淺。宋子文將稅收、銀行貸款和暴力等策略相結合，籌集到蔣所需要的鉅額資金，這些策

左派的聲音

（左頁）1927 年，美國女記者米莉·貝內特在「赤都武漢」拍攝下中共領導人李立三在群眾大會上發表演說的一幕。「李立三看來活像一具埃及木乃伊，」她寫道：「一具穿著僧侶服裝的埃及木乃伊。他的黃皮膚緊貼在瘦削的下顎骨上，那件質地窳劣的黑色長袍穿在他身上，像是一只麻袋套在衣架上。當他用那出奇尖銳刺耳的嗓音講話時，絕不是在演說。這是在傳教佈道。」

行軍途中的北伐軍

（右圖）正當武漢與上海各自以殘酷手段整肅共產黨人，幾乎將他們徹底掃蕩殆盡的同時，蔣介石的南方籍士兵，正以穩定的速度向北進擊。這些士兵仍舊帶著遮陽的草帽，把睡覺用的鋪蓋纏綁在肩上。北伐的進展於 1927 年至 1928 年初的冬季一度短暫停止，在這段時間當中，蔣介石辭職下野，一方面是為了平息國民黨內的緊張態勢，另一方面是要安排他與宋美齡的婚事。不過到了 1928 年 6 月，北伐軍勝利進入北京，蔣和他麾下的將領齊聚在北京西山碧雲寺孫中山靈前，慶祝北伐大功告成。

嚴酷而迅猛的報復

（第 88-89 頁）對中共黨人來說，1927 年 12 月是災難性一年的最後一場惡夢。史達林對於社會主義運動在中國宣告崩潰感到既羞辱又憤怒，於是派遣兩名年輕的共產國際代表到中國，要他們在廣州建立工農人民的公社。結果響應號召的工人太少，而當地軍事領袖的報復行動則來得迅即又殘酷。到處都在執行處決。當時美國駐廣州領事胡思敏（Jay Calvin Huston）親身經歷了這場屠殺，並將他拍攝到的照片傳回華府國務院。這些照片呈現當時中國充滿暴力、不安又令人沮喪的景象，包括這張孩童被槍殺後，遺體堆放在路邊的照片（右頁）。

受辱而不屈服

1927 年發生的各項事件重創了共產黨，但並未將其徹底摧毀。中共改採游擊戰術持續作戰，而且得到地方盜匪和貧農的支持，其中毛澤東率領的一部就轉戰湖南、江西的邊界山區。即使在各大城市裡，潛伏的中共地下黨人仍舊運作，在國民黨政府加緊對國家的控制之際，努力爭取革命形勢的變化。這是一個希望渺茫又非常危險的事業。一旦被捕就必死無疑。1930 年，一位美國記者拍攝到了這張照片（左圖）：一位年輕女性在被處決前的最後時刻。她受到嚴重的羞辱，身上衣服被部分扯落，她被迫雙膝跪地，雙手則被反綁在身後。照片中左側的士兵用一具皮帶頭盔綁住女子的下頜，讓她不能說話，而且連最後一刻蔑視行刑者呼喊的機會都不給她。

略甚至還包括綁架知名中國企業家或他們的子女，這些被綁人質只有在乖乖支付國民黨要求的款項以後，才能夠獲釋。

　　時間來到 1928 年初，原本就複雜的局面又出現了一個出乎預料的新因素。蔣介石的北伐軍進展到山東時，遭到日軍一個旅團的阻擋。日軍當局以保護僑民為名，命令軍隊進駐山東各個重要城市，然而此舉真正的目的，其實是為了保障日本在東北的鉅額投資。（譯按：**日本在山東的軍事行動，也有掩護張宗昌部隊後撤、遲滯北伐軍攻勢的意圖。**）在雙方發生幾次激烈的接觸戰後，蔣決定繞開日軍陣地繼續前進，以免釀成和日軍的大規模衝突。日方急於維護在整個華北地區的經濟利益，於是對統治東北的軍閥張作霖提出警告，要他將所部軍隊和平退回東北，以避免戰事持續擴大（在此兩年之前，張作霖的軍隊由東北入山海關占領了北京）。張作霖確實聽從日本人的話，在 1928 年 6 月初搭乘自家特別武裝的專屬列車離開北京，但是有若干日本軍人認為，從長遠來看，不能信賴張作霖。正當張作霖的專列快要抵達瀋陽之時，突然發生大爆炸，列車被炸成碎片，張作霖重傷不治。張被炸死令各方憂慮不安，認為這是日本在華北實力愈強、野心愈熾的證明。北伐軍部隊在此後不久即進入北京，為統一大業正式畫上句號。但這樣的成果只有在日本的同意下才能達成。此刻蔣介石的心中如果有任何勝利的喜悅，也必定因為日本對中國的各種圖謀，而蒙上一層前途未知的陰影。

1928 年，儘管有許多地方實際上還不受國民黨的控制，但是北到東北，南至廣州，東從上海，西到成都，全都飄揚著國民黨的青天白日滿地紅國旗，至少象徵性地完成了國家的統一。共產黨隨時可能發動大規模暴動的威脅已成過去，國民黨的領導人現在可以放手實現他們對未來中國的擘畫藍圖。他們準備以經濟成長帶動國家復興，而且高度重視教育和嚴格的自律精神，然後在這樣的基礎上加強對社會的控制。蔣介石麾下保持一支強大、配備最新式武器的軍隊，他們受孫中山三民主義政治教育薰陶，是國民黨的武力支柱，確保中央的權威能夠駕馭地方軍閥，最終更能消除控制中國諸多經濟利益的外國特權勢力。國民黨期望農民能表現得像溫順又忠誠的子民，不要提出任何不合理的政治和經濟要求。這些變化的具體象徵，是中國的首都於 1928 年正式由北京遷往南京，北京則改為北平。國民黨人制定了詳盡的計畫，準備將原來的省會城市南京建設成宏偉的國家首都，關建新的大馬路，通往政府與黨部的宏敞辦公大樓。這一遷都終結了北洋軍閥時期歷任大總統與腐敗的政治結構在北京苟延殘喘的歲月，改變的象徵就是紫禁城天安門城樓上懸掛起來的孫中山遺像——五年以前，原本仍生活在紫禁城中的「末代皇帝」溥儀已被趕出去，紫禁城就此改為故宮博物院。

孫中山的遺體之前暫厝在北京西山碧雲寺已有一段時日，現在國民黨在南京紫金山麓興建規模宏大的陵寢，將靈櫬迎回奉安。以道路、火車和舟船將孫中山靈櫬迎回南京的奉安大典過程十分隆重莊嚴，成為舉國關注的重大儀式。在中山陵之外，紫金山唯一的大型陵寢便是明朝開國皇帝朱元璋的明孝陵。朱元璋建都於南京，日後他的兒子朱棣僭奪帝位，於 1421 年遷都北京，滿洲人入關征服中原後繼續以北京為京師，後來的袁世凱也是如此。現在國民黨重新建都南京，是向世人證明天命攸歸。

南京國民政府由五院構成。行政院主管日常政務運作，立法院討論政策制定，並就相關事務對行政院提出建議。立法院建議行政院的事項，構成了民主政治結構裡公眾討論的

西方的象徵

1931 年，司機和便衣偵探正悠哉地等候泛亞協會（Pan Asian Assembly）選出的新領導人回到車上。報紙攝影記者業已準備就緒。國民黨統治時期的政治局面，向來就是進步和壓抑同時混雜。而在 1930 年代，私家轎車和西裝已經成為社會地位的代表性象徵。但這也使得辨別有錢有勢的富人變得更加容易。因而汽車乘客遭到綁架或刺殺的案件數目急遽攀升。

宣誓忠誠

（左圖）1931 年，穿著樸素整潔西式軍服的蔣介石，在一場公眾集會上發表演說。在這個時候，他被外界認為是唯一具備手腕和權力能將國民黨團結起來的人。國民黨的軍事派系是蔣氏的權力基礎。身為黃埔軍校校長，蔣一手栽培出許多革命軍官，而黃埔學生則以效忠和支持來回報校長。雖然蔣始終沒能徹底壓服他的黨內政敵，不過他向來精熟於檯面下的政治手段，同時也是一位非常有煽動性的演說家。在照片中的這個場合，蔣敦促聽眾要努力不懈地清剿共產黨人。

集團結婚

（右圖）1934 年，上海市舉辦第一屆新生活集團結婚典禮。參加典禮的新人們不只向對方盟誓，還向孫中山遺像、執政的國民黨宣誓，要致力於國家民族的安全與繁榮。上述這些儀式都是「新生活運動」的一部分。新生活運動旨在重振儒家價值，作為一種道德力量來對付當時的各種腐敗墮落。新生活運動受到右翼政治人物、童子軍和基督教青年會等團體的支持。蔣的策略是打造自己成為「作之君，作之師」的道德領袖形象，以加強國民黨的事業。

內容。（譯按：按照孫中山的《建國大綱》，北伐結束起為訓政時期，由國民黨代表全民行使政權，此時的立法院並非民意機關。）其他三個院，分別是管理各級法院的司法院，主管國家掄才考試的考試院，以及負責監督政府官員行為與清廉的監察院。行政院院長一職大多數的時間都由孫中山兩名主要助手汪精衛與胡漢民擔任，兩人經常因為各自政治地位的起落，相互接替對方的職位（譯按：胡漢民自 1928 年至 1931 年 3 月止，皆擔任立法院院長，從未出任行政院院長，汪精衛則於 1932 年 2 月出任閣揆，至 1935 年 12 月因遇刺負傷離職）。此外，還有多位與國民黨結盟的地方軍事將領，之前在北伐戰爭時扮演過重要角色，現在被安排出任行政院或其他院的要職。話雖如此，政治實權還是掌握在國民黨的黨組織手中。

國民黨的中央黨部甚至比行政院和立法院所在的建築物還來得寬敞宏大。大部分重要關鍵的兵權、控制全國各地黨部的權力，還有國家安全機構都集中設置在這裡。這是蔣介石的權力中樞，不過雖然他身兼國民政府主席之職，一開始時卻沒有過問五院的日常政務。一直到 1935 年蔣才正式接掌行政院。蔣氏在黨內掌握政治權力的關鍵，是得到「四大元老」的支持。「四大元老」都是國民黨內資深政治人物，他們長年以來投身於國民革命事業，並且一直保持對孫中山的忠誠。其中一位是在五四運動風雲激盪的歲月中擔任北京大學校長的蔡元培，現在出任大學院院長（譯按：即教育部長）。另一位則是早期留法無政府主義學生的贊助金主張人傑。由於罹患癱瘓症的緣故，張人傑的身體日漸虛弱，後來也影響到他的視力，不過張位於上海法租界的豪宅長年以來卻招待了不少國民黨內奔走於權力遊戲中的政治人物。他與蔣介石的關係尤其密切，後者在提到他時帶著敬意說「真吾師也」。

蔣還從他的姻親宋家那裡得到重要的政治支援，特別是宋子文和孔祥熙兩位。宋子文一直擔任國民黨的主要財政顧問，而孔祥熙（宋美齡長姐宋靄齡的丈夫）則長期出任財政部長。宋家成員全都在美國受教育，與美國金融界、教育界和政治圈有各種接觸管道。蔣氏在辛亥革命前後混跡上海期間頗受陳其美的庇護，陳的兩個姪兒（即陳果夫、陳立夫，合稱為「陳家兄弟」）後來負責政治意識形態的指導任

務。陳家兄弟協助蔣建立一種愛國主義意識，當中蘊含極深的保守主義色彩，可以和殘存的儒家「法治」精神相互連結。這樣的意識在國民黨提倡的全國道德提升運動當中體現出來。這個運動被稱為「新生活運動」，旨在使中國國民具備道德目標，並灌輸民眾一套混合清教徒與斯巴達思想的基本價值觀，期望能終結奢侈浪費、吸毒成癮、放浪淫蕩與怠惰懶僕等惡習；國民黨的意識形態認為，這些惡習會使民族衰弱。英國作家奧登（W. H. Auden）和克里斯多夫・伊修伍德（Christopher Isherwood）於1938年晉見蔣宋美齡，詢問她關於新生活運動的情況，因為據他們的聽聞，這項運動似乎造成許多「裝模作樣和矯情虛偽」的情況。蔣夫人回答：「昔日帝制時代有一套明確的道德規範，……但是這套規範已經隨著帝制結束而消亡了。隨之而來的一段混亂時期，成了共產主義宣傳滋長的沃土。……因此，新生活運動是一次和共產黨經濟、社會改革宣傳直接競爭的嘗試，以回復到對孔子的尊崇，取代往馬克思前進的路線。」

正當奧登他們起身準備道別時，蔣介石走上樓來。兩位作家對蔣的外表感到驚訝，他們日後回憶道：

我們幾乎認不出眼前這個禿頂、態度溫和、棕色眼睛的男人是蔣介石，他和新聞報導裡那個身披斗篷、拄著拐杖的形象簡直判若兩人。在公開的正式場合，蔣像個幽靈，性情冷淡，近乎陰險。而在這個私人場合，他看起來很文雅，甚至有點害羞。他和妻子手挽著手，擺了個姿勢，以便再照一張相片。在鏡頭下，蔣像個被要求挺直腰板的小學生，體態僵硬。

蔣一手栽培出黃埔學生，這些黃埔門生也鼎力支持他們的校長。到1930年代，許多黃埔學生已經身居高位。國民黨的中央軍校（現在已經將原先的共產黨教職員和多數傾向共產主義的學生都清除出去了）遷到南京，蔣本人經常在校園夜宿。許多效忠蔣氏的青年軍官紛紛組織「愛國」團體，他們準備以這些團體掃除國民黨內的任何腐敗汙染，防患於未然、摧毀共產黨人一切的顛覆破壞，並且護衛蔣介石不受政

收回外國在華特權及租界。當北伐軍於 1927 年 3 月攻下南京時，數百名外國人逃往上海避難。上萬外國軍隊與水兵駐防於上海租界內外，以確保租界不會被中國收復。不過既然大多數各國商人把商業利益看得比在華特權更為重要，國民黨就能迫使國外進口商繳付更高稅率的貨物進口關稅，變更租界法庭結構，以便增強中國勢力的控制，大幅削減租界內賭場的數量，並成立查禁鴉片毒品的「禁煙局」。國民黨意圖將所有的鴉片產銷置於國家控制之下，並只向登記有案、接受官方勒戒體系監督的癮君子發放鴉片。可是這個陳義甚高的計畫很快就宣告失敗，因為國民黨一方面從掌控鴉片產銷當中獲得巨大的利潤，另一方面對於青幫旗下企業控制了禁煙局的做法，國民黨從未採取任何實際防制辦法。杜月笙等青幫領導人現在的威勢更甚以往，特別在蔣於 1927 年鎮壓上海左派工人一事上大力借重他們的力量之後，更是如此。為了因應國民黨施加的壓力，法租界當局將若干最貪汙腐敗、劣跡昭著的官員撤了職；而在 1928 年後，法、英租界更很快聯手，致力「根除藏匿於租界內的共黨嫌疑份子」。

隨著現代樣式的建築由上海擴展到南京、乃至於其他省分時，中國的「顏面」也開始有了改變。數千公里的柏油道路與鐵路網建設完成，沿途設有現代化的車站和信號系統。

治傷害。在這些團體之中有一個渾名為「藍衣社」的分支組織（譯按：三民主義力行社），在 1930 年代後期變得格外強大，採用了諸多德國、義大利法西斯政黨的象徵符號，以及若干意識形態。

藍衣社裡一位名叫戴笠的成員，協助蔣發展出實際上專屬他自己的反間諜系統（官方名稱是「軍事委員會調查與統計局」，簡稱「軍統」），取得了巨大的成功。戴笠是做小買賣人家的孩子，家中貧窮無餘財。1926 年，他從黃埔軍校第四期畢業（譯按：戴笠應是 1926 年入學的黃埔六期生），隨後因為在上海表現出情報工作上的絕佳天賦，很快獲得拔擢。1935 年時，戴笠的情報組織旗下已有超過一千七百名特務幹員。在戴笠的指揮之下，軍統特務可以不憑拘票便祕密逮捕、審問和拷打國民黨的政敵，將其單獨囚禁數年或不經審判逕行處決。戴笠還下令暗殺數名批評國民黨或他手下特務的知名自由派人士，像是在報刊上攻擊蔣的進步報紙總編輯（譯按：上海《申報》史量才），或維護人權團體的領袖（譯按：民權保障同盟總幹事楊杏佛），都名列其中。軍統特務持續努力不懈地搜捕共產黨「奸細」，因為中共雖在 1927 年遭受重大挫敗，卻在此後致力於滲透國民黨，取得了若干成績，甚至還打入軍統組織當中。

1928 年到 1936 年這段期間，國民黨人為建設國家付出許多重要的努力。其中一項他們念茲在茲的事，就是要逐步

汽車現在隨處可見，而巴士與電車則迫使許多人力車夫另謀生計。時尚潮流因為設計師匠心獨運地採納傳統服飾特色而發生變化。電影也成為一股具有社會影響力的力量，中國的電影產業則成長快速，可以和造就出大量電影觀眾的西方影片一爭長短。（國民黨曾經費了一番力氣，對於電影進行審查，試圖揪出激進導演和劇作家巧妙置入電影中的政治批判意識。）對於大銀幕明星的熱烈崇拜，在東西方都迅速發展。在西方，華裔女演員黃柳霜（Anna-May Wong）在她為好萊塢和英國片廠攝製的影片裡，呈現出一個四海一家的迷人世界。而在東方，當知名女星阮玲玉因為報刊雜誌上的流言蜚語，深感「人言可畏」而輕生殞命時，她的數百萬國人同胞都惋惜悲痛。

在這個時期，在有如張嘉璈這樣作風務實、受過西方訓練的經濟學者接掌銀行業務後，中國的銀行體系也發生了轉變。張嘉璈當年因為敢於抗拒袁世凱干預中國銀行的經營而聲名大噪，於 1929 年時被國民黨任命為掌管全行的總經理。張氏是發展民族資本以取代外國資本的先驅，他改變了銀行界的會計程序與外匯體系，贏得國際的認可與信任。隨著上海證券交易的規模快速擴張，國民黨的官員也開始制定一套國家經濟發展計劃。在此計畫下成立的新政府機構名為「資

中國的新舊領導人

（左頁上圖）是辛亥革命和五四運動時期的主要領導人，在 1930 年代罕見同框合影的照片。照片中人物由左至右：孫中山的心腹幕僚、1932 年至 35 年出任行政院長的汪精衛；左二為李石曾，他是之前留法勤工儉學運動的領導人，也是新成立的國立故宮博物院管理委員會理事長；中坐者為知名富商、長年支持國民黨的張人傑；左三為褚民誼，他是中國健美運動的領導人，也是一位武術專家；最右側為前北京大學校長蔡元培，他之後曾出任教育部長和中央研究院院長。到了 1930 年代中期時，國民黨的資深元老已經逐漸遠離權力核心。蔡元培因為蔣介石迫害人權劣跡昭著而與其決裂。右圖中的張人傑，由於罹患癱瘓症，身體日漸虛弱，時常乘坐轎子代步，因而自嘲是「臥蟬」。1940 年，汪精衛和褚民誼離開蔣陣營，到南京和日本人合作組織通敵政權。

法西斯主義的影響

（左頁下圖）一群中國警政高層於 1935 年 5 月訪問奧地利時留影。從這些警政高層身上的軍服樣式，可以看出德國為國民黨軍事和警政訓練帶來的影響。此時國民黨的意識形態即混合了儒家思想與法西斯主義。

源委員會」，擁有一批幹練而專業的幹部。資源委員會與德國達成一系列規模龐大而複雜的以貨易貨協議，中國方面開採製造武裝鋼板所亟需的鎢礦，交換德國的高端軍事技術。中國境內也開始有商業航空公司營運航線，頭一批機場也隨之落成啟用。正當外國航空公司開始調查、開發中國市場的同時，幾家義大利公司尋求中國支持，在國內開設飛機製造工廠。

雖然 1930 年代的中國看似充滿希望和前景，同時也面臨嚴重的威脅。其中最為險峻的難關，莫過於日本人的步步進逼與倖存中共黨人的死灰復燃。若不需這樣兩面作戰，國民黨或許可以找出一條發展道路，達成其復興國家民族的目標，但是這兩重威脅結合在一起，終究超過國民黨的應付能力，使其不堪重負，無法完成建國使命。

日本從奪取台灣展開對中國領土的蠶食鯨吞，台灣是日本在 1895 年中日甲午戰爭獲勝所取得的戰利品。日本決心在台灣為他們夢想中的新亞洲建立起一個榜樣。他們將整套行政機構移植到台灣。島上的原住民曾經於 1914 年和 1931 年發動過兩次大規模起事（譯按：指太魯閣事件與霧社事件），但是都遭到日本殖民當局以現代武器火力結合恐怖手段鎮壓。日本重新改造台灣的教育體系，以日本語言和歷史取而代之。最優秀的台灣學生會被送到日本接受更高階的教育，日方期許他們回台灣時都已具備秩序和紀律的觀念；而這些觀念，

鴉片煙館

在局勢動盪的軍閥時期，中國的鴉片吸食人口快速增加（左圖）。各地軍事領袖通常會強迫農民改種罌粟花，以作為抽取稅金的來源。國民黨於1928年時曾經試圖根絕鴉片，然而鴉片帶來的利潤實在太過巨大而難以捨棄，於是他們改弦更張，表面上設立名稱容易誤導的「禁煙局」，實際上則以這類機構實行壟斷鴉片交易收益的政策。上圖是政府緝毒人員正在檢視從無照鴉片販子那裡沒入的存貨，這些鴉片將會被公開焚毀（下圖）。私煙販子會遭到取締，而成癮者則被勒令到勒戒所登記報到。但實際上，國民黨是利用黑社會犯罪組織來壟斷鴉片市場。

攝影：甘博

華裔女星黃柳霜

黃柳霜（右頁圖）是第一位具國際知名度的華裔電影明星。她於 1907 年生於洛杉磯，雙親在當地經營一家小洗衣店。年過十四歲後，黃柳霜初登大銀幕飾演配角。在參演十一部電影後，她以在范朋克（Douglas Fairbanks）主演的《月宮寶盒》（The Thief of Baghdad）一片中飾演的角色開始走紅。之後她於 1930 年與勞倫斯‧奧立佛（Laurence Olivier）合作，演出舞台劇《灰闌記》（The Circle of Chalk），隔年又在史登堡（Josef Von Sternberg）執導的《上海快車》（Shanghai Express）飾演交際花「惠菲」，黃柳霜也以在本片中的演出最為世人所知。由於「惠菲」一角和她在其他影片中的角色，包括《傅滿洲之女》（The Daughter of Fu Manchu）和《萊姆豪斯藍調》（Limehouse Blues）兩片，使黃被冠上「頭號東方妖女」（foremost Oriental villainess）的形象標籤。1934 年，她在百老匯參演音樂劇《朱清周》（Chu Chin Chow），飾演女主角「札合里」（Zahret），稍後則在倫敦的歌舞劇（cabaret）中登台亮相。1936 年，她因為遭中國官員抨擊其演出角色「醜化中國人」而深感沮喪，她反駁說，自己只能獲得這些角色，因為西方電影中的主要亞洲角色，在當時都是由白人女星演出。黃柳霜擔任女主角、於 1937 年上映的《上海女兒》（Daughter of Shanghai）一片對於中國的描述則正面多了，這反映出由於日本在亞洲的侵略暴行，使得美國的態度有所改變。她「有如屏風仕女畫那樣脆弱而美麗」，可是到了她三十多歲的時候，在好萊塢的星途就幾乎告終。在左上圖中，她和美國駐北平武官法蘭克‧寶恩（Frank Dorn）同框合影，左下圖則是攝於 1934 年 6 月她出席皇家阿斯科特賽馬會。

一位中國知識份子的家庭相簿

晚清維新派健將梁啟超的兒子和媳婦經歷的人生道路,可以作為我們觀察的良好指標,看看中國發生的各項變化如何對一個家庭及其友人圈發生影響。梁啟超的智慧與活力,堪稱是清末許多知識份子面對革命浪潮下的代表人物。最終他對政治幻滅,更因為曾與袁世凱、段祺瑞有過共事經歷而感到挫折沮喪。然而梁仍然持續撰寫歷史和政治方面的論著,並教授中國傳統經典及其價值。他的兒女全都接受非常扎實的傳統經典教育,但同時也全方位地學習各種現代課程科目。梁氏鼓勵子女到海外留學,可是他卻為兒子梁思成談了下一門親事,對方是他多年老友的女兒林徽音。梁堅持這對新人在返國成婚之前,先一起到美國賓州大學(University of Pennsylvania)學習建築,以開啟他們的人生事業。這個立意新穎的計畫給這對年輕夫妻帶來沉重的情感壓力。當時美國的性別歧視使林徽音無法選到自己想上的課程,她只好轉而選修藝術,不過最後夫妻二人都圓滿完成學業。

回到北京完婚以後,這對夫婦在家裡辦了一個談話沙龍,邀請各方才俊參加。同時,他們開始制定計畫,要保存中國偉大的建築遺產。夫婦倆接著一連做了多次大膽深入中國內地的田野調查旅行,不但將自己的研究計畫付諸實現,也將數十座壯觀的古建築和寺廟標明位置、拍照存證,並繪製出精確的建築圖。他們的沙龍裡,有位富有新思想的詩人徐志摩,幾年以來曾向林徽音求愛但一直未獲青睞,最後悲劇性地死於一場飛機失事意外。徐志摩與元配張幼儀離婚後再娶。張幼儀有兩位兄長,一位是中國傑出的銀行家張嘉璈,另一位則是當時最頂尖知名的青年哲學思想家張君勱。是以,處在軍閥當政、國會腐敗、反共整肅以及國民黨言論審查所造成的亂世之中,知識份子的親和力與影響力所及的圈子仍然得以擴展,並且昌盛繁榮。

左頁左上圖為林徽音與父親林長民在倫敦合影。右圖是 1924 年諾貝爾文學獎得主、印度詩人泰戈爾（Rabindranath Tagore）訪華時，林徽音擔任翻譯（照片右側是曾向林求婚不成的詩人徐志摩，他也一同擔任口語傳譯）。左頁下圖是 1925 年林徽音與梁思成結婚時所攝，林身上所穿風格強烈的鳳袍，還有頭上戴著的霞冠，都是她親手設計的。上圖是林徽音與丈夫和友人出遊時所攝。右上圖為林徽音與公公梁啟超、大姑一同遊長城；右下圖則是林和丈夫在 1930 年代多次實地研究與記錄中國最古老的建築寶藏時所攝。

學習新模式

到了 1930 年代，許多中國最知名的知識份子愈發受到西方文化的影響。胡適（左圖）是五四運動的領導者，也是運動中揭櫫「民主」與「科學」價值的領軍人物，他還是全國提倡白話文書寫運動的主角人物。胡適對於中國面臨的各項問題採取務實因應的態度，他在一次演說中敦促國人「多研究些問題，少談主義」，這句話後來廣為人知。此刻他在北平擺好姿勢，供德國裔女雕塑家露西爾‧史旺（Lucile Swan）描摹創作。右圖為一個中國藝術家團體到法國畫家亞伯特‧伯納德（Albert Bernard）的畫室拜會時所攝。這些學生參加國內各種受歡迎的畫展，從而將西方繪畫技巧廣為傳播。

IMPERIAL STUDIO

改造歌仔戲

為了配合對中國發動的攻勢，日本軍方開始對 1895 年後成為日本殖民地的台灣施加壓力。為了避免台灣民眾暗中支持與日本皇軍交戰的中國軍隊，日本殖民當局於 1935 年在台北禁演傳統台灣戲曲「歌仔戲」（左圖）。當局諭令戲班演員登台演出時只能穿著西方服飾或軍服，演出的戲碼也要更換為歌頌新興大日本帝國的劇本。右圖是在桃園楊梅登台演出的一個歌仔戲班，演員們模仿日本飛機空襲中國，背景是戰機圖樣的剪紙，以及日本富士山。他們身穿西式襯衫，頭戴飛行頭盔和護目鏡。

左圖攝影：鄧南光
右圖攝影：吳金淼

根據日本學者反覆灌輸的說法，都是中國人所欠缺的。根據這些理論家的見解，儒家文化的精華、賦予亞洲信仰體系力量的核心思想，現在已經由日本繼承。

日本在台灣建立數個層級的代議制政府（至少在農村與都市行政區，皆完成設置），無論清王朝、袁世凱或國民黨都未能在中國內地有類似的設置。（譯按：此處似指台灣總督府於 1920 年至 1935 年間成立的各州、市、街庄協議會組織。但協議會僅具有諮詢功能，並非真正的民意機關，議員由官方指任，而且多數是

在台日人。）日本殖民當局運用現代科技、作物種子品種與灌溉技術來提高農作物產量，並使其能滿足日本本土諸島的需求。他們在台灣發展內需產業，特別著力於能夠與本土軍事產業結合的輕工業和化學產業。台灣的建築面貌按照日本設定的現代路線進行轉型，在台北新落成的堂皇建築廳舍，顯示出日本總督及其麾下官員的權力。社會控制與警察監視相當嚴密，對於共產黨滲透的警惕防範則從不間斷。殖民當局持續灌輸台灣人一種觀念，即他們有幸成為日本公民和天皇

陛下的臣民。台灣壯丁經過青年團體與國民兵的訓練，做好將來可能被徵召入日本皇軍服役的準備。殖民當局鼓勵一些完全相信日本老師教誨的台灣人到中國東南沿海定居（如果他們在大陸有親戚更佳），這樣一來這些台灣人就能以他們吸收轉化過的日本觀念，推廣日本在經濟、文化上的影響力。

自十九世紀末以來，日本實業家和政治人物一直對農作物與礦產資源豐饒的中國東北（滿洲）抱持莫大的興趣。在1895年試圖奪取南滿失利之後，日本轉而在這個區域進行投資，尤其是旅順與瀋陽之間，一直到朝鮮邊境，日方修築快速鐵路貫通整個地區。自從1904年至1905年在日俄戰爭中獲勝之後，日本就巧妙地利用戰後和約載明該國有維護南滿鐵路安全的各項權利，以保護鐵道不受盜匪破壞為藉口，在鐵道兩側開發大片鄉村地帶。他們在每個指定車站附近興建大型商業中心，開發列車調度場、礦場和地方倉儲，另外還招來舒適的連鎖旅社以鼓勵旅遊業。另一方面，在北滿（特別是哈爾濱一帶）俄國色彩非常明顯。蘇聯建國後，有許多白俄流亡人士在這裡定居下來；而蘇聯方面也威脅要對日本在經濟或政治上的挑釁舉動做出反應。

南滿鐵路守備部隊的規模逐漸擴大，包括來自日本本土的正規軍。這些部隊發展迅速，到了1920年代後期，已經有超過兩萬名訓練有素、裝備精良的日軍駐紮在這個地區。

1928年後，他們開始自行其是，愈來愈不受東京的文人政府節制。深具野心的軍官也尋求調往滿洲服役。

滿洲豐饒的自然資源（煤炭、林產、小麥、漁獲與鐵礦）吸引大批日本投資者，日本各家銀行很快也在此開設分行，對這些投資者及跟隨其腳步而來的各項服務業、學校、醫院等挹注資金。有一段時間，日方對於張作霖遇刺後接掌東北大權的張學良感到很滿意。日本人認為，張既是個鴉片煙的癮君子，又是放浪不羈的花花公子，對他們在滿洲的利益並不構成任何威脅。但是張學良很快就振作起來，響應國民黨全國統一的呼籲，讓青天白日旗飄揚在東北全境。日方試圖透過張作霖的兩名心腹和張學良接觸（楊宇霆、常蔭槐），張邀請兩人共進晚餐，沒想到當他託辭接受每日嗎啡注射、離開餐廳後，兩人就遭槍殺。這是日方第一次出招，之後他們的反應趨於強硬。1931年9月18日，正當張學良身處於北平令人目眩神迷的社交場合，甚至還與義大利駐華公使的妻子、也是獨裁者墨索里尼（Benito Mussolini）的女兒調情之時，日本軍隊在東北發動第二次攻勢，史稱「九一八事變」。日方聲稱他們遭到蔣的軍隊砲擊，因而出兵占領瀋陽，並在很短的時間裡拿下整個東北。蔣介石急於避免此時和日本公開衝突，於是命令張學良不要以武力抵抗，而要尋求國際聯盟（League of Nations）的協助。然而在國際聯盟交涉證實無效之

北平的社交生活

1928 年，國民黨定都南京後，北京失去了首都地位，而且被改名為北平，不過它仍然是社交生活與政治密謀的中心。在北平活動的知名人士裡，東北軍閥張學良就名列其中。上圖右起第三人就是在北平玩樂的張學良，照片最右側是他的妻子于鳳至。這張照片拍攝於 1931 年，當時他的家鄉東北已被日本人占據。站在于鳳至身後的是張的澳洲籍顧問兼心腹密友端納（W. H. Donald）。此時的張學良聲名狼藉，不但抽鴉片煙、施打嗎啡成癮，更與義大利駐華公使齊亞諾（Galeazzo Ciano）之妻、墨索里尼的女兒齊亞諾伯爵夫人談起婚外情。下圖是兩名穿著嘉年華式奇裝異服的溜冰者。右邊那位的衣著與帽子繪有國民黨的青天白日黨徽，袖子上還寫著「不殺人」與「不要錢」。愈來愈多的中國女性頂著西方髮型，穿起西式高跟鞋。她們身上傳統式樣的旗袍以現代材質縫製，而且以半西式技法剪裁。（右頁）

傀儡皇帝的新衣

（左圖）1932 年，在日本邀請下，溥儀成為「滿洲國」執政；1934 年，他登基為帝，但仍遭到日方徹底掌控。左頁照片中，溥儀於 1936 年接見日本駐「滿洲國」大使武藤信義（照片右側著軍裝者）。在溥儀日後的自傳中，他說武藤是「滿洲國的太上皇」，其「威勢有如神明」。

日軍便衣密探

（右頁）1932 年，日軍攻占上海閘北大部分的地區，並短暫地成立維持會組織。在日軍撤退後，國民黨政府試圖蒐集通敵者的名單，並派員滲透進上海日租界，以獲悉日軍的作戰計畫。日本駐上海的海軍大將下令，立即處決所有捕獲的中國探員。照片中，兩名日本「特高」（祕密警察）挾著一名被蒙著眼的中國探員，經過一列日本海軍陸戰隊士兵，準備帶往處決刑場。

後，張學良已經別無資源可收復他父祖留下的土地。

在日本保護下住在天津的前清遜帝溥儀，於 1932 年 3 月被日本扶植為「滿洲國」的執政。日本人期望這位重新上台的退位皇帝能被東北民眾所接受，從而接納溥儀背後的日本勢力。但就在不久之前，日本聲稱在上海的僑民遭受攻擊，所以在上海華區發動大規模軍事行動，已經顯露其擴展帝國版圖的野心。上海的中國守軍在指揮官蔡廷鍇領導下奮起反擊，與日軍鏖戰三個月之久。儘管大批上海市民倉皇逃離，但原本人口稠密、工廠密集的閘北區仍在戰火下被夷為平地。中國軍隊的勇敢奮戰贏得全世界的敬佩，日本最終只好同意簽署停火協議以保全其顏面。戰事進行期間，由於大量死者屍骸對閘北民眾的健康造成威脅，而且有必要制止趁亂打劫的情形，於是與日本人合作的維持會組織出現了。日本扶植成立的維持會在一定程度上的確穩定了社會秩序，但它也是五年後日本大舉侵略中國時所成立傀儡政權的先聲。戴笠和蔣介石麾下的其他情報組織對這些通敵人士相當留意，準備在將來對他們施加制裁。

1933 年時，日本以重兵進逼位於北平北面的熱河及內蒙古地區，同樣也在這些地方成立親日傀儡組織。1934 年，溥儀正式登基成為「滿洲國」皇帝。接下來的一年內，日本精心設計出一套心理恫嚇模式，故意洩漏假消息、散發傳單以引起驚慌和恐怖情緒，然後在成功瓦解中國軍民的士氣之後，逼迫中國當局宣布北平、天津一帶為華北非軍事區，而實質上整個落入日本的控制之下。從 1928 年到 1935 年，日方每一次動作不但加深中國民眾對日本的敵意，更引起對蔣介石個人的強烈怒火。許多人認為蔣氏採取對日軟弱的綏靖主義。而在蔣既試圖持續鎮壓反日情緒，又防止群眾發動大型反日集會之後，似乎更加坐實這些指控。

蔣在對日問題上顯得猶豫，有部分是因為他不認為中國軍隊已做好對日本開戰的準備。但更重要的是，蔣最優先的目標是將共產黨一勞永逸地徹底剿滅。蔣氏相信，只要消滅了共產黨，他就能重新部署軍隊，遏制日本的蠶食鯨吞。共產黨人即使在 1927 年遭受災難性的打擊，也能生存下來，在一定程度上證明了他們自身的勇氣和組織能力，同時也顯示國民黨政府的經濟或社會政策未能適當地緩解中國城市和農村的真正苦難。在廣州暴動及其他多次在城市裡起事的嘗試都以失敗收場之後，許多共產黨人退入廣大農村地帶；在 1920 年代後期及 1930 年代，他們在農村地區建立起數十個根

據地，通常其規模都相當可觀。在這些被稱為「蘇維埃」的根據地裡，中共的領導人進行各種土地改革或沒收土地的試驗，從農村人口中徵召組建游擊隊，甚至在需要的時候還利用盜匪和地下社會的成員來擴充他們的隊伍。位於湖南與江西兩省邊界、由毛澤東領導的井岡山根據地，就是這些「蘇區」當中的一個。由於毛澤東在之後共產革命中的角色，使得井岡山根據地雖然最後未能站穩陣腳，卻十分受到重視。1929 年，毛和他的搭檔朱德撤退到江西與福建交界的丘陵起伏地帶，在過程中逐漸組織起一個隨游擊隊移動的政權。這就是後來的「江西蘇區」。

　　從 1929 年持續存在到 1934 年底的江西蘇區，似乎一度成了共產黨人將來企圖達成的目標。朱德、毛澤東從最貧窮的農民和沒有土地的工人之中招募兵員，以手製的武器或從國民黨那裡繳獲的裝備來武裝他們，建立起一支熟悉游擊戰術的軍隊。朱、毛所傳授的是一種保持高度機動的戰爭型態：

如果遭遇敵人優勢兵力，走避永遠是上策；欺敵與奇襲戰術則極為重要。地方民眾包括婦孺在內都被召集施以政治教育，讓他們熟悉共產黨政策的基本觀念。根據現存一份毛在 1930 年所做的報告，可見他如何仔細地找出存在於地主階級與雇工之間、或富農和貧下中農之間的緊張關係。利用階級的緊張關係發動暴力鬥爭，沒收地主土地，為共產黨帶來新的支持群眾。已婚婦女得到中共黨人的保證，可以依照她們的意願離婚，並且自謀生計；那些未婚女性也獲准不需聽從媒妁之言，或被當成可以買賣的貨物。童養媳遭到禁止，娼妓得以贖身從良。教堂和寺廟被接管當作軍營，貧苦的勞工則分得土地，有了在新社會立足的根基。

　　然而，上面這些政策卻與黨高層的路線不合。中共中央的領導人，無論是先前的瞿秋白還是之後的李立三，全都繼續遵循共產國際的路線，在城市中發動工人罷工起事。問題是這樣的路線在蔣介石的情報組織反制作為更加精細後，已

革命女性

在江西蘇區時期，毛澤東就已經和賀子珍同居（左圖）。賀子珍是五名被允許隨軍參加「長征」的女性當中的一位，她在生下毛的女兒李敏之前就已經負傷。這張照片拍攝的時間，大約在共產黨人抵達陝北

一年以後，這時毛已經開始與女演員江青交往。賀子珍很快就被打發到莫斯科「接受治療」。右頁照片中這幾位女性應當是被留置在江西蘇區的中共黨員，在遭到國民黨軍隊逮捕後所攝。

黨追兵，然而他們當中過半為老弱傷殘，很快就遭到國軍的包圍殲滅，或移徙到別處。共產黨的主力約有八萬六千餘人，全數在 1934 年 10 月從江西蘇區突圍，踏上日後被他們稱為「長征」的傳奇旅程。雖然這麼說著實有些誇大渲染的成分，不過「長征」確實是一段在艱難危險之中奮力求生的驚異傳奇。長征途中的中共黨人一度幾乎要退到四川與西藏邊界，然後大弧度往北迴轉，於 1936 年初抵達陝西。他們在這裡和另一支先前抵達的共軍合兵一處，重整旗鼓。在長征途中，所有人員每日要趕三十多公里以上的路程，通常一路上渾身濕透，而且凍餓交加。他們被迫深入泥沼地帶跋涉，不得不將所有人以繩索綑綁連結，好讓睡著的人保持立姿。隊伍中少數女性又因為懷孕或流產而更增負擔。毛澤東的第二任妻子（譯按：賀子珍）就是因為生產而於長征途中被留在一處農家中（毛的第一任妻子楊開慧被他留在湖南，之後被國民黨逮捕犧牲）。但是，無論這段路途有多麼艱辛崎嶇，毛仍然堅持共產黨人不可以剝削那些在清代已受盡朝廷欺壓的少數民族。當他們通過一個特別貪婪的儸族領地時，族人對於糧食補給漫天要價，毛還是堅持照價償付。他麾下的一名將領（譯按：劉伯承）還和族人歃血為盟，共飲雞血，祝賀雙方建立起永久的友誼。

至少有三分之二以上的共產黨人，要不是陣亡於長征途中的戰鬥中，就是筋疲力竭凍餓倒斃、或被遺棄在路上。不過倖存者都已成為百戰餘生的革命老兵，這些在長征過程中嶄露頭角的新戰士對毛澤東忠心耿耿，因為後者已在 1935 年初在長征過程中取得中共中央的領導權。然而，毛澤東他們並不是唯一存活下來的共產黨人。那些留守在江西蘇區的中共黨人，有些從國民黨人的圍剿中逃出生天。他們藏匿在丘陵與森林密布的小塊零星地帶，在孤軍作戰的情況下，從黨中央和在地農村群眾那裡得到新型態的游擊戰經驗。之後他們重整旗鼓，構成江南共軍的主力，在日後即將到來的戰爭中發揮重要的作用。其他地方也還有小股中共武力存活，甚至還設法重新滲透進城市。

但是，在蔣介石看來，各股中共勢力當中，只剩下歷經

愈發不切實際。在英、法租界當局開始允許戴笠手下的探員進入租界搜捕激進份子之後，中共在城市中的情況更加不利。隨後，接連有好幾個打入國民黨情報組織高層的「臥底」身分曝光、遭到處決，使中共中央的信心嚴重動搖。到了 1932 年，中共在城市的領導高層要不是徹底轉入地下，就是撤往江西蘇區，和那裡走農村激進路線的一派爭奪領導地位。

現在中共的現任和前任領導人群集江西，江西蘇區在位置上距離蔣介石自己的南昌行營較近，再加上接連平息幾個國民黨高層派系內鬥之後士氣為之大振，使蔣氏從 1930 年開始對江西蘇區發動數次大型圍剿戰役。蔣的戰略是一面謹慎地調集重兵包圍蘇區，正面緩緩推進，同時封鎖這個地區，實施禁運，不使其獲得糧食與彈藥補給。他在部隊推進的地方修築公路確保補給暢通，同時構築武裝碉堡封鎖線。上述這些做法全都是由一群一次大戰德國退役軍官提出並實施的，蔣氏聘用這些前德軍參謀本部高級幕僚為軍事顧問，因而能將架在中共脖子上的絞索愈收愈緊，江西蘇區的共產黨人現在只剩下兩個選擇：要不是打到最後一兵一卒，就是大膽嘗試突圍。他們決定選擇後者。

雖然中共在決定突圍時留下四萬軍隊在蘇區以牽制國民

長征來到陝北的一支還具有威脅性。於是他在 1936 年、日本侵害中國領土主權的動作愈來愈頻繁的同時，仍然將軍事上的注意力集中在陝西。為了減輕他個人的負荷，蔣命令 1931 年因「九一八事變」失去故鄉東北的張學良，率領麾下的東北軍展開最後一場圍剿戰役。此舉適得其反，造成嚴重的後果：張學良和他的軍隊此時充滿強烈的抗日情緒，這使得他們在日本勢力每日都在耀武揚威的同時，無法再繼續同胞相殘的內戰。蔣氏於 1936 年 12 月初飛往西安，進駐張學良的總部，督促這位態度猶豫的將領採取行動。然而他卻不知道張已經祕密會見中共代表，協議雙方停止敵對狀態。12 月 12 日晚間，張學良的軍隊突然發動兵變，攻擊蔣介石的衛隊。蔣氏聽到槍聲大作，僅身著睡衣翻牆逃出，瑟縮地躲在一處石洞中被叛軍擄獲。許多中共領導人聽到西安事變的消息，紛紛主張趁此機會殺掉他們多年來的宿敵蔣介石。結果史達林出來勸阻，他認為中國組成一個對抗日本侵略的民族統一戰線時機已然成熟，而蔣仍然是最適合領導這項艱鉅任務的人選。於是張學良和中共等人持續關押蔣，除非他點頭答應放棄繼續剿共，並且出面領導抗日民族統一戰線。雖然蔣氏

拒絕以書面形式表示接受上述條件，不過當他於 1936 年耶誕節獲釋、搭機飛返首都南京時，全國各界都知道他們之間已經達成了什麼樣的協議。

北平的壯麗城樓

大部分北平的城樓與城牆，始建於十五世紀，是北京勝景之一。然而，作為中國過往強盛的象徵，如今卻成為進步的阻礙。歷屆北京市政當局陸續拆除了好幾段城牆，以容納愈來愈多的汽車、電車和巴士。這張看似平靜的照片，掩蓋了另一個故事。當時新通車的軌道電車嚴重威脅傳統人力車夫的生計，於是在1929年10月，超過兩萬五千名憤慨絕望、生計無著的人力車夫上街鬧事，他們割斷電車的電纜線，砸碎電車車窗，還破壞乘客座位的遮罩。這些街頭鬧事者後來被軍隊驅離，有四名帶頭作亂者被當眾射殺，九百餘人被逐出北平城。

攝影：喬治·克雷努柯夫

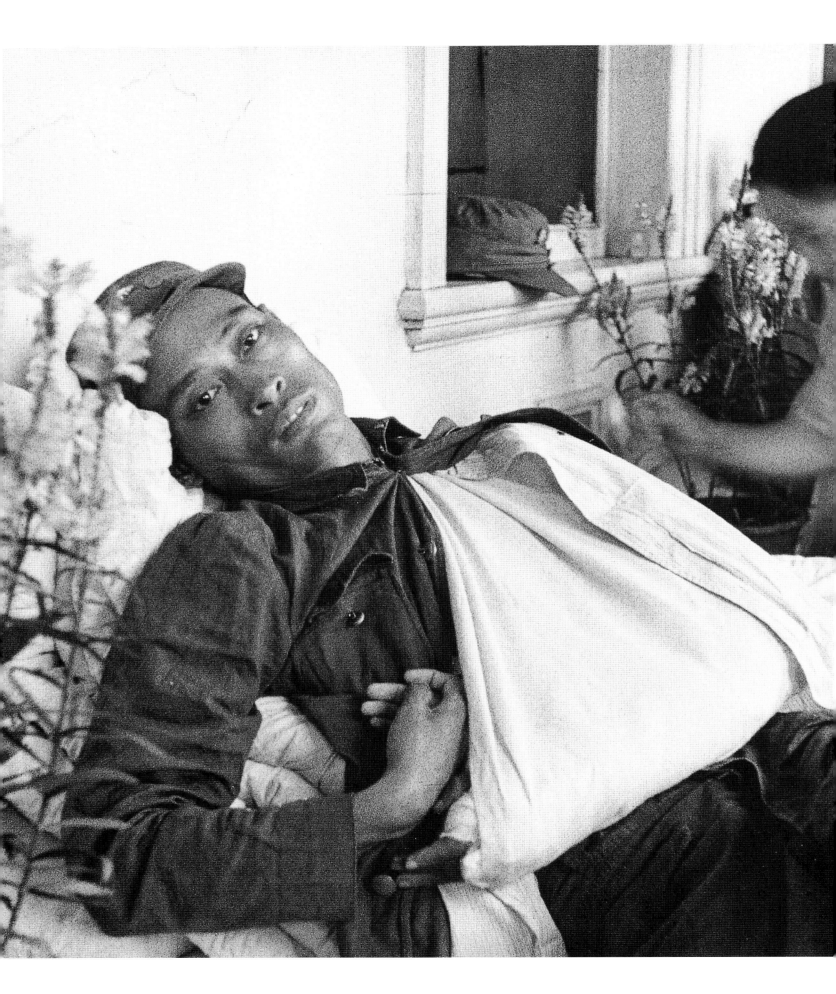

中國傷兵

這張照片拍攝於 1938 年 8 月，這時日軍的鐵蹄已經深入中國腹地。照片中的這名士兵，於武漢會戰期間負傷，他是中國傷兵當中極少數可以得到醫院治療與護士看護的幸運兒。美國駐華武官法蘭克．竇恩親眼見證了中國軍隊往漢口撤退時的恐怖與混亂，他記錄道：「成千上萬渾身血汙、骯髒、身上帶傷的士兵，為了避免遭敵人追上而跋涉前行，乞求一碗米飯、一條乾淨的繃帶、一趟卡車的載運、或是一處可以喘息的地方——他們空洞而發紅的眼神，卻說明了他們自己清楚，這些渴求不會被人傾聽。」

這張照片的攝影者是喬治．克雷努柯夫（George Krainukov），他是一位白俄羅斯人，於 1922 年至 1941 年定居在上海。在他流亡託身的這個國家，他以新聞短片和靜態照片，記錄下諸多重大歷史事件進行當中的樣貌。這一章裡使用了不少他拍攝的照片。

6

1937-1941
對日抗戰
WAR WITH JAPAN

　　四十年以來，日本既是中國懼怕的對象，又是欽羨效法的榜樣；然而日本一直以來打交道的，是一個內部分裂、一盤散沙的中國。日本時常操縱中國的實力人物，讓他們自相殘殺。現在情況不同了：抗日民族統一戰線建立起來，國民黨人、中共黨人、地方軍閥和流亡關內的張學良所部東北軍全都同意，阻擋日本的侵略應該要凌駕於其他一切國家政治事務層面之上。全國團結、一致抗日得到了作家、知識份子、學生與勞工團體的一致讚賞，他們尚且建議執政的國民黨，應該號召全民起來報效國家，而不是壓制這樣的聲音。

　　中國內部各股敵對力量的傾軋雖然已經停止，卻無助於抗日情勢的好轉。中共黨人武器窳劣，人員四散分布。至於張學良所部東北軍，流亡關內這些年來士氣低落，更失去了他們唯一的「少帥」：張學良在西安事變和平落幕後，為了表示誠意，自願陪同蔣介石返回南京。蔣氏同意讓張學良陪伴，但是等到他們一返回南京，他就以「發動兵變」、「劫持統帥」的罪名，將張交付軍法審判。張起初被判處死刑，但蔣為其求情，改判終身監禁，後來改為永久軟禁。張被嚴加看管，以避免他再對東北或關內政治發揮影響力。（譯按：**張學良於 1936 年 12 月 30 日被軍事法庭判處十年有期徒刑，褫奪公權五年；隔日蔣呈請國民政府予以特赦，交軍事委員會嚴加管束，實質失去自由。**）

　　蔣氏麾下的嫡系軍隊，則是一個古老陳舊與極度現代的奇異混合體。在南京時期，蔣介石繼續與北伐前後支持他的那些軍閥勢力結盟。這些軍閥當中，許多都只能守在自己的地盤，手上的資源甚少，無法購買現代化軍火，靠著恫嚇手段統治那些不幸的農村百姓。農民們靠著地方上的民團及農田作物巡守隊盡可能地自保，以免遭到軍閥武力和無所不在的盜匪侵害，這些農民的「武裝」，通常只是鐮刀一把，或是一桿上了年紀的毛瑟槍（或是兩者俱備）。效忠蔣氏個人的核心軍官團由黃埔學生組成，他們深通軍事理論與國民黨意識形態，但一般來說缺少實戰經驗。至於那些有豐富作戰經驗的將領，比如 1932 年在日軍攻打上海期間有英勇表現的

蔡廷鍇，被蔣看做是潛在的威脅人物，因此被調往農村地區，麾下部隊被打散安置。

1930 年代，蔣介石引進德國軍事顧問取代遭驅逐的蘇聯共產國際代表，以強化麾下軍隊實力。德國軍事顧問先是協助蔣氏肅清中共江西蘇區，之後又主導一系列國防工程的建設，並加強南京周圍的碉堡工事，以防日軍再次進攻上海後，又攻略中國的首都。他們還告誡蔣，必須盡快從他麾下那些數量龐大、水準參差不齊的軍隊裡，挑選一到兩個師（或更小的單位），組建一支裝備精良、訓練有素的機動打擊部隊，可以在任何時間出動應戰。可是，德國顧問卻沒教蔣，該如何應付日軍在滿洲練成的這類裝甲縱隊發動的快速進攻。

蔣介石一直無法籌足建軍所需的款項，即使他的妻舅宋子文在財政上手段機敏幹練，也無法為國民黨解決這個難題。

蔣氏試圖透過與德國以物易物的交易來填補財政赤字，他的辦法是以中國產量豐富的鎢礦，交換德國的軍火武器，因為前者是德國本土所無，卻是製造坦克和穿甲彈所必須。可是這些看來前景大好的交易，在希特勒決定與日本結成軍事同盟，並下令中止所有可能引起日本不快的軍事合作協議後，全都以失敗收場。至於美國、英國、法國列強，雖然對日本勢力的成長也感到憂心，但真正在意的卻是保障本國在華的特權利益。他們抵制日本的實際作為，僅限於拒絕承認日本扶植的滿洲國政權。這種作法對於日本，幾乎沒有實質的約束效力，而日本果然也在國際聯盟作成對其不利的決議後，宣布退出該組織。

中國與日本的全面戰爭，起自於 1937 年 7 月一起微不足道的意外衝突事件。自從日本逼迫國民政府默認北平、天津

漢口陷落

一隊日本軍隊由一名佩帶武士刀的軍官率領，正在偵查遭受空襲後滿目瘡痍的漢口車站。日軍於 1938 年 10 月占領漢口，漢口的陷落對中國而言是一大打擊，因為在沿海地區災難性的挫敗之後，國民政府本來試圖在這裡建立臨時首都，並擴展防禦縱深。在清楚認識到漢口很可能陷落之後，國民黨當局開始強制實施所謂「焦土」政策：在全城埋設炸藥，準備留給敵人一片廢墟。但是等到政府官員撤離之後，漢口市民便把炸藥全數移除，以避免他們的生命財產再遭受更大的損失。日軍指揮官下令占領時要維持秩序，不得縱兵劫掠，並且用兵艦運來好幾團「慰安婦」服務這些打了勝仗的官兵。雖然如此，用法蘭克·竇恩的話來說，「脫隊落伍的散兵遊勇，或是受傷太重、無法撤離的中國士兵，只要被發現，就會被扔進長江裡去。」

攝影：喬治·克雷努柯夫

的防空高射砲火，他們飛行至高空，卻完全錯估了強勁的風勢和風向，倉促之下慌忙投彈轟炸。炸彈全未命中日軍戰艦，但有兩枚卻落在熙攘繁忙的外國租界大馬路上。另外一次出擊，有一枚炸彈竟然直接落在上海兩間規模最大、生意最興旺的百貨公司。在擁擠人潮中爆炸的威力極其驚人：民眾被捲上天空，然後撞擊建築物外牆，摔得支離破碎。片刻之間造成上千人罹難，另外有數千人受傷。

在中國空軍這一波笨拙的出擊之後，日本增調兵力支援，並派軍隊登岸。上海之戰主要圍繞在華界市區及郊區展開，雙方都小心翼翼，避免波及租界。有大量中國難民潮湧進租界，致使租界巡捕房必須關閉出入口，將人潮阻隔在外。日軍就在這接連而來的混亂狀況中，在華界市郊的工業區站穩陣腳，並且朝內陸進軍。蔣介石派麾下精銳部隊進駐上海，下令不惜一切代價守住陣地，以維護中國的國家主權完整。這道命令或許激勵了全國的民心士氣，使蔣氏看來像是一位堅定而強勢的領導人，但卻也讓前線指揮官綁手綁腳、喪失應變的彈性。難以與上面這道嚴令相符的，是蔣和國民黨官員下令拆除主要工業廠房設施，由輪船載運或陸路運輸，將這些軍事生產所需的工業設備遷移到政府指定的內陸區域，首先集中到長江中游的武漢三鎮。工廠員工和精挑細選、手藝熟練的工人也往內陸遷徙，這項後勤物資遷移的壯舉，在幾年後就能看出巨大的成效。也正是在這幾個月的時間，北方和華中的各大專院校開始收拾書本和實驗器材，計畫帶著他們的學生與廠房這些珍貴的資源，搬遷到西南大後方，以避免日軍的兵鋒。

在上述這些戰略性撤退進行時，前線的中國軍隊英勇奮戰，付出重大傷亡，但仍無法抵擋日軍的現代化重砲與飛機的熾盛火力。因此當日軍增援部隊於上海西南方的杭州灣成功登陸時，守軍就不得不後撤了。到了十二月，大軍撤退已經演變成慌不擇路的四散潰逃，隊伍長龍中，還夾雜數十萬逃難的平民百姓。

於此同時，華北日軍在獲得增援後，接連取得一場又一場的勝利。七月下旬，日軍未經劇烈戰鬥便拿下北平、天津兩座大城，然後利用鐵路，將部隊和後勤補給往西、南兩方運輸。既然日軍仰仗鐵路運兵，中國軍隊本來可以靠破壞鐵軌、在重要地點部署優勢兵力或埋伏等手段，阻擋日軍的攻勢；可是國軍沒有整體抵抗計畫，部隊之間也缺乏協調，只能在城市一座接一座不斷陷落時無助退卻。

然而，日軍的進展一度在山西省的戰略重鎮太原遭受遏阻。這個地區富含礦產，同時也是主要公路與鐵路交會點，更是控制黃河與通往長江流域農業、工業腹地——武漢地區的門戶。包括國民黨中央軍與山西軍閥閻錫山在內的中國軍隊，在這裡頂著日軍持續的重砲及空中轟炸，堅守了一個多

及長城內外一帶為華北「非軍事區」以後，日本軍方經常利用這個地區為軍事演習場地。日方演習的最初目的在培訓警察武力，但隨著 1937 年起局勢的發展，演習的規模愈來愈大，也更具挑釁。七月初，當時日軍在北平南郊的盧溝橋畔、距離中國駐軍相當近的位置挖掘砲兵掩體，雙方衝突交火。日方立刻提出抗議，但中方不像往常那樣撤軍、道歉，反倒堅守陣地，持續抵抗。蔣介石下令援軍北上增援。駐紮在滿洲的日本關東軍開始南下，日本也從本土調來援軍。到了八月，中日兩國已進入公開交戰狀態。

為防止 1932 年日本進攻上海的往事重演，蔣介石出動他新建成的空軍先發制人，轟炸停泊在上海灘黃浦江上的日本海軍戰艦。出擊當日出現意外的暴烈風勢，使得飛行和投彈極為困難。中國空軍飛行員欠缺實戰經驗，而為了閃避日軍

戰爭的諸多苦果

（上圖）一名中國士兵正剝去他死去同袍身上的衣服。這名罹難者是1937年7月盧溝橋事變爆發以前，在入侵日本軍與中國正規軍、游擊隊，以及地方民團與盜匪之間混戰下的眾多陣亡者之一。這張照片的攝影者，是當年年僅二十五歲的新聞記者方大曾。他在這時候往南邊遊歷，並見證盧溝橋事變的爆發。七月下旬，方大曾在國軍第一三二師於北平南郊潰敗後撤時失蹤，據信是在戰事中不幸罹難。

倒斃的人與獸

照片中這輛道奇汽車的車牌，顯示這是一輛陸軍第一三二師司令部的軍用車，就是在方大曾遇害的那次戰役中，遭到日軍空襲摧毀。美國駐華武官法蘭克・寶恩親眼見到中國軍隊遭到日軍設伏攻擊：「在交叉火網下，中國人被金屬彈片撕成碎片。大屠殺結束後，近六百名中國士兵倒斃在地，或以奇怪的姿態，吊掛在布滿子彈彈孔的卡車上。」日本空軍接著又轟炸中國傷兵。

攝影：喬治・克雷努柯夫

街頭推擠亂象

1937 年 8 月，戰爭陰影籠罩上海。日本軍隊占領黃浦江畔沿岸與碼頭，並開始砲轟市區。照片中的中國平民百姓，盡可能攜帶著他們能力所及的財產物品，在混亂推擠中湧入法租界尋求庇護。

月。當日軍砲火在太原的古老城牆上撕開一道裂口後，中日兩軍一連數日，展開激烈的白刃肉搏戰，最後國軍不支，於1937年11月8日敗退。中國的士兵與百姓在唯一一座可供撤退的橋梁上爭相逃離，腳下就是湍急的汾河，軍民在日本飛機來回轟炸空襲時相互推擠，死難者超過一萬。但是這樣慘重的死傷後來成為常見之事。美國駐華武官法蘭克‧竇恩報告，在此役一個月前，中國軍隊於鐵路交匯重鎮通州迫害日本僑民後，日本軍隊進攻此地做為報復：

日本關東軍挾強大武力進攻這座小城：飛機轟炸、機槍掃射、重砲以及迫擊砲轟擊。日軍轟破城門，隨即湧入城中，肆行殺戮報復。中國守軍只要被抓獲，立刻被處死和斬首。數百名婦女被強暴。全城慘遭劫掠，然後付之一炬。濃重的黑煙瀰漫高空。通州城，這座昔日大運河的終點站，在一天之內被夷為一片斷垣殘壁、死屍橫陳的廢墟焦土。

日軍的暴行隨後在華北占領區的城市中不斷重複上演。

日軍指揮官通常在破城後解除所部一切軍紀約束，放縱部下肆行暴虐，直到他們對暴力的渴望饜足為止。

1937年12月中旬，國民政府的首都南京也遭受同樣的浩劫命運。從上海戰場撤下來的中國軍隊，由於陷入組織建制被打亂的極度失序狀態，倉促之間無法重振旗鼓，有效組成南京外圍的防禦陣地。潰兵湧進南京城，讓首都原本的混亂情形更加複雜；不少士兵逃離部隊，脫掉軍服，通常殺害平民百姓以取得他們身上的衣服，而這些散兵遊勇的長官，老早就慌亂失措、逃之夭夭。日軍以重砲和裝甲車為主力，還有空中的飛機及長江上的戰艦助戰，轟破明代時興建的南京城牆與城門，然後肆意屠殺城中倖存的守軍官兵。日本人原來期望向中國官員提出停火和平條件，可是中方人員要不是已經殉難，就是逃往後方了。當時有一小群困在城中的外國外交官與傳教士，無助之餘，組成「國際安全區」以收容難民。他們親眼見到進城的日軍官兵在憤懣受挫之下，放縱暴力，殘忍屠戮婦孺在內的平民百姓。屠戮進行了整整一個月，使得1937年12月留下了一個惡名昭彰且名副其實的稱

上海難民

（左頁）1937年的秋天，他們就像照片中這對母子，有些身上帶傷，有些既衰弱又驚駭，拚命想尋求安全的庇護所。這對母子在南通的安全區裡避難，這個安全區是由好幾個如紅十字會這樣的國際組織共同設立的，並得到交戰的中日雙方同意。

南京大屠殺

發生在1937年12月的這場殺戮，永遠名列世界戰爭史上最可怕的事件之一。參與這場大屠殺的日本軍人，時常不自覺地從他們拍攝的「紀念照」裡，提供了強姦與虐殺的證據。在這張照片中，後方日本軍人意態閒散的手插口袋，或是百無聊賴地看向別處，而他們的同袍正準備活埋南京俘獲的中國軍人。

號：「南京大屠殺」。美國駐華武官法蘭克‧竇恩記錄這次血洗殺戮：

> 紅十字會醫院，……是一幕最血腥的殺戮場景。日軍先把傷患身上的繃帶扯掉，然後在他們痛苦的尖叫聲中，用刺刀將他們活活戳死。受創的胳膊與腿再次被棍棒打斷。在砍殺和毆打停歇下來的時候，女護士反覆遭到強姦。……到了十二月底，……年紀達服兵役年齡以上平民男子遭殺害的人數已超過兩萬。至少已有兩萬名年輕婦女和女孩被強姦和殺害，然後被殘忍的去手斷足。超過二十萬名平民百

中國的戰時首都

（右圖）1938 年 10 月，儘管中國軍隊英勇抵抗，日本軍隊還是占領了華中的武漢，蔣介石率政府退入內陸的重慶。不過即使退入內陸，中國軍民還是無法免於日本飛機的轟炸，如右圖所示，好在蔣氏招募來一批美國志願空軍，頻繁升空出擊，避免了更慘重的損害。這群美國志願空軍，也就是人稱的「飛虎隊」。

南京受難者

（左圖）一名被綁於柱上的年輕男子，正等待著被處決。他的眼神無聲地見證數十萬和他同一命運的罹難者。

姓，人數很可能多達三十萬，被毫無意義的殺害。

　　此時，蔣介石無力遏阻華北和華東遭受到的災難性潰敗，他收拾殘餘的嫡系部隊退往武漢，同時準備將國民政府遷移到更內陸的長江峽谷後方、四川省的重慶。武漢保衛戰開始時進行得轟轟烈烈，中國的戰力還因為得到史達林慨然提供近八百名蘇聯志願空軍飛行員與飛機協助，而得到程度驚人的提升。史達林相信，此時協助中國抵抗日本侵略，合乎蘇聯的國家利益，也因此，雖然蔣介石從 1926 年起就採取嚴酷激烈的反共政策路線，這時他仍然算是一個可靠的合作對象。武漢守軍的信心還因為中國軍隊於 1938 年春季一連打

了好幾場勝仗，而更為昂揚；國軍在華東鐵路與商業重鎮徐州附近擊退了日軍的進攻（譯按：台兒莊大捷）。國軍以令人驚異的勇氣和決心，在這裡奮戰了兩個多月之久，一直到5月19日才撤出徐州。由於這些戰役中，敵我通常短兵相接，雙方陣地犬牙交錯，致使重砲與空軍無法出動，而刺刀和手榴彈就成為前線戰鬥最主要的武器。

1938年6月，蔣介石下令炸毀黃河大堤，試圖阻擋日軍攻勢，但是除了造成地方農民與農田慘重的傷亡損失之外，這一驚人舉措收效甚微。該年的整個夏季與初秋，日軍部隊在飛機與裝甲車的支援下，以穩定的速度穿越城鎮、溯長江而上，直逼武漢，他們所到之處，平民百姓與被俘的中國軍人慘遭殺戮。蔣介石在武漢周邊集結了近八十萬兵力，一直與敵人周旋至1938年10月末。可是，中國軍隊歷經之前一連好幾個月的鏖戰，人困馬乏，軍心士氣與戰場的協同都已難以為繼，於是在日軍占領武漢的同時，國軍剩餘的主力向重慶撤退。

在戰事恐怖綿延的這一年，那些向國內報告日軍對平民殘酷暴行的美國駐華軍官，同時也是國民黨人戰爭體制的近距離觀察者。這些軍事觀察員裡，以法蘭克‧寶恩和約瑟夫‧史迪威（Joseph Stilwell）眼光最為敏銳；中國軍隊裡，醫療看護人員對於重傷患者幾乎無能為力，這點尤其令他們深感震驚。據他們的觀察，中國陸軍的後備醫療設施與器材，幾乎付之

戰火中的街頭即景

漢口在遭受劇烈轟炸之後，於1938年10月被日軍攻陷。戰地攝影師喬治・克雷努柯夫隨著戰線變動而西移，該年夏季，在一次日軍空襲後，他在漢口街頭捕捉到這一幕畫面：傷者倒臥街頭等待救援，但是一旁通過的路人，比起關心傷患，似乎對他手中的照相機更感興趣。中日戰事在北平近郊的華北平原、上海到南京一帶，以及華中鐵路交通重鎮武漢等地展開。日本軍隊的戰爭機器看來似乎銳不可擋。在盧溝橋事變爆發、中日進入全面戰爭後，日本軍隊從北面和東面包抄，在兩年之內幾乎拿下了整個長江中下流域。

攝影：喬治・克雷努柯夫

中國的黎民
除了捕捉戰爭的特定面貌之外，喬治·克雷努柯夫還帶著一種悲憫胸懷，記錄下身處在動盪時代的中國百姓面孔。
攝影：喬治·克雷努柯夫

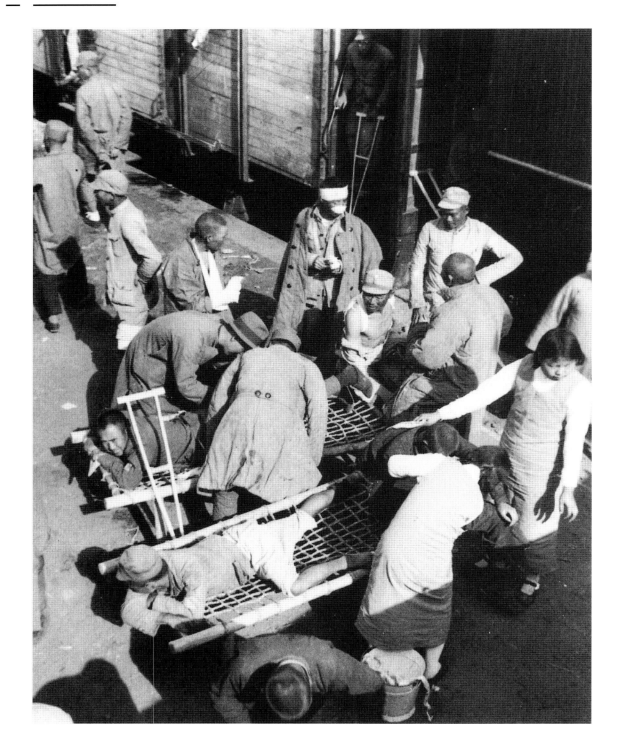

傷患的新希望

中國傷兵的死亡率之所以如此之高,醫療用品的缺乏是其中一大原因。左頁照片中,傷患從後送的貨車車廂下來,在月台上進行治療。右頁照片中,右前方採跪姿者為白求恩,他是加拿大籍醫師,曾參加西班牙內戰。他發展出一套戰地外科手術的作業系統,可以讓醫師在前線陣地對情況緊急的患者施救。照片中,白求恩正在一座佛寺改成的臨時野戰醫院裡動手術,此處位於華北中共游擊區。他所使用的器械都是耐用但簡單便於攜帶,以防萬一日軍突破前線陣地,可以在十分鐘內收拾妥當,打包走人。

闕如;傷患死亡的數目,也來到令人難以置信的程度。一名在戰場上負傷的士兵,要等上好幾個星期才能得到醫療救護,而且這些所謂的醫療援助,通常不過也只是戰地緊急包紮罷了。還能行走的傷兵會領到五元法幣,要他們自行遣散還鄉;而那些運氣欠佳者,則因為他們的傷口感染、痢疾和霍亂而喪生。

寶恩與史迪威的觀察得到加拿大醫師白求恩(Norman Bethune)的經驗印證。白求恩是共產革命的堅定支持者,在西班牙內戰時,他專程前往擔任戰地志願軍醫,協助共和軍對抗法西斯黨人。現在中國發起對日抗戰,看在他眼中,代表中國人也正在奮力抵抗法西斯主義,於是他又來到武漢效力。在西班牙時,白求恩就注意到:許多傷兵僅僅因為受感染或失血過多,來不及後送到後方醫院就死亡;他因此發展出一套機動血液輸送系統,可以在接近前線的地方施行外科手術。白求恩認為,國民黨人在軍醫救援方面的無能乃是蓄意的麻木不仁之舉,因此他帶著一身技術和理念投往中共陣營。1938年初,他一路向北行去,穿越國民黨人的前線,來到位於陝北延安的中共根據地。

在「長征」途中幾乎覆滅的中共，因為蔣介石在西安遭到劫持及其後形成的抗日民族統一戰線，使他們獲得渴盼已久的一線生機。他們的游擊隊有技巧的改編為國軍，加入抗日戰線，但黨在實際上保持對軍隊的完全掌控。中共也繼續在延安施行他們的社會政策，不過出於對國共合作抗日的尊重，也為了適應他們所身處的偏遠小農與地主社會環境，因此暫時減弱了激進土地改革的訴求。中共將施政的重點轉向減租減息，並且將那些逃離本地的地主田地重新分配，而仍留在鄉土的地主則不受影響。

中共領導人技巧高超的運用反日民族主義作為號召，增加自己的能見度，並爭取民眾支持。過去十五年來，中共透過組織工人罷工或在江西蘇區組織農民抗租而發展出來的大眾動員技巧，如今證明極其寶貴。中共派遣小組幹部進入地方基層鄉村社群，發掘出具備領導潛質的在地人士，教授他們軍事組織與游擊戰術的基本概念。這些中共發展出的游擊隊只配備最簡單、通常為自製的武器，開始騷擾日軍後方的補給線，捕捉脫隊的日軍士兵，並且包圍孤立的日軍據點，以獲取武器及彈藥補給。如果情況許可，游擊隊會與 1930 年代時在孤立地帶倖存下來的一小批共產黨人連成一氣；這些團體通常就構成地方上中共支持者的聯繫網絡，他們要不是後來發展成為黨的基層組織，就是成為地方武裝的基礎。更具規模的游擊隊還會快速集結，切斷日軍控制之下的鐵路運輸線，或者是攻擊大一點的日軍補給線與連級小部隊，奪取他們的裝備。

白求恩就跟著這類非正規中共鄉村游擊隊到處移動，他終於找到可以徹底發揮所長的地方。他可以在游擊隊預備發動攻擊的戰場附近，挑選一處寺廟或逃難的地主民居中，設立小型野戰醫院，所有器械都事前準備妥當，可以在十分鐘以內重新打包移動。簡單的輸血、緊急的截肢，使用除菌及生理食鹽水靜脈注射的醫療處置，讓白求恩從死神手上救下許多生命。白求恩覺得自己是在最需要他的部隊裡大展身手，對於那些農民出身的士兵，和那些他在這地方所遇見的指揮員，他逐漸產生了極深的欽佩敬重之情。

1939 年，白求恩在一次連續為傷員施行手術的長時間過程中，不幸遭到感染辭世。他對於中國農民抗日的欽佩，以及對中國民眾樸素勇敢、堅忍耐勞的尊敬，和另外幾位想方設法進入延安或中共邊區的西方人士並無二致——這些人包括埃德加·斯諾（Edgar Snow）、詹姆士·貝特蘭（James Bertram）、安娜·路易斯·斯特朗（Anna Louise Strong）以及伊凡斯·卡爾遜（Evans Carlson）等人。這些深入共區的西方人士所見到的中共領導人，都生活在北方貧瘠山區的窯洞裡，吃著最粗糲的食物，看來似乎專心致志、全心奉獻在政治志業上。不過事實上，這裡大多數人之所以住在窯洞裡，是因為

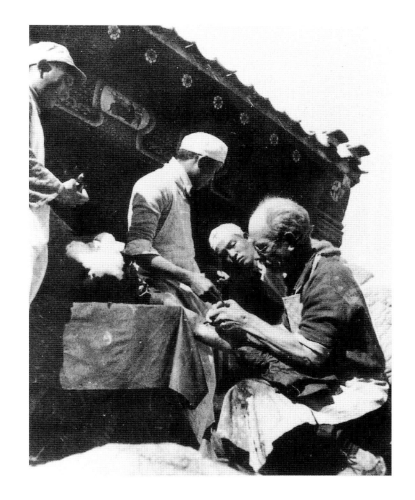

邊區並無其他房屋可供居住，而他們的食物之所以粗糲，乃是此處別無其他供給所致；但上述實情對於這些西方訪客而言並不重要。物質的匱乏被他們視為一種美德的展現，同時也是政治理念與道德無瑕的證明。斯諾就在他記述長征的文章裡這樣寫道：

> 他們的隊伍成天高歌，曲子一首接著一首，彷彿永無窮盡。他們歌唱不是奉口令行事，而是自動自發的，他們唱得非常好。……他們遵奉的紀律，看起來完全是自我約束的。當隊伍通過一片長滿野杏樹叢的山崗時，大夥突然呼地全四下散開了，直到口袋裡裝得滿滿的。……但當大家路經私人果園時，就沒人隨便摘果子。連在村子裡吃的糧食和蔬菜都是付足了錢的。

在人們因為國軍迭經大敗而開始感到低沉喪志時，這些西方人士帶著熱情和堅定信念，寫下他們在華北中共邊區的經歷，帶給人們一絲希望的光輝。

許多中國人既不願追隨蔣介石的領導，到他新選定的抗戰基地重慶去，也不贊成中共黨人在窯洞裡發動的游擊戰。

中共領導人群像

中日戰爭爆發三星期前,共產黨領導高層在延安合影。左起:周恩來、毛澤東、博古(秦邦憲)。在

1935 年長征途中,毛澤東在黨內的地位後來居上,凌駕周恩來與博古,成為黨的領袖。

「外籍友人同志」

(右頁上圖)1937 年夏季,共產黨士兵正在等候來自蘇聯的外交官兼理論專家阿道夫・越飛(Adolf

Joffe) 在學習會上做簡報。當時中共與蔣介石的談判正在進行，黨內認為，像這樣的學習會是維繫黨正統理論的重要舉措。1937 年，個性熱情的美國女記者史沫特萊（Agnes Smedley）也在延安（下圖）。她習慣以浪漫筆調報導共產黨人及其領導者，照片中的朱德就是一例。朱德是士兵出身，曾在軍閥部隊擔任基層軍官，也有鴉片煙癮，直到他於 1923 年赴德國留學之後方才戒除。朱德這時是紅軍總司令，史沫特萊為他寫了一部相當正面的英文傳記。

攝影：歐文・拉鐵摩爾
（Owen Lattimore）

他們反倒想要另闢蹊徑，在某個程度上與日本人進行合作，以求在日本占領區的城市中能夠生活下去。這些通敵者認為，新創造出來的小區塊地方秩序安定，如果能將日本人的組織技術與中國的市場、人力資源結合起來，就可以造就出一個新的中國。對於那些注意到日本人的勢力無所不在、而滿洲國溥儀政權又是那樣無能的人士來說，上述的論點實為似是而非。不過話又說回來，溥儀畢竟是滿人，日本早在二十世紀之初，就已經不斷在加強其對滿洲的控制了。

　　日本人在 1937 年拿下北平後，也在這裡扶植了一個傀儡政權。北平的中國商界積極配合征服者，先是成立「治安維持會」，然後勸誘王克敏出任親日新政權的魁首。王克敏有舊學根柢，前清時曾參加科舉考試，得到舉人資格，之後赴日本留學，在朝廷擔任多項職務。民國建立後，他成為專業金融經理人，之後更歷任北洋政府幾任內閣的財政總長、中法實業銀行總裁、中國銀行總裁、以及東北軍閥張作霖、張學良父子的財政官員。王克敏作為北平親日政權的首領，他的權力基礎來自日本派駐北平的特務機關，以及一個名為「新民會」的所謂民眾團體。後者按照台灣和滿洲國先前成立的

戰爭的毒霧

戴上防毒面具的日軍官兵在實施毒氣訓練。根據 1937 年 9 月中國方面的實地調查報告，列舉出在河北一省有四百起因日軍毒氣攻擊而死亡的案例。日軍也將毒氣灌入中國農村游擊隊所建造的地道之中。

同名團體組織而成，「新民會」的成員必須擁護、傳播日本帝國的意識形態，促進中日兩國人民的聯合，並協助日本軍方對中國民眾進行戰爭動員。

　　汪精衛投靠日本、走向權力的道路，則與王克敏大不相同。身為反清革命志士，汪曾經於 1910 年策劃行刺代幼齡皇帝溥儀掌理朝政的攝政王，幾乎要付諸實行。之後民國建立，汪氏作為孫中山的堅定支持者，隨其流亡日本而後又返回廣州。在 1927 年的動盪歲月中，汪精衛在武漢國民政府，成為國民黨左派的主要代言人，之後卻又搖身一變，成了武漢新政權裡的反共領導者。1930 年代時，雖然汪氏一直認為自己是堅定的民族主義者，蔣介石卻時常要他和日方交涉談判，

這使他被外界看成主張綏靖的親日派人士。

汪精衛目睹國軍在 1937、38 年接連失敗，他的沮喪苦悶之情達到極點，看不出中國現行的抗日路線如何能挽救國家於崩潰險境。他很清楚在 1937 年底，就在南京大屠殺的前夕，蔣介石曾透過德國駐華大使向日本提出簽署停戰和平協定的提議。然而在南京大屠殺發生後，日方隨即提出一項要求：國民政府要達成任何和平協議，都必須以承認滿洲國為前提，和談的管道便告關閉。但是到了 1938 年 11 月上旬，武漢陷落後不久，日本首相近衛文麿發表建立「東亞新秩序」的聲明。依照這份聲明，中國、滿洲國和遠東各國的人民，都將在日本的領導下聯合起來攜手合作，共同組成反共陣線，並且暗示要抵抗西方列強霸權，建立起國際正義的新秩序概念。在近衛發表聲明後不久，1938 年 11 月 30 日，兩名汪氏身邊的親近幕僚（譯按：高宗武、梅思平）潛赴上海，會見一名日方參謀本部高級將領（譯按：影佐禎昭），雙方就近衛聲明中的各種構想進行充分探討，並簽訂一份初步協定。

就在近衛聲明、日汪密約這兩個事件中間，11 月 12 日，一場抗戰以來最糟糕的浩劫在長沙爆發。當天，駐在長沙的湖南省主席（即張治中，他是蔣介石的親信幕僚）誤信一個謠言，以為日軍正逼近長沙。慌亂之下，他對此情報未加確認，就下令縱火焚毀全城。他的下屬執行這道命令，全城八十萬民眾與難民在可怕的大火中死傷慘重，財產損失與珍貴文物的傷害更無法估計。實際上日軍根本沒有在長沙附近現蹤，而這場莫名的人禍想必更加削弱汪精衛對國民黨抗戰前途的信心。

汪精衛謹慎的實行他的計畫，在與日方展開一連串談判，以及蔣介石方面兩度企圖挽回的失敗嘗試──先是賄賂，另一次則是行刺──之後，他來到上海，會見北平王克敏政權的代表、上海親日團體的領袖、以及日方的談判代表。1939 年底，《日華新關係調整方針》簽訂。於是國民黨的青天白日國旗再一次飄揚在日本占領區（譯按：汪政權的「國旗」上方另有一黃色三角小旗，上面寫著「和平、反共、建國」），汪精衛新成立的「國民政府」照樣以孫中山的三民主義為官方意識形態，在名義上管轄北至淮河、南至海南島、東到上海、西迄四川邊境的地區。汪氏還效法蔣介石，也在南京興辦了一所中央軍校。汪政權就以這批軍校學生為基層幹部，加上還留在這地區的國軍部隊和各種來路的軍閥武力，建立起一支約六十萬人的武裝部隊。汪政權還得到若干國家的外交「承認」：納粹德國、義大利、西班牙、維琪法國（Vichy France，譯按：德國扶植的法國政權）、羅馬尼亞、匈牙利、日本、滿洲國與泰國都選擇和汪政權建交。

儘管 1930 年代後期，蔣介石麾下的情治人員，在情報頭子戴笠的指揮下，已經在上海刺殺了為數甚多的通敵份子，

然而等到汪政權成立，這個數字便急遽的下降。蔣、汪之間可能在事前有過某種形式的約定，因為雙方縱然在其他方面歧見甚深，卻同樣對共產主義抱持懷疑與仇視的態度。汪精衛的南京政權成立後的第一個外交舉動，便是加入日本與德國領導的反共公約；而重慶方面雖然繼續遵守國共抗日統一戰線，戴笠手下卻從未放鬆對中共的監視和警惕。

在 1938 年 10 月武漢陷落、11 月長沙大火之後，日本即不再對重慶發動大規模進攻，只著眼於鞏固占領區的交通線，並計劃日後的長程戰略，重慶得以利用這段時間建設其軍事與工業基礎。這段期間，是中共黨人維持了戰爭的勢頭。中共或許認為他們在農村的動員能夠產生新力量，因此放棄先前的游擊戰路線，並且 1940 年時在華北發起一連串攻勢作戰，他們將其統稱為「百團大戰」。中共的這波攻勢招致日本罕見的猛烈反擊，日方後來將這次反擊作戰命名為「三光作戰」──即「殺光、燒光、搶光」。正當中共部隊因此而蒙受重大損失的同時，戰鬥所在的村莊則遭到更慘重的破壞。日本士兵通常殺害、殘虐或強姦每一個他們搜查到的中國百姓；有些村民藏身在共產黨游擊隊教導挖掘的地道，被日軍用煙燻出來，或是在日軍放毒氣時死在地窖內。中共發動「百團大戰」的後果，是蒙受巨大損失，以及他們在民間的聲望大幅下降，需要花上好幾年才能重建。

日軍在北方的「三光作戰」，造成中共部隊多達十萬人的傷亡，而他們還在華中一帶與國軍爆發武裝衝突。戴笠向蔣介石提出警告：在這個地區活動的前共軍部隊不服從國府號令，蔣氏便下令要這支在長江以南地區活動的「新四軍」（譯按：新四軍全名為國民革命軍新編第四軍，主要由未參加長征的共軍組成）開往江北，否則就將面對軍紀懲處。當新四軍不斷藉口拖延啟程，蔣便命令這個戰區的國軍將領發動奇襲，解決這支共軍。1941 年 1 月，國軍在數日之內對新四軍發動一系列伏擊，至少擊斃三千餘人，俘虜或處決的人數則更多。損傷慘重的新四軍重整旗鼓，開始往北推進，這時國軍便對中共控制區實施封鎖禁運，一切軍需物資、食鹽和其他稀缺資源，都不許進入延安控制的區域。中國的對日抗戰似乎再一次被「中國人打中國人」的內戰取代。

美軍顧問

照片中，一名美軍教官與幾位中國受訓學員正使用筷子吃著美軍配發的軍用罐頭「K口糧」（K rations），地點在雲南，時間大約是 1943 年底或 1944 年初。1941 年 12 月，日本突襲珍珠港後，美國參加世界大戰，成為中國的盟友。由美國顧問訓練的中國部隊，之後在 1944 年反攻緬甸戰役時，有相當英勇的表現，證明了許多美軍指揮官的看法：「中國軍隊如果有良好的指揮，糧餉和械彈充足，他們可以與世界上一流軍隊比肩。」

7

世界大戰與國共內戰

CHAPTER **WORLD WAR AND CIVIL WAR**

　　1938 年到 1941 年間，蔣介石的重慶政府可說是完全孤軍作戰。重慶唯一與外界聯繫的交通線是滇緬公路，這條連通雲南昆明與緬甸臘戌（Lashio）的公路，是數千名民伕在崇山峻嶺、深山密林之間開鑿出來的。這些強制徵召的民伕修築這條公路，幾乎沒有使用任何現代器具；他們在開路的過程中，往往因為意外事故、土石坍方和疾病而殉職。這條以碎石子鋪成的公路時常受土石流和山洪爆發的侵襲，也經常因氣候惡劣而封閉，有時還由於日本方面向英國緬甸當局施壓，而暫告關閉。但是這條公路的落成通車，仍然算是中國人面對艱困壓力之下，一次堅苦卓絕的勝利。

　　希特勒與史達林於 1939 年簽訂《互不侵犯條約》，形同宣告蘇聯日後將不再提供中國援助。蔣介石於是轉而向美國國會求助，但此刻美國還在經濟大蕭條的泥沼裡力求復甦，一時之間難以立刻金援中國。這時重慶唯一有力的外援，是一小批美國志願空軍飛行員，外界稱他們為「飛虎隊」。這些飛行員是蔣介石在 1937 年時招募而來，原先希望他們能提升中國空軍的戰力，後來他們以雇傭兵身分投入對日作戰，每擊落一架日本飛機，就能獲得五百美元的賞金。飛虎隊的指揮官是頗得眾望的陳納德（Claire Lee Chennault），他曾參加過第一次世界大戰，後來因為聽覺障礙被迫從美國陸軍航空隊退役。飛虎隊機群在他的帶領下，以美國政府賣給中國過時的 P-40 戰鬥機迎戰日本空軍，屢屢締造大捷。他們的英勇奮戰，遏阻了若干次日本對重慶進行的可怕轟炸，也振奮了當時最需要鼓舞的民心士氣，但是他們卻難以改變這場戰爭的大局走向。

　　1941 年 12 月日本偷襲珍珠港之後，美國正式加入二次世界大戰，重慶政府現在名正言順成為美國的盟邦。中華民國還與美國、英國、蘇聯一起，被合稱為自由世界的「四強」。在美國的戰時金援體制中，中國合乎《租借法案》援助軍事物資的規定，也就是說，美國以軍事設備、卡車、燃油及飛機「租借」給中國，但後者只要將上述物資設備用於抗日戰爭，就無需償付費用。

短暫的和諧

1942 年 4 月，蔣介石、蔣夫人與史迪威三人合影，臉上都帶著微笑——蔣為了拍攝這張照片，還特別戴上假牙。新任駐華美軍司令史迪威與蔣介石之間短暫和諧的關係，由於中方的大敗以及他們拒絕聽從「醋酸喬」（Vinegar Joe，史迪威的綽號）的命令而破壞無遺。史迪威曾說他與蔣介石「同在一艘木筏上，一個三明治擺在我們兩人之間，而救援艇卻正在駛離現場。」

中美第一夫人

1942 年底，蔣夫人宋美齡訪問美國首都華盛頓，竭力爭取美國朝野對其丈夫的支持。國會在她演說後全體起立鼓掌，羅斯福總統的妻子，第一夫人埃蓮諾·羅斯福（Eleanor Roosevelt）也在白宮招待宋美齡（右頁）。史迪威認為蔣夫人是「一位聰明、有頭腦的女人」，大多數的美國人都為她的魅力傾倒，不過也有些人對她偏愛絲綢床單這件事感到震驚。

1942 年 2 月，新加坡的英軍僅經過一日的戰鬥即告崩潰，使得中國在盟國軍事戰略中扮演的角色突然變得吃重。就在這時，美國總統富蘭克林·羅斯福（Franklin D. Roosevelt）選定由前任駐華武官史迪威（Joseph Stilwell）出任《租借法案》援華軍用物資管理人、兼任新組建的「中印緬戰區」（China-Burma-India Theater）美軍總司令、以及派駐蔣介石身邊的羅斯福總統特使。（譯按：史迪威另有一項來華重要任務，即擔任盟軍中國戰區統帥蔣介石的參謀長。1942 年 3 月 6 日，史迪威抵達重慶，晉見蔣委員長，報告來華任務，說出五項使命，但唯獨沒有提到參謀長一職，經蔣詢問，他才表示：「本人為鈞座之參謀長，直接受鈞座之指揮。」見秦孝儀主編，《總統蔣公大事長編初稿》，卷五，下，頁三三。）史迪威能說華語，是美國的「中國通」，他於 1942 年 3 月抵達中國，隨即投入緬甸對日作戰。在經歷數星期的艱苦作戰之後，中、英軍隊合組的盟軍全線崩潰，日軍切斷滇緬公路，並占領緬甸全境，兵鋒直指印度邊境。史迪威以極具他個人風格的文字，表達自己的挫折與不滿之情：「我不能槍斃他們，我不能撤他們的職；僅僅同他們談話是毫無益處的。因此最終結果就是我成了一個沒有實權的傀儡，不但苦幹實幹最辛苦的活，還得（為他們）背黑鍋。」（譯按：本段及之後譯文，均參考史迪威著，黃加林、張紅葉、陳寧、米小平譯，《史迪威日記》（北京：世界知識出版社，1992 年），若干文句有改動。）帶著憤怒與被羞辱的情緒，他率領一小隊中、美士兵，徒步由緬甸突圍，毫髮無傷地抵達印度。不過自此之後，史迪威便將這次失敗的原因，歸結給蔣介石的笨拙無能指揮、好幾名蔣氏麾下高級將領的庸懦怯戰，以及英國人的傲慢自大、充滿種族歧視等原因上。史迪威還認為英國殖民當局極不得民心，以至於當地民眾都歡迎日軍。

緬甸戰役失敗，對外交通線斷絕，蔣介石必須仰望天空。陳納德的飛虎隊現在已經被納入美國空軍正式編制（譯按：美國空軍第十四航空軍），陳納德則繼續留在中國，並且重回現役，升為准將。他的機群經過戰時增產的美國軍工廠增援並更換新機，開啟一條由印度到雲南昆明的新航線，以輕型轟炸機飛越喜馬拉雅山，這條路途漫長而充滿危險的航線被稱為「駝峰」。為求增加空運效益，美國工程師與重慶政府合作，共同修築了好幾座新機場，以數千名粗工和徵用的民伕，清除大石、整平路面，鋪出供飛機起落的跑道。有幾座機場位於廣西桂林附近，與重慶有相當距離。陳納德和他的中國支持者們都指望以這幾座機場為基地，對華東日軍發動轟炸攻勢，最終能夠空襲日本本土。

陳納德得到蔣介石夫婦的支持和喜愛。他尤其對於蔣夫人宋美齡的年輕外貌和英語能力感到折服，宋美齡說得一口「南方悠長腔調」的英文。之後他又在日記裡寫道：「她永遠是我的公主。」陳納德對蔣氏夫婦相當敬重，認為他倆同是為國家犧牲奉獻的偉大領袖。有不少曾經來華的傳教士及美國人也抱持著同樣的看法，他們將蔣介石看成「自由世界」的象徵人物，正與盟國攜手，對抗軸心國的侵略。不過，卻也有若干新聞記者並未拜倒在蔣夫人的魅力之下。英國作家奧登（W. H. Auden）和克里斯多夫·伊修伍德（Christopher Isherwood）於 1938 年晉見蔣夫人時，便查覺到她身上有某些令人生畏的特質：

> 她是一位個頭嬌小、有著一張圓臉的女士，她的衣著考究，風格活潑而不俗豔，而且擁有幾乎讓人感到害怕的魅力和沉穩自信。顯然，她知道該如何與各種各樣不同類型的來客打交道。……她的態度可以極度駭人，也可以親善仁慈，她能夠有條不紊，務實有效率，也可以殘忍無情；據說她有時還會親手簽署執行處決的命令。……不過很奇怪的是，我從未聽過有任何人評論她使用的香水。這是我們兩

人所聞過最芳香的香水味了⋯⋯。

史迪威根本不吃這一套。他看出蔣介石欠缺效率又優柔寡斷，而他手下的高級將領與幕僚則充斥著庸鄙貪腐之徒：

（蔣）寫下一道又一道的命令，要我們去做這做那，其根據是零散不全的情報和一種荒謬的戰術概念。他自認為懂得人的心理；實際上，他自認為懂得一切，他反覆無常，隨著行動中的每一個微小變化不斷改變主意。⋯⋯我顯然無法與圍繞在他身邊的那些寄生蟲和獻媚之徒匹敵。

史迪威還認為陳納德聲稱能取得空中優勢，純屬不切實際的胡吹亂蓋，因為那些機場位置過於靠近前線，難以抵禦日軍的猛烈進攻，而經由「駝峰」航線運進中國的軍用物資中，有許多噸位都遭到浪費濫用或侵占竊取。史迪威自己則深信，扭轉中國戰局的關鍵，在於精挑細選出一批最優秀的中國基層軍官，由他們訓練幾個師的精銳中國部隊，然後在

緬甸對日軍發起反攻作戰，打通補給公路線，之後才能緩慢而謹慎地以重慶周邊為中心，逐步擴大中國的控制區域。為了達成這項目的，史迪威花大量時間駐在印度督導這幾個精銳之師的訓練，然後在 1943 年盟軍對緬甸展開反攻之後移駐該地。他還回到華盛頓述職——為了和陳納德就空軍或陸軍優先，進行戰略辯論。

正當這些戰略之爭在重慶、昆明、華盛頓等地上演的同時，中共正緩慢地從他們在「百團大戰」及「新四軍事件」當中遭受的重大損失裡恢復過來。既然現在國共合作抗日已經成為一紙虛文，中共黨人便恢復從前的活躍姿態，更加劇烈的實施土地改革、社會控制、以及大眾動員等路線。中共中央以延安為基地，在延安的指揮之下，中共建立的「邊區政府」數量緩慢增長，而他們的組織和宣傳技巧所能接觸到的民眾更是成比例地上升。奪取補給和械彈仍然是他們的首要之務，因此中共持續騷擾日本和偽政權駐軍的補給線。

延安政權的財政極度匱乏，它控制的區域中幾乎沒有工業基礎，發行的貨幣相當不穩定，而且如果向區域內以貧農為主的人民徵稅，將會與基層疏離，它無法承受。從 1942 年

紅色三巨頭

中共的三位主要領導人於 1944 年時合影，左起：周恩來、毛澤東、朱德。他們以延安為基地，在日本戰線後方拓展了大片的根據地；因應此種形勢，國民黨在華中向共產黨人發動進攻，並且對延安實施經濟封鎖。這時，由於國民黨的戰力日益黯淡衰敗，美國人開始好奇，要是他們給予中共軍援，共產黨是否能更有效率的對日作戰。史迪威表示，一般中國人正開始「把共產黨人看作是唯一的救星」。

日本人在台灣徵軍伕

日本殖民當局在台灣中部山區徵召原住民從軍，以補充日本軍隊在中國大陸作戰蒙受的損失。由於日本人先前殘酷鎮壓原住民的抗日起事，現在他們面臨遭受怨恨的苦果。

攝影：鄧南光

到 1943 年，在這段最艱困的時期，中共很可能自己產製鴉片，運往日本占領區銷售，或是准許邊區製造鴉片者自運產品到日占區以換取資金，不過這些交易都以代號或隱晦的字眼掩飾，私下進行。（相反的，日本人和名義上奉重慶政府號令的各省軍閥販售毒品以獲取暴利，則毫不遮掩。）儘管中共有收入和補給方面的問題，他們的游擊隊甚為活躍，在華北許多地方活動，甚至來到北平近郊和山東省，同時也再次重返 1941 年時被國民黨驅趕出去的華中地區。

如果抗日民族主義號召是中共黨人活動中最顯眼的部分，那麼他們的綱領當中還有若干外界觀察人士較看不出、但同樣重要的面向：這包括毛澤東在黨內個人權力地位的持續上升、知識份子獨立地位遭到扼殺、以及透過辨識階級敵人的方式愈見劇烈的階級鬥爭。毛澤東自 1935 年、即「長征」的早期，便崛起成為黨的領導人。在延安時期，毛和他在意識形態方面的支持者有系統的重寫、重新詮釋中共黨史，用意在突顯毛的思想與行動，皆一貫遵循高瞻遠矚的正確「路線」。而毛在黨內的眾多對手則遭到詆毀，或重新詮釋他們過往的行動和言論，以彰顯這些人曾經將全黨帶往覆亡邊緣的「錯誤」路線，尤其是那些對共產國際指令奉行不渝、企圖攻擊大城市或遏止農村革命的作為。毛澤東「一貫正確」的政治路線中最受強調的部分，是他向來深信：中國的貧下

中農在無產階級革命先鋒隊（即共產黨）的引導之下，能夠被動員來進行階級鬥爭革命；而即使沒有共產黨的引導，農民也有能力憑直覺進行革命行動，對抗他們的「階級敵人」──地主和富農。那些曾經反對過毛的領導人，都被貼上「暴動派」（putschist）或「托洛斯基派」（Trotskyist）路線的標籤，安上各種罪狀：說他們試圖奪取城市作為革命根據地，抱持著永久革命思想，或是對莫斯科俯首貼耳、卑躬屈膝，又或是以「誤解更高真理」為名，批判他們忽視中國社會的現實等等。逐漸地，毛的作為被描述成史詩般的傳奇故事：毛一手建立起「紅軍」，被看作是他偉大智慧的核心部分；1928 年到 1929 年毛在井岡山的經歷，成為他英勇事蹟的重要篇章；毛對馬克思主義哲學的深度閱讀被著重強調；而毛在延安的「簡樸」生活，包括他所居住的窯洞和親身參與過的游擊戰鬥，成為新的革命神話。

毛澤東的著作文字現在受到黨的精煉、進入正式紀錄，過往的歷史被簡化，而中共控制區裡的群眾都要學習這些黨的新文件，一開始時他們先是被鼓勵去讀，後來則是強制學習。延安所運用的這種技術，成為中國共產革命運動組織理論與實踐的核心部分：在出席聆聽毛澤東或劉少奇這樣的黨內二號人物進行某種形式的公開演講之後，聽眾會被細分為幾個學習小組，在黨中央精心挑選出來的理論家主持之下開

學習會。接下來，學習小組會仔細「學習」黨指定的文件與演說，直到成員能夠領略符合「政治正確」的詮釋為止。那些與黨路線不一致、或是立場搖擺者，會在這時候被孤立起來，並且受到壓力，要求他們「改造」思想。至此還是不肯妥協讓步者，將會在批判大會上受到更嚴峻的壓力，有些較極端的案例，抗拒者可能會被送去和大眾一同勞動改造，開除黨籍，或甚至被處決。

在延安，這些技巧的首次顯著運用，是在 1942 年的「整風運動」。自從 1936 年以來，有數千名同情中共的人士，間關萬里，前往延安投奔中共——這些人之中，有許多確實是所謂「小資產階級知識份子」，或至少是較晚接觸社會主義理論者——在整風運動中，他們學習如何運用「正確」的階級理論來分析文學與藝術作品，向人民大眾學習，並且避免因為創作出傳達錯誤階級關係微妙差異的作品，而模糊了黨所要傳遞的革命理論要旨。知識份子被迫承認：社會主義革命的階級本質凌駕在女性爭取的權利，或其他一切形式的自我標榜之上。著名作家丁玲的遭遇是典型的案例。她於 1931年時參加中共，當時國民黨未經審判，就逮捕她的丈夫（譯按：胡也頻），並將其處死。丁玲本人被國民黨軟禁了很長一段時間，之後她設法逃脫，不遠千里前往延安，但是之後她在整風運動中被撤去一切黨內職務，下放到群眾中進行勞動改造，只因她曾進言，表示黨內的男性幹部經常拿性別來做文章，壓迫女性黨員。

動員農民和教育「正確」的階級觀點是一個錯綜複雜而又殘忍無情的過程，在延安時期，中共的操作手腕不斷增進。想在農村成功發起革命，有賴於對村民階級成分的分類區別（基本上可區分為富農、中農與貧農三大類），然後進行土地改革或農地的再分配；仔細按照農民的成分，逐級分配田地，使得貧農能獲得最多土地，而富農則交出最多土地。但是在這樣的結構底下，很可能存在著無止境的變動。不但領導人分配田地的優先順序，經常按照自己所需之不同經濟程度者的支持而有所改變，就連沒有地產的勞苦群眾、兒童和鰥寡孤獨，紅軍的退役老戰士，或那些因與日軍作戰而導致傷殘的軍人，也都想要在地方資源上分一杯羹。派往北方和華中農村的中共幹部，其任務是在指定的村莊裡找出具備領袖潛質的農民，貧下中農和沒有土地的勞工更是重點所在，接下來便是鼓勵他們，按照黨能接受的模式劃分在地居民的階級。對於那些被劃為「地主」或「富農」者，對他們的指控和懲處愈嚴厲，或是對他們名下的土地財產沒收分配得更多，他們謊報或隱匿自己財產的動機就愈強，或者試圖藉機公報私仇的意圖就愈盛。召開村民批判大會或鬥爭會是中共幹部用來施壓的手段，而黨在地方的力量則因為徵募那些分

日本時代台灣生活群像

1940 年夏季某日，傳統的渡船上載運乘客；三名年輕女子在海灘邊；在台北街上，一名正快步穿越馬路的女子，她的背後有 1943 年一部日本電影的宣傳海報。從這些照片中可以看出，島嶼上的人們穿著服飾有日漸中西混搭的趨勢。

攝影：鄧南光

田過程中涉及暴力的份子而得到加強。這些做法在農村造成了很多痛苦與怨恨，其影響程度深遠而且漫長。

中共同時也收編地方農村的民兵武裝、游擊隊，並且透過這個過程逐漸培植、壯大延安政權的正規軍部隊。中共的軍隊在毛澤東的老搭檔、久經戰陣的朱德統率之下，是一支深受主義思想薰陶的軍隊，由訓練精良的紅軍老戰士組成。

因此，雖然中共的軍隊缺乏械彈補給，卻能在華北與傀儡政權維持治安的部隊匹敵，甚至還能與日本軍隊一較短長。

隨著戰事曠日持久，在滿洲國、北平和南京這三個日本扶植的傀儡政權統治地區，滿洲或這些地區的軍隊擔負起守備地方及維持和平的任務，所扮演的角色愈來愈重，因為這時的日軍戰線過於延伸，已經備多力分，局面危殆。現在

的日本愈發需要盡可能地從中國搾取各種人力物力，以協助戰事進行。台灣和滿洲國的工業與糧食產量大幅提升；尤其是在滿洲國，如此高額的產量是仰賴各種惡毒方式組成的集中營奴工，在工廠和礦場達成的。滿洲國的「皇帝」溥儀對於他「名義上」臣工的諸般惡行，完全無力加以制止。到了1940年代初期，這些戰爭罪行還要加上對中國受害者施以活

人生化實驗的可怕模式。這種活體生化實驗由日本醫師和科學家主持，研究有毒氣體、致命病菌、活體解剖以及極端高、低溫對人體的影響。1941年和1942年，日方還蓄意將這些致命病菌在南京政權的統治區內散播，以評估其功效。日本軍方在南京周圍近郊，還設立一座生化戰工廠。將來要派往華南和東南亞作戰的日軍士兵，先在滿洲國接受訓練，他們竟

北平生活群像

對許許多多的中國人而言，他們的日常生活模式鮮少受到戰爭或日本占領的影響。一位外籍攝影師將北平生活的各種樣貌鉅細靡遺地記錄下來，她是海達·莫里遜（Hedda Morrison），1933 年到 1946 年間都住在北平。身為德國人，海達算是日本的「盟友」，因此得以於整個戰爭期間在華北自由來去。用相機鏡頭記錄下她所摯愛的北平百姓生活，是海達的愛好，可是她給自己立下一條規矩，而且嚴格遵守：她不拍戰爭的場景，也不許日本軍人和傀儡政權的部隊闖入她的畫面。

攝影：海達·莫里遜

以無助的中國囚犯練習刺刀術及軍刀砍劈技巧。殘酷暴虐現在已經成為實施軍事訓練時的常規項目。在這權力集中的過程裡，日軍還接管各地的外國租界，將租界裡的西方人全數囚禁在隔離營中。而在上海，這套隔離體系由於在華的猶太人被日方驅趕到其控制下的特殊隔離區域（ghetto，譯按：又稱「隔都」），而變得更為複雜。儘管日方此舉是為了安撫盟友納粹德國，但是當德國方面要求日本將上海這批猶太人遣返歐洲，幾乎是確定要將他們「滅絕」時，日本占領軍的長官卻拒絕照辦。

1944 年春季，沉寂了三年之久的中國戰線驟然緊張起來，因為日軍在華南與華中突然發動大規模攻勢作戰。此次日軍發動進攻，是基於以下三個動機。史迪威在印度訓練與指揮

日軍基層士兵，中美軍事高層

日軍士兵在漫長艱苦的中國戰事期間得空休息，他們的背上穿著寫著《蓮華經》符咒的背心，期望佛陀保佑，一路平安。右頁圖攝於 1944 年底，中央是雲南省主席、軍閥龍雲，他的兩側分別坐著空軍將領陳納德（右）以及魏德邁（Albert Wedemeyer）將軍。史迪威一開始時，輕蔑地認為龍雲是個「可笑的小公鴨」，不過後來他就清楚明白，龍雲和他麾下用栽種鴉片所得建立的部隊，控制了滇緬公路雲南這一端，以及大量的糧食囤積。在這張照片拍攝的時候，魏德邁（史迪威的繼任者）已經接獲華盛頓的命令，解除陳納德空軍指揮官的職務。

的中國精銳部隊，此刻正在緬甸英勇作戰，另一支同樣由美軍協助訓練的國軍也從雲南向緬甸進攻，日軍節節敗退，因而準備藉由在中國戰場發動作戰，以遲緩其攻勢。再者，日本在太平洋各島上與美軍鏖戰，戰事冗長、極其慘烈，但最後都以日本失敗收場，因此日軍高層希望在中國戰場締造一次大勝利，以提振漸趨低迷的士氣。第三，美軍的長程轟炸機，以重慶國民黨政府最東邊的統治區、位於江西省的機場起飛，已經能飛抵台灣，並對島上的日本軍事設施進行轟炸。

日本這次大舉進攻，代號為「一號作戰」，以十個精銳師團直撲華中，其目的首先是要切斷還在國民黨重慶政府控制之下碩果僅存的鐵路線；其次是要奪占河南和湖南兩省，因為這兩省供應國民黨大部分的糧食和軍隊的壯丁；第三則是要攻取並摧毀陳納德位於江西、廣西與貴州的空軍基地。在此之前，有法國情報單位向中國提出警告，但蔣介石的情報系統輕忽大意，研判這項情資是日本方面放出的假消息，因而未能採取任何作為。結果就是蔣介石遭遇自 1938 年以來最慘重的連串失敗。日本師團快速地由華中直下華南，大批國軍部隊一觸即潰，日軍幾乎達成所有他們原先設定的戰略目標。最後，日軍由於兵力過度延伸，再加上蔣介石緊急調來原先用於封鎖中共邊區的部隊南下堵截，國民黨終於在 1944 年 9 月，於貴州擋住日軍。重慶政府經此一役，不但在戰鬥中喪失了五十萬軍隊，更丟失了三個省份，因而完全與北方隔絕。自此，國民黨無法再有效封鎖共產黨邊區，也無法支援華北的國軍部隊，使這些軍隊遭到被日軍消滅的噩運。

在遭遇此次重大軍事挫敗之後，批評和反對蔣介石的聲浪愈來愈大；觀察中國局勢的中外人士現在以新的準確角度聚焦重慶政局。史迪威的幕僚、美國駐華使館、以及常駐中國的新聞記者全以鉅細靡遺的報導，記錄重慶的各種問題。於是人們開始發現：之前他們本來深信是全國抗戰司令台、民族堅強堡壘的重慶，實際上竟然是一個充滿陰謀與受賄的腐敗中心，是一個與地方軍閥結成脆弱同盟的政權，它以惡劣、羞辱手段強制拉伕充軍，更以繩索將這些被抓的壯丁綑成長長的隊列，以防他們脫逃，然後將他們直接送上火線；根據一項當時的統計，最多有一百四十萬名被抓伕充軍的壯丁，還沒來得及上火線與日軍交戰，就因為疾病或不當管教與虐待而送命。此外，批評蔣氏的中外人士，對於貨幣與黑市的各種炒作與詐欺，還有政府無能制止的通貨膨脹，全都深深感到震驚。更有甚者，對於農村社會長久以來面臨的饑饉和其他天然災害，國民黨政府的顢頇麻木也令人感到匪夷所思。與上述相反，對於遭封鎖的中共邊區的少數報導，幾乎都是充滿浪漫情調的正面描述，有如描繪誠實、樸素與農民勇氣等純樸美德的傳播者。而這種形象更因 1944 年赴延安考察、被稱為「迪克西使團」（Dixie Mission）的美軍延安觀察組提出的報告而得到加強（譯按：「狄克西」原指美國南北戰爭時期的南方各州，美軍以此作為中共邊區的代稱）。史迪威先前即針對空軍基地可能遭受日軍攻擊多次提出警告，事後證明他所言不虛，對此，他感到洋洋自得，不過同時卻對國民黨的軍事前景深感悲觀。他成功說服華盛頓，對蔣介石施加更大的壓力，逼迫他改革軍隊，重新整頓指揮體系，使之符合現代軍事標準。史迪威接下來以完全不合外交規範的直率，向蔣傳遞來自華府的多項指令，遂逼使蔣別無選擇（如果他還想保留任何尊嚴的話），只能要求美國將史迪威召回。（譯按：

蔣介石要求美國召回史迪威的關鍵，在於史以各種手段，明壓暗奪，企圖掌握全部中國軍隊的指揮權，是「侵犯中國主權的行為」，蔣遂無法再容忍。參見楊天石，〈蔣介石與史迪威事件〉，《找尋真實的蔣介石：蔣介石日記解讀》，香港：三聯書店，2008 年，頁 407。）由於擔心蔣可能完全退出對日作戰，美方在 1944 年底勉強同意了他的要求。

在遭遇「一號作戰」及史迪威事件帶來的連番衝擊之後，1945 年對中國戰區來說算是比較平靜的一年。之前在 1943 年，蔣介石曾經和羅斯福、邱吉爾一起，出席盟國在開羅舉行的高峰會議，決定戰爭的未來走向，可是當 1945 年 2 月，羅、邱二人到雅爾達（Yalta）與史達林會合，召開一場更為重要的領袖會議時，蔣卻未受邀請。為了促使蘇聯盡快投入對日作戰，雅爾達會議所達成的各項協定，和 1917 年一次世界大戰後日本和同盟國的各種作為一樣，嚴重侵害了中國的領土主權。史達林獲得英、美保證：只要蘇聯參戰，日本將返還所有侵占自蘇聯的土地，恢復沙俄時代對中國東北旅順港的控制，並重新確保蘇聯在滿洲鐵路的各項特權。英、美在對蘇聯作出上述這些承諾以後，甚至沒有通知中華民國。

在史迪威之後，有更多的美國軍事顧問隨他的腳步來到中國；大致上來說，他們仍然繼續執行史迪威的政策（只不過他們的手法更為高明）：保持幾個師的中國精銳部隊，並裝備新式武器，如此一來，中國軍隊便能在日後盟軍大舉反攻日本時扮演主要角色。1945 年春季，接替史迪威的魏德邁將軍與國民黨共同制定了一項代號為「冰人」（Iceman）的反攻作戰計畫，預定在秋季發動。然而「冰人」計畫還沒來得及實施，美國就已經於八月時在日本長崎與廣島投下原子彈，數日之內日本便無條件投降，而在此之前，史達林的大軍按照雅爾達協議，如潮水般湧入滿洲國，占領中國東北，逮捕「皇帝」溥儀。戰爭突然結束，令人不知所措，世界戰略格局已然改變，而此時蔣介石的主力部隊卻還滯留在中國西南。

中國現在的當務之急是爭取一段休生養息的時間，使國家重新統一，政府重新建構，並且讓因戰爭而精疲力竭的人們恢復過來。八年對日戰爭結束，中國在戰場上犧牲三百萬

站住搜身

這三張照片呈現北平在日本占領期間的其他面向。1941年2月，北平經歷了一個嚴酷的寒冬，一夜凜冽寒風過後，街上出現不少因凍餓交加而身亡的遊民屍體。左頁上圖即為市政府衛生局派員收殮，一旁還有貧窮的孩童在圍觀。裝殮屍體的簡易棺木上頭標示「普善山莊」的字樣，那是一處位於市郊的殯儀館。左頁下圖是一群頂著西方時髦髮式的交際花，在返回接客之前偷閒放鬆一下。右頁照片攝於一家電影院外，一名傀儡政權的警察正對著一位穿長袍的單車騎士進行搜身，以防他攜帶武器或反日宣傳品。

通敵者與敗戰的一方

左圖中，1941 年底，汪精衛向納粹德國駐南京的外交官員敬酒。汪與蔣介石之間既曾是政治盟友，又是競爭對手；1938 年時，他對中國抵抗日本的能力完全失去信心，因而試圖與日方達成停戰和平協定。1940 年時日本扶植他成為南京傀儡政權的首腦，汪在他的政權轄區裡仍然張掛中華民國的國旗。右頁下圖中，頭戴氈帽的褚民誼剛結束一場庭審，他曾留學海外，是汪精衛的親近友人。褚民誼在汪政權裡擔任廣東省長，戰後於 1946 年 8 月遭到槍決。右頁上圖中是一群戰敗投降的日本軍人，正在接受國民黨政府軍醫在遣返回國前的最後一次身體檢查。二次大戰結束後，在華日軍的總數約有一百多萬人。

人，至少一千八百萬平民死亡，戰爭更造成九千五百餘萬名流離失所的難民。財產的損失超過一億元美金。然而戰後的中國卻沒有喘息的機會。蔣介石在美國空軍的協助下，試圖將他的嫡系部隊運往沿海各重要城市，接受這些地方的日本軍隊投降，但是這項任務極其艱鉅複雜。延安的軍隊現已搶先開入東北，他們不但搶在國民黨前頭，還與占領東北的蘇聯軍隊建立聯繫，藉此獲得蘇聯繳獲的大量日軍武器裝備。

昔日對故土的眷戀，現在重新呼喚著因為戰爭而離鄉背井的人們。奉蔣介石號令的南方軍閥希望能待在自己的地盤，不願意北上。那些因為抗戰而失去家園的人們，現在急忙回鄉，想要收回在日本與傀儡政權統治多年下的財產。這些通敵人士建立的傀儡政權，統治的幅員之廣，延續的時間之長，都表明有數以百萬計的人，將會因為不同的認定方式，被安上「漢奸」的罪名，而對這些「漢奸」的報復相當猛烈。汪精衛在戰爭結束前便已死去，因而能免於遭受叛國罪名審判並處死的恥辱；但是北平政權的首領王克敏，於日本投降後就立刻遭到逮捕，日後瘐死獄中。溥儀則是被蘇聯軍隊俘虜，他在 1950 年被遣返中國、交給共產黨人之前，坐了五年的俄國大牢。這些傀儡政權領導人的家人和幕僚，有不少因為他們暫時的作為而遭到逮捕，甚至被判處死刑。然而，由於國民黨人急於尋找忠實的政治盟友，以協助他們重新掌握新收復的城市，他們堅持豁免許多大漢奸的罪責，因為這些通敵

者的行政與政治手腕，是國民黨當前所迫切需要的。而使問題變得更加複雜困擾的是，有數千名劣跡昭彰的通敵人士，其實是被戴笠和他的情報機構所吸收的雙面諜報人員。他們當中有很多人只和戴笠單線聯繫，在戴笠因飛機失事身亡後，這些雙面諜就斷絕了證明自己真實效忠對象的唯一管道。由此可知，在那些於 1946 年經短暫審理就以叛國罪被判處死刑的人當中，應該有不少人實際上是國民黨的忠誠支持者。

這場漫長的戰爭也使中國知識份子發生分化，使得許多人與國民黨分道揚鑣，走上不同的道路。那些戰爭時期留在上海、南京或北平以求繼續他們研究事業的知識份子，戰後被當成通敵的「漢奸」，受到不公平的侮辱。而那些選擇加入諸多戰時宣傳隊伍以支持國民黨抗戰的人士，則經常不滿於黨的陳腐辭令，更對他們親身見證的貧窮苦難感到失望與幻滅。北方幾所重要大學的師生，很多人在 1937 年到 1938 年間往南方疏散，他們長途跋涉，歷盡艱辛，好不容易才到達西南，在雲南昆明的「西南聯大」重新安頓下來（譯按：「西南聯大」全名為「國立西南聯合大學」，由北京大學、清華大學、南開大學三校合組而成）。西南聯大師生在昆明生活在一個奇特的環境裡：雲南軍閥龍雲與國民黨政府有著多年分合恩怨關係，然而同時他們卻又受到美國文化與民主政治一定程度的影響。由於通貨膨脹一發不可收拾，他們飽受打擊，薪水都被吞噬殆盡，而就像其他許多作家和藝術家一樣，聯大師生

也對國民黨試圖加在他們頭上、那種嚴厲而欠缺想像力的圖書著作檢查感到不滿和憤恨。那些相信自己能夠在國民黨和共產黨治理下做出民主選擇的人們，已經親眼見到國民黨的警察和特務滲透或破壞他們的集會，並且逮捕集會領導人。國民黨種種不法濫權的行徑，至1946年時的昆明到達最高峰：被認為是當時中國最優秀詩人的聞一多，同時也是一位民主人士，他在昆明被特務刺殺殞命，據說是蔣介石所下的命令。聞一多唯一顯著的「罪狀」，就是幾天前他曾在一名遇刺友人的追悼大會上演說，憤怒地抨擊政府。（譯按：1946年7月11日，經常抨擊國民黨政府的民主人士李公樸在昆明街頭遭槍擊，隔日不治；十五日，聞一多在追悼李的集會上演說，嚴詞抨擊政府，下午即遭暗殺。此二案震驚全國，蔣介石下令立刻徹查，很快便宣告偵破：凶手是昆明警備司令部的兩名低階軍官，經審訊後立即槍決。但國民黨政府事前不能管勒情治系統，事後又處理此案不當，造成惡劣影響，使知識份子、學生及輿論均同情中共。）

人們或許會認為，中共邊區治下的知識份子，在戰時的種種失望和幻滅，與國民黨治下的知識份子頗有類似之處，因此國共雙方在這方面可說不分軒輊；但實際情況並非如此。對於黨持續施加在他們身上的壓力，對於「毛澤東思想」教條的歌頌，對於延安「抗日軍政大學」以刻板的政治實踐論，以及馬克思、列寧階級分析觀點作為課程的核心思想，確實引起若干人的不滿與怨恨。但是大多數人顯然真心相信，中共是建設一個強大又團結新中國的最佳選擇，或者，他們並不認為民主政治能夠在當前的局面下生根茁壯，又或者，戰時「整風運動」的經驗及小組學習會的鬥爭過程有效的形塑了他們的想法，使他們能夠接受當時盛行的毛澤東社會階級分析理論。在他們看來，共產黨人至少有可能建立起一個正

直（儘管可能很嚴厲）的政權，這樣的政府，才能夠致力於防止外國帝國主義勢力在中國死灰復燃，也才能夠對付明顯存在於貧困的農村社會和產業勞工之間種種不公平的現象。

蔣介石在此時犯下許多錯誤，使他原本就已危險的處境變得更為嚴重。他不顧幕僚提出的警告，堅持派遣大批麾下最精銳的部隊前往東北，以防止中共在當地發展勢力，結果使得國軍兵力過度延伸。他默許戰後還鄉索回土地的地主，使用超逾常格的暴力與殘酷手段，對付那些戰爭時期在中共土改下分得土地的農民。蔣氏明知延安已不再是中共的重要指揮中樞，仍然投注極大的心力與人力，發動一場曠日費時的戰役，只為了收復延安；中共中央在國軍於1947年進攻之前，就已撤離延安。儘管他發起多次金融改革，想防止中國飛快暴漲的通貨膨脹，最後全歸於失敗；而他的左右親信以新發行的貨幣公然囤積倒賣，更加速了改革的失敗。他容許國民黨軍隊對剛回歸的台灣民眾進行不必要的殘酷報復，將台灣人當成通敵漢奸，加以懲治與勒索。國民黨收復台灣，

最後的努力

為了避免中國在對日戰爭結束後陷入內戰，美國方面設法，在 1945 年 8 月促成毛澤東到重慶與蔣介石會談。照片中，毛坐在吉普車前座，後座乘客裡，頭戴一頂小禮帽的是美國駐華大使派崔克·赫爾利（Patrick Hurley）。毛澤東與蔣介石的會談，最後以失敗收場，因為蔣氏認為自己居於優勢。內戰烽火很快重新點燃，蔣派他麾下最精銳的部隊到北方，結果被共產黨徹底消滅。右頁照片是 1947 年時一群國民黨的敗兵，正在等候撤退到南方的火車。左頁下方照片裡，時間是 1940 年代晚期，地點在上海，一名被憲警逮捕的中共份子，他的雙手被反綁，即將遭到憲兵、上海市警察及便衣憲兵的處決。

結束五十年日本的殖民統治，並沒有帶來歡欣鼓舞的局面，反而激起台灣人在 1947 年 2 月起來對島上的國軍暴動（譯按：二二八事件）。這次事件後來遭到軍警的殘酷鎮壓，造成一萬人以上的台灣民眾死亡，當中有許多是有影響力的地方領袖，或知名的知識份子。這次事件在台灣人心中留下許多痛苦與怨恨，將會延續好幾個世代。

最後，蔣介石沒辦法成功運用美國的善意、軍事支持、以及仍然可以支配的潛在資金。不可否認的，美國的對華政策確實搖擺不定，但其核心訊息卻一直非常清楚：中國應該盡力避免在戰後不久即爆發新的內戰，中國應該推動有效的社會改革，而蔣至少應該嘗試尋求在他的政府建立起某種形式民主進程的可能性。為求這些目標的實現，美國駐重慶大使安排毛澤東在美方給予人身安全保證之下到重慶，與蔣介石就戰後國家統一問題進行初步會談。杜魯門總統還派喬治·

馬歇爾（George Marshall）將軍——他之後因為在歐洲推行「馬歇爾計畫」而聲名大噪——到中國來調處國共衝突。馬歇爾設法讓雙方短暫停火，並且計劃召開政治協商會議；可是，由於蔣介石後來拒絕這些和平方案，使得政治協商會議的決議都無法實施，內戰再次開打。儘管美國對上述事態發展感到失望，但還是把現在不需要的戰爭物資送給國民黨，並且派海軍陸戰隊進駐重要港口，為國軍把守交通設施，即使這些舉措再次引起中共對美國的敵意。如魏德邁將軍這樣具有中國經驗的美軍高級將領，此時也回到中國協助國民黨。

但後來事態的發展證明：沒有了日本侵略做為舉國一致對外的刺激因素，蔣介石就不可能維繫住他已搖搖欲墜的政權。儘管蔣的精銳之師猛烈進攻，但是在東北的共軍，由黨內最有指揮才能的將領之一、過去的黃埔學生林彪統率，守住了滿洲北部，而同一時間，共產黨的游擊隊有如星火燎原，

紅星照耀中國

1949 年夏季，一名頭戴草帽的上海市民，站在歡迎解放軍入城的慶祝遊行隊伍邊緣，手上拿著一副標語，宣稱他將「全力鞏固國防」。在他背後，遊行隊伍的鼓手在共軍總司令朱德與毛澤東的畫像下方行進。

這年夏天稍後，上海的孩童們爬上外灘一棟堂皇建築挑高廊柱的溝槽上，以便更近一點觀察他們的新統治者。

攝影：薩姆・塔塔（Sam Tata）

在國民黨的戰線後方到處發展。到了 1947 年，共軍遵照毛澤東的指示，放棄原來的游擊戰術，改為各軍協同的正面攻擊。國軍部隊由於指揮拙劣、士氣低落，又因為在這場內戰當中「不知為何而戰」，使得他們雖然有美國提供的最新武器裝備和美方在技術訓練上的協助，仍然喪城失地、無法守住華北的各大城市。時間來到 1948 年底，共軍已經逼迫國軍主力撤出華北，其他部隊則開始潰散。1949 年 1 月，北平不發一槍一彈，落入共產黨之手。當時一位身在北平的西方人卜德（Derk Bodde），在他的著作《北京日記》（Peking Diary）裡，記錄下北平「和平解放」的這一幕：

在他們隊伍最前列，駛著一輛宣傳車，上頭持續播放口號：「熱烈歡迎解放軍進北平！歡迎人民的軍隊進北平！慶祝北平人民解放！」……在這輛車後方和兩側，大約有兩、三百名共軍士兵，全副武裝，六個一排，行軍而過。他們行進時精神抖擻，看上去很熱，好像已經走了很長一段路了。所有人臉色紅潤，看起來身體強健，士氣昂揚。他們行軍列隊走過街衢時，在人行道上圍觀的群眾……爆出一陣掌聲。

　　在蔣介石率領麾下高級官員撤退到台灣、他們事前精心準備的基地時——在此之前，國民黨已將故宮博物院裡最精緻的國寶、檔案文件和剩餘的國庫黃金儲備搬運到這裡——中共的兵鋒已經迅速指向長江。四月，共軍不戰就拿下了蔣的首都南京；五月底，上海隨之陷落。1949 年 10 月 1 日，正當共軍部隊向重慶和廣州大舉進攻的同時，毛澤東站在已重新改名為北京的天安門城樓上，宣布「中華人民共和國」已經正式建立。

8

CHAPTER

1949-1957
共產新中國
A COMMUNIST STATE

　　新建立的中共政權立即面臨一連串艱鉅的挑戰，其中最重要的一項或許便是要結束中國近四十年來的內戰狀態，完成統一大業。在短短數月之內，一部分中共軍隊南下推進，占領廣州，而另一支大軍則向國境西陲挺進，進入新疆。自從1920年代以來，新疆這個主要人口大多為穆斯林的廣袤地區，一直為蘇聯和各個大小軍閥政權所割據擺布。不論新疆宣布獨立、不奉中國號令，或是成為蘇聯扶植的傀儡國家，都將對中國的西方邊境造成巨大的威脅。但是，在不到一年的時間裡，中共將其控制範圍從烏魯木齊（新疆省會，舊稱迪化）擴展到了喀什（Kashgar，原名疏勒）。此時蒙古已成為其陣營底下的衛星國家，蘇聯對此十分滿意，因此把新疆留給了中共。

　　中共在發動第三次統一全國的軍事行動中，派出一支強大的部隊向南穿越青海省境，進抵西藏首府拉薩。在之前軍閥混戰與對日抗戰的歲月中，西藏一直保持獨立自主的狀態，中國對這個地區的控制向來極其有限，還時常遭受藏人和列強勢力的干擾。現在，中共的大軍打著「解放」旗號進軍西藏，即使有若干藏人對此提出異議，質疑「究竟要解放什麼？」共軍仍舊宣稱西藏人民正與「封建迷信」和階級剝削進行鬥爭。入藏共軍輕易擊退了弱小西藏軍隊的抵抗，於1950年10月控制了全部康區（Kham，西藏東部）。經此一役，他們展現強大的軍事實力，好整以暇地等待藏人屈服。果然，1951年春季，在尋求聯合國介入干預、但回應杳無音訊之後，時年十五歲的西藏統治者、第十四世達賴喇嘛決定向中共讓步，接受「和平解放」。

　　中共雖然承諾西藏維持一定程度的宗教自主，並將之更名為「西藏自治區」，但顯然中共的軍隊已經進駐、控制西藏全境。現在看來只剩下香港和台灣二地還未受到中共鐵蹄的肆虐。由於英國仍然在遠東地區存在著強大影響，儘管殖民地香港在陸上或海上都沒有防禦能力，但中共為了不冒險與英國對抗，沒有試圖入侵香港。另一方面，奪取台灣將是「解放戰爭」的最終目標，並且終於能一雪日本於1894年打敗中國的恥辱。於是人民解放軍的主力部隊紛紛調動到東南沿海的福建省，與海峽對岸的台灣，以及仍在國民黨控制之下的金門、馬祖群島對峙。

春泳

1950年代末期，毛澤東與黨內高幹的子弟在江西的風景名勝廬山度假。毛澤東很喜歡游泳，這項運動同時也可以展現他的充沛活力。不過毛主席游泳，經常令他的警衛員和醫生感到不安，因為有時候他得在有動物和人類排泄物的水域中游泳。在毛掌權期間，經常使用與水有關的意象，直到他晚年時才被「紅太陽」所取代。

冷淡的同盟

毛澤東（左）於 1949 年訪問蘇聯，與史達林見面。史達林對毛獅子大開口，而吝於向他提供援助，但是毛對蘇聯真正憤怒的回應，卻是要等到 1956 年才出現，當時為站在這張照片右側的赫魯雪夫（Khruschev）清算史達林的時候。

活躍份子分配田地

中共發動的土改是一個極為複雜的事業，因為其目標在給予「剝削者」懲罰，給「受害者」以獎賞，而其間則以對黨的忠心、以及戰爭時所受的苦難作為評判給田與否的標準。土地的價值必須經過計算，將土壤的型態、灌溉和侵蝕都考慮在內。

攝影：時盤棋

1949 年 12 月，生平頭一次出國的毛澤東抵達莫斯科，準備會見史達林。與長期掌權的史達林相比，毛澤東只能算是最近崛起的暴發戶。況且，儘管在中國這個世界上人口最多的國家，毛帶領中國共產黨打下江山、取得重大勝利，但是中國與蘇聯之間的關係仍然十分緊張。這樣的緊張關係，可以追溯到 1920 年共產國際早年對中共頤指氣使的那段時期。毛澤東抵達莫斯科時備受冷落，他還枯等了好幾天才得以與史達林會面。毛、史雙方隨即就中蘇新條約的條款內容展開討價還價的談判，過程既冗長又艱難；到了 1950 年 1 月，毛澤東將最近內定出任新政權總理的周恩來召來莫斯科，加入談判陣容。周恩來在延安時期以及戰爭剛結束那年，在重慶和美國人、國民黨周旋時，都展現過他高明的談判手腕和溝通技巧，他的到來，使得談判出現轉機。1950 年 2 月，新條約終於簽訂，中蘇兩國同意，在日本或某一「與日本同盟的國家」——暗指在日本戰後復興過程中扮演主要角色的美國——對兩國其中之一發動攻擊時，另一國應立即提供援助，蘇聯另提供中國價值三億美元的信用貸款。作為回報，中國應承認蒙古的「獨立」，並接受蘇聯參與中國長春鐵路的經營管理，以及續租大連、旅順兩港口的使用權。其他的協議還包括中蘇在新疆合資成立公司，蘇聯將透過此一公司，協助開發新疆油田、天然氣以及有色重金屬，同時也是這些油、礦產的當然受益者。（譯按：新條約全名為《中蘇友好互助條約》。1945 年時，國民政府曾與蘇聯簽訂《中蘇友好同盟條約》。在 1945 年國民政府與蘇聯簽訂的條約中，便已承認外蒙古可經由公民投票獨立，旅順、大連兩港由蘇聯繼續使用，以及蘇聯參與東北鐵路的經營等；新條約裡，蘇聯聲明將於 1952 年自旅順撤軍。）根據條約而簽訂的《中蘇民航協定》則開啟了北京與伊爾庫茨克（Irkutsk）以及蘇聯東部其他城市之間的定期航空運輸。

蘇聯還向中國派出各類技術顧問，尤其是工程與建築這兩個領域；中國的都市重建計劃因而引進史達林式的大型建築，尤其在政府辦公樓、國營飯店和鐵路車站等建築上，更是相當明顯看出蘇聯式樣的獨特凝重建築風格。受到蘇聯的影響，中國仿效莫斯科的紅場，將紫禁城天安門前一片廣闊區域闢建為廣場，作為舉行大型政治集會遊行的場地。廣場兩側建起堂皇宏偉的人民大會堂與人民革命軍事博物館，中央則計畫豎立起人民英雄紀念碑。這時，有一批建築師和建築史學者組成的請願人士，呼籲新中國的建築要更符合傳統建築風格，他們的請願遭到當局駁回。在這群請願者裡，理念先進的清末哲學思想家梁啟超之子梁思成就名列其中。梁思成提議設置人民公園，將明清時期的北京城樓、城牆納入園區。北京城樓與城牆以其建築之美舉世聞名，但是被近代的都市計畫官員視為都市更新的麻煩，同時也帶來交通問題。梁思成的提議被認為不切實際且封建保守，因而遭到拒絕。老北京宏偉的城門與城牆陸續遭到拆除，原來佇立著這些城樓之處，如今闢建成一條條寬廣簇新的幹線大道。

儘管梁思成的家人親友與民國有著很深的牽扯，梁氏本人也曾經對國民黨寄有厚望，他卻決定留在共產黨統治下的中國，這也是其他成千上萬知識份子和藝術家的選擇。中共積極地以愛國精神與建設「新中國」的責任向知識份子喊話，並對他們承諾，如果他們留下來，將獲得體面的薪津和要職。中共也以類似的動作招攬在歐美從事研究的著名知識份子回歸祖國。許多人響應，不過他們過去並不是中共的支持者，對共產黨的歷史所知甚少，對於其意識形態更是認識不深。那些家境富裕、或是出身書香世家的歸國學人，看到共產黨維持各式各樣代表民意的機構（像是人民政治協商會議）的表現，認為共產黨依然容許黨外人士有發言權，於是便放下

了心。在這些機構的領導層中，既納入了前軍閥、民國時期的政客、以及投共的前國民黨資深黨員，也有大學院校與研究機構的領導人物和工會的首領。在這些人當中，竟然也有若干在國民黨當政時期和青幫走得很近、或是和其他極度反共的幫會有密切關係的人物。

日後，這些回國效力的人士，有不少人將會在痛苦中後悔當初他們「回歸祖國」的決定，因為他們後來遭到關押監禁，並且被迫參加「學習小組」——在小組內黨性堅強的份子施加的強大壓力之下，他們「老實交代」各種據說是布爾喬亞小資產階級的罪行及過錯。可是在中共建國初期這段期間，由海外回歸中國的作家、畫家和科學家——從知名小說家老舍到若干世界頂尖的火箭專家，都給了中共一種「四海歸心」（cosmopolitan）的光輝形象，而其他國家率先給予的外交承認，也有相同的效果：先是共產集團諸國承認中共為中

國合法政府，接著在三個月內，緬甸、印度、巴基斯坦和錫蘭相繼與北京建交，然後挪威、丹麥、芬蘭和瑞典也隨之承認北京。中國的外交目標還包括孤立台灣在內，不過此時退到台灣的國民黨政府，仍然保住其在聯合國及安全理事會上代表中國的席位。因此，當英國準備承認新中國時，北京拒絕接受，因為英國還與台灣維持正式外交關係。

為了加強對國內各地區的控制，中共將全國區分成六大行政區，每區由四名黨內資深領導人出任政治局常委，分別代表黨、政府、人民解放軍駐軍的政治委員及指揮員。在某些大行政區，出現同一人兼任上述三項行政區職務、甚至四項職務的情形，這種情形使得該名領導人手握重權。可能破壞秩序的潛伏份子被揪出來集中關押。所有人民持有的武器一概上繳。新政府以嚴格的物價管控手段遏止了通貨膨脹。所有的娼妓都被迫向當局登記，並強制接受「再教育」。鴉片

禁止販售。城市與農村的基層行政職位，都由中共黨員出任。

中共現在以滿腔熱誠繼續深化、擴大土地改革。雖然沒收土地的範圍僅限於被認定為地主和富農者，占全國人民很小的比例，但仍然牽連數百萬人。中共為了實行土改，招募了數十萬青年學生，對他們施以革命理論的速成訓練，然後派遣他們到廣大農村，和在地的資深黨幹部一同工作。中共以往在江西蘇維埃、延安以及內戰時期所使用的土改技巧，如今益發熟練而有效率。地方幹部查明人民群眾指控的「剝削者」，動員群眾召開的鬥爭大會，對於被判有罪者進行群眾公審等場合，通常接下來就是當眾羞辱，毆打甚至處死，這種情況日漸普遍。上述這些土改流程讓一批潛在的革命領導者嶄露頭角，他們讓數以億萬計的農民、原來沒有田地的堅定窮苦勞動大眾，與黨站在一起──因為他們都分配到一小塊被充公的土地，這使中共初次嘗到發起大規模革命行動的滋味。那些被劃分為「中農」或小康者，中共允許他們保留自己名下的土地和牲口，但也鼓勵他們組成合作生產大隊，和隊上農民共用耕作牲畜和耕地，然後按照他們所付出的勞動比例，從提高的農業產量當中獲取報酬。

中華人民共和國建立的頭一年，形勢相當嚴峻，前途難以預測，不過同時也為中國帶來了希望，因為這個飽受摧殘的國家，似乎已經踏上艱辛的重建道路。雖然國家力量侵入社會生活的許多面向，不過，要不是韓戰在 1950 年夏初爆發，中國或許能避免隨後發生的許多超乎常態的暴力與強制脅迫。根據史料顯示，中國和強力主導北朝鮮政權成立的蘇聯不同，在戰爭爆發之前並未得到警報。這時中共預備用兵的方向是西藏、以及與福建一海之隔的台灣。但是聯合國很快地以麥克阿瑟（Douglas MacArthur）將軍為總司令，率領聯合國軍到朝鮮半島；而麥克阿瑟隨後大膽的在韓國仁川搶灘登陸，對北朝鮮軍隊進行側翼包抄，聯合國軍有直逼中國邊境的態勢，北朝鮮的軍事局面驟然逆轉，這些局勢發展都帶給中國領導當局巨大的壓力。到了 1950 年 10 月，成千上萬的中國軍隊從福建和其他地區調往北方，許多部隊更祕密穿過北朝鮮邊境。

中國方面一直堅稱這些部隊都是所謂「中國人民志願軍」，當中許多士兵都是新入伍的參軍者；但是其實這是一次正規軍大規模的軍事行動，由毛澤東拍板決定出兵，以彭

德懷為志願軍指揮員。彭德懷是經歷過江西蘇維埃時期和長征的資深將領，他最著名的事蹟，就是 1940 年在華北對日軍發動「百團大戰」。這些戰役引來日軍慘烈的報復作戰，最終使得中共的建軍發展推遲了兩年以上。可是，當年的「百團大戰」集結了四十萬中共部隊，對抗擁有先進武器、訓練有素、作戰能力強的日本正規軍，不但摧毀日軍的交通線，更遏止了其進攻態勢。這完全就是今天中國在朝鮮半島面臨的戰爭型態：武器窳劣、裝備簡陋的中國軍隊，要對上以美軍做為全軍攻擊矛頭，擁有制空權、而且具備壓倒性重砲火力的聯合國軍隊。儘管中國軍隊缺乏冬衣、沒有足夠的彈藥、交通運輸非常不便，也欠缺工程技術，他們仍舊以極大的勇氣，對聯合國軍防守的據點進行「人海戰術」式的猛攻，造成雙方重大的傷亡。到了 1951 年夏季，西方威脅要對中國進行核子攻擊，而中國則指控西方使用化學武器，韓戰陷入曠日持久的僵持局面。激烈的戰事奪去了數十萬中國士兵的生命，但是彭德懷手上仍然握有超過七十萬人的「志願軍」兵力。最後雙方簽訂停火協定，劃分南北韓的界線大致又回到先前戰事爆發之處，但是毫無疑問的，新中國竟然能遏止聯

合國軍的攻勢，並且扭轉了這場戰爭的整個態勢。

從長遠來看，韓戰對於中國的影響，在情感和組織結構層面遠大過軍事與戰略方面。這場戰爭的性質，以及引發戰爭的緊張局勢，使得中共對於美國抱持著長期的恐懼與不信任，同時對於自身治下的人民忠誠度有偏執妄想式的懷疑。雖然二次大戰時有許多美國觀察人士對中共延安邊區抱有同情與好感，新中國的領導人還是認為，從大方面來說，美國並不站在中國這邊。可是，美國卻在國共內戰時期及其後大力協助國民黨，不但提供空運、幫忙運輸部隊、給予物資和派出顧問，還在 1950 年初繼續支持國民黨在聯合國的中國代表席次。在韓戰爆發之後，杜魯門總統立刻下令美國海軍第七艦隊巡弋台灣海峽，就此阻斷了中共渡海攻取台灣的任何可能性。聯合國軍隊在韓戰時造成中國軍隊的巨大傷亡——據估計高達九十萬人之多——全被算在美國人的帳上。中共還指責美國，竟然協助將一萬四千多名韓戰的中國戰俘遣送到台灣，而非中國。在中國國內，現在將這場戰爭稱為「抗美援朝」之役。

中共官方為了「抗美援朝」發動募款、號召志願參軍，

「封建迷信」

韓戰為中國帶來的其中一個效應,就是中共官方加緊其掃除「資本主義成分」的力道。基督教、天主教的教會、教堂被勒令關閉,其他宗教則受到壓制,神職人員則強制接受「再教育」,以適應「解放」後的新社會。像左頁上圖的道士,以及下圖的佛教尼姑都受到影響。至於右頁圖中的西藏喇嘛,他們失去了俗世的政治權力,但是在其他方面的影響力,一直到 1959 年西藏爆發反共暴動以前,都不受影響。

攝影:海達・莫里遜

並說服人民接受因為糧食與物資支援前線所造成的緊縮局面，這一切全都轉化為人民對所有西方人士的滿腔怒火。雖然大多數在華的西方企業職員和傳教士早已被迫離開中國，還是出現了一場尋找替罪羊和受害者的排外清算，針對那些有外籍密友或親近友人者、受過外國教育或有外國工作經歷者、或者是那些改宗皈依基督教或與外籍傳教士相熟的人。對教堂以及外國企業的攻擊，讓原本就因為接管外國產業、並將之收歸國有而導致的緊張局面更形加劇。迄今為止，以人民群眾進行鬥爭和批評的做法，主要是針對思想冥頑不靈的知識份子和地主，現在打擊對象逐漸擴及到中國的資產階級、官僚體系、以及所有牟取暴利和涉嫌貪汙的罪犯。僅就廣東一省，根據一項當時的報導，就處決了三萬人。他們在行刑之前，通常只有一場極為敷衍草率的審判。之前根據一個人的階級成分與家庭出身背景來劃分敵我的「戴帽」行為，現在變得益發嚴厲而且普遍。既然這種「戴帽」的恐怖情況如此蔓延，人們對官方教條也就愈發順從，直到最後，許多人連政府最極端激進的政策也都默許了。一般人想要置身事外、遠離政治鬥爭，也變得愈來愈困難；因為中共在 1951 年發起「三反」運動——即反對貪污、反對浪費與反對官僚主義，選擇不參與這類大型政治運動的人，將被視為自我招供有罪。隨即於 1952 年發起的「五反運動」則更為嚴厲、時間也更長。這次運動旨在「反行賄、反漏稅、反偷工減料、反盜騙國家資產、反盜竊國家經濟情報」，對付的目標在全部資產階級，打擊許多家庭與個人，使得很多人自殺，或是潛逃，以避免永無休止的群眾公然羞辱。

在史達林辭世，艾森豪（Dwight Eisenhower）繼杜魯門之後當選新任美國總統之後，韓戰終於在 1953 年達成停戰協定，中國也再一次能回過頭來，專注於國內的經濟恢復與重建。經濟建設以從 1952 年到 1956 年「第一個五年計畫」為主，這是一個蘇聯式的大規模建設計畫，特別集中力量在建設特定國營工業事業，像是採礦、煉鋼、煉鐵、重工業、鐵路、汽車以及電廠等。第一個五年計畫成功保障了都市居民的收入，遏止住通貨膨脹，而且重新建立了人民大眾對政府的信心。在這些成就當中，連通長江兩岸、鐵、公路兩用的南京長江大橋的設計與興建，就是一個很好的例證。這座大橋建成以後，正式開啟了由北京到上海不需間斷的快捷交通運輸——在此之前，長江北岸的所有乘客與貨物都必須先在浦口下車卸貨，搭乘渡船到南岸去。（譯按：第一個五年計畫完成的應是武漢長江大橋，1955 年在蘇聯顧問協助下動工興建，於 1957 年 10 月正式通車。文中提到的南京長江大橋，建成於 1968 年，已是第三座橫跨長江的鋼橋。）但是政治上的緊張壓力仍舊持續存在。新一波的政治風暴，是毛澤東突然宣布高崗、饒漱石「反黨」一案。高、饒都是手握重權的行政大分區重要領導人，其轄

馴服長江

千年以來，對中國人來說，長江這條大河一直是大自然力量龐大難以控管的象徵。在長江江面上興建跨江大橋向來未能實現，清廷與國民黨時期都缺乏足夠資源，難以動工興建橋樑。以北京為起點站的鐵、公路只能到長江北岸，乘客必須改搭渡輪才能到南岸。興建長江大橋是中共建國初期的優先建設項目，在蘇聯顧問工程師提供的技術協助下，使得建橋計畫得以實現。這張攝於 1957 年的照片可以看出，這座在南京附近的大橋，已經接近完工階段。（譯按：本張照片所攝大橋，應該位於武漢。）江面上的竹筏載運著搭建鷹架用的竹材。

攝影：馬克·呂布（Marc Riboud）

區一在重工業區密布的東北，一在經濟重鎮上海，他們兩人遭到指控，妄圖建立自己的「地盤」，公然違抗黨的紀律與團結。高崗在遭受抨擊之後自殺身亡，使其罪行更為加重，因為在黨看來，自殺乃是罪大惡極的叛黨罪行。

高、饒二人無懈可擊的革命經歷，讓指責兩人叛黨的諸般指控更讓人震驚。饒漱石是早期中共在武漢的工運幹部，抗戰期間成為江南一帶新四軍的領導階層。中共建國後，毛澤東對饒漱石非常信任，因此不但特別任命他為主管黨內人事升降、紀律的中央組織部部長（這個職務可能是任免中共人事的最重要位置），還讓他成為人民共和國新憲法的起草

小組成員。高崗則是在 1935 年、毛澤東帶領「長征」隊伍來到陝北之後，成為陝甘邊區的軍事指揮員；中共建國以後，高崗又在韓戰期間負責主管大軍的後勤補給供應。1952 年，毛澤東任命高崗為中央人民政府國家計畫委員會主席，監督第一個五年計畫的整體實施情況。這兩位位居如此高層的領導人，竟然因為所謂「反黨集團」與「個人野心」的空洞指控而宣告垮台——他們的罪狀根本找不到任何確證——顯現出此時中共黨中央陷入極度的軟弱和分裂，或許還能看出毛澤東愈發嚴重的猜忌偏執心態。

導致高崗垮台的其中一個原因（中共東北局至少其他六

名領導人，也隨著高崗的垮台，在 1954 年及 1955 年紛紛中箭落馬），可能是在會議紀錄中，高崗對於集體所有制企業的經營方式表達懷疑的緣故。正是在這個時期，中共中央遵循毛澤東路線，開始提出要對土地所有制和農村勞動模式做出激進變革；黨中央宣稱有一種「農村資本主義」再度捲土重來了。對那些觀察入微的人士來說，毫無疑問的是，儘管農民現在由於聯營資源集中的關係，在他們自有的土地上生產出更多的農作產量，可是他們對於整體經濟成長的貢獻卻減少了，這是因為成功的聯營企業農民只是吃得更多、生更多孩子，而那些境遇比較不好的農民就被迫賣掉他們的土地，然後又回到從前沒有土地的勞動模式。因此在 1955 年時，中共開始下令組建規模更大的「合作」農場。在這些農產合作社裡，人們或許還可以保留自有地，不過他們按照勞動比例所分得的農產額度將會減少，而國家以強制徵收為名、用不自然的低價購入的農產額度則會提高，而國家也會加大監督介入的力道，決定該栽種哪一種作物。理論上，國家徵收的剩餘作物將會挹注到工業部門，以擴大集體經濟企業的規模，保障現有的就業結構，養活更多農民工，而且還能保持農產

低價，以供應整座城市的人口。

高崗和饒漱石倒台所導致的一個明顯後果，就是毛澤東的權力和他所享的各種福利都增加了。毛澤東在北京的住所，位於紫禁城西邊沿湖而建的一處大院建築群，這裡警衛森嚴、林木茂密，名為「中南海」。在這裡，毛按照他自己的規律作息，不分日夜，只要他覺得方便，就在專屬他私人的游泳池畔閱讀，或召來手下的官員和幕僚談話。每星期例行舉行的舞會，讓黨內高級領導有大好機會，在華爾滋和狐步舞的曲調中和年輕女幹部往來。在這樣一個隱匿性高的環境裡，年輕女祕書和服務員就逐漸成為毛澤東找尋性伴侶的對象。毛的私生活裡有過好幾次感情上的波折動盪：在江西蘇區時期，他拋棄了自己的第一任妻子（譯按：楊開慧），後者後來被國民黨逮捕，並遭到處決。然後，在延安時期，毛又遺棄了第二任妻子（譯按：賀子珍），將她打發到蘇聯接受「醫療照護」，然後娶了第三任妻子、上海電影演員江青。結果江青惹得毛很煩躁，因為她疑神疑鬼，以為自己生病，又經常不肯就醫。不過雖然如此，毛還是擁有某種程度的家庭生活，花時間陪伴他第二和第三段婚姻生下的兩個女兒。至於毛的

毛澤東的家庭生活

儘管毛的家人經常發生悲劇——他的弟弟和第一任
妻子都在國共內戰期間被國民黨處死,他在第一段
婚姻時所生的兩個兒子,長子死於韓戰,次子則經
常出入精神病院——不過等到毛住進位於北京中南
海的舒適大院以後,他也有了一些機會,能夠一享
天倫之樂。左頁上圖裡,毛澤東正在為女兒李訥閱
讀,李訥是他和第三任妻子江青的獨生女,江青是
日後「四人幫」的領導人。左頁下圖攝於 1951 年,
毛和他第二任妻子在長征時所生的大女兒李敏,一
起瞧著李訥。照片裡的小男孩叫毛遠新,是毛澤東
死去弟弟毛澤民的孩子。毛澤東的私人醫生李志綏
說,李訥「刻薄,吝嗇,很是粗魯任性,」而李敏
則是「坦率、單純,有禮貌,只不過不大聰明。」
右頁照片中的毛澤東,正和故鄉湖南湘潭的孩童交
談。他才剛在湘江游泳,所以他的腳掌、小腿和浴
袍下襬都沾滿了泥巴。

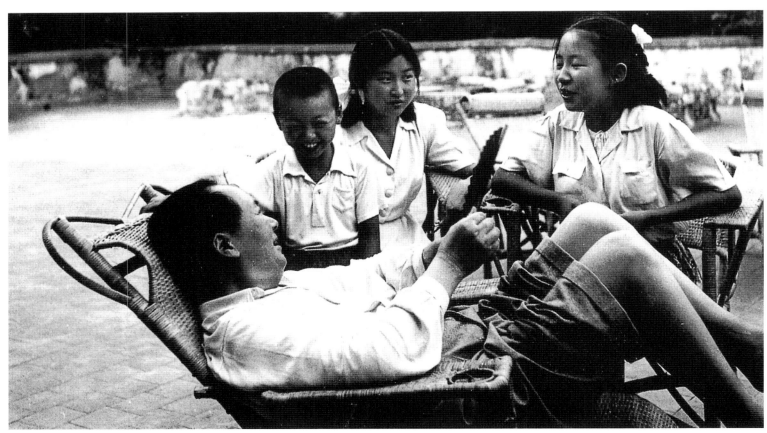

批鬥大會

地主是中共在 1950 年到 1951 年發動土改時的第一波鬥爭對象。到了 1950 年代中期，土改的層級繼續擴大，現在鬥爭的對象輪到家境較富裕的農民，就像左頁照片中，這位吉林省的農民一樣。右頁照片中，交通部長章伯鈞在 1957 年 7 月、三千名交通部職員召開的批鬥大會中遭到批判。才不過就在幾個月以前，毛澤東才鼓勵知識份子在「百花齊放」運動中，對黨提出批評建言，但是中共很快就發動「反右運動」，批判知識份子，場面就像這樣。

兩個兒子，都是他的第一任妻子所生，一個在韓戰時陣亡，另一個則有精神障礙，需要特殊照護。

在毛澤東不斷到全國各地去訪視的過程中，顯示出他個性裡躁動古怪的那一面。在他出席某地黨的重要會議，或是前往哪個城市裡他據為己有的度假別墅時，都是搭乘自己配備有起居室的豪華私人專列，身旁則是環繞著護衛人員。這時候他同樣也會找年輕女性取樂，其尋歡對象或者來自隨行的女幹部，或是任何地方被他看上眼而找來的女子。毛在發現他的專列遭到其機要室主任竊聽之後異常震怒，之後與竊聽有關的官員全數遭到撤職。在這些行程當中，毛澤東會精心安排公開露面的場合，並且和那些對他充滿敬畏之情的工人、學生和農民一同入鏡合影。他每到一地，還會帶著隨行人員一起到當地河流去游泳，盡情縱樂，這是一個經過仔細調整的公開宣示舉動，用來證明自己的不拘小節和身強體健——毛在 1953 年時，已經年滿六十歲了。這些出外訪視之旅除了讓毛放縱興趣和慾望之外，還能讓他與各省的大批官員見面，考察這些官員在毛提意見時的反應，並且私底下評估他們的性格與忠誠度。可是，由於毛此時身兼中國共產黨中央委員會主席、中央政治局主席、中華人民共和國人民政府主席、指揮人民解放軍的中共中央軍委主席等要職，又是中國社會主義革命的締造者，如此位高權重，很難知道到底有多少人民敢於向他說老實話。

在 1950 年代中期，毛澤東在各地的所見、所聞以及他讀到的資料，在在都讓他相信：黨正走在正確的路線上，而全黨上下基本上對他是忠心耿耿的；因此在這樣的情勢下，現在是時候了——可以稍微放鬆從 1942 年延安「整風運動」以來對知識份子思想與言論的控制，發動他們的積極性，使他們支持黨的路線。毛作出這個決定，時間點與蘇聯和東歐各國此時的情勢發展相吻合，或許這還是促成此一決策的積極因素。1956 年初，繼史達林成為蘇聯領導人的赫魯雪夫（Nikita Khrushchev）在蘇共黨代表大會上演說，公開譴責史達林的種種罪行。（譯按：1956 年 2 月 14 日，赫魯雪夫在莫斯科蘇共第二十次代表大會上演說，批判黨內存在個人崇拜現象。二月二十五日黨代會結束後，黨代表突然被召集參加祕密會議，赫魯雪夫在會上激烈抨擊史達林搞個人崇拜、破壞法治、迫害少數民族、實施個人獨裁等罪行。）這一演說同樣也很容易被解讀成是對毛主席的批判，因為在中國，毛的個人崇拜正愈演愈烈，他的著作更成為全國上下的必讀作品。赫魯雪夫還呼籲降低冷戰時期美蘇兩國之間的緊張對立，他在訪問美國期間，於大衛營（Camp David）和艾森豪總統會談時，又再次重申上述訊息。赫魯雪夫這一連串舉動，都與毛澤東反覆宣稱「蘇聯與資本主義集團衝突不可避免」、「東風最後會壓倒西風」的論調相牴觸。此時赫魯雪夫開始拖延各種中國方面給予更多技術援助的請求，甚至包括他先前答應協助中國發展核武器、讓中國學生進入蘇聯位於都布納（Dubna）的核子研究所學習先進技術的承諾在內，他似乎想刻意強調自己的決定，逼使中國就範。

到了 1956 年底，由於赫魯雪夫的新立場沒反映在蘇聯強加於東歐各國的霸權上，捷克和匈牙利都爆發大規模的反蘇暴動，遭到蘇聯的軍事鎮壓。就在國際形勢發生重大變化的同時，毛澤東號召黨內外的知識份子，在藝術和學術領域上「百花齊放」、「百家爭鳴」。

一直到 1956 年底，沒有任何有影響力的個人或團體出來響應毛的號召，這讓他判斷，各界並沒有正確理解他釋放的訊息。於是，在 1957 年 2 月，毛在最高國務會議上，以「關於正確處理人民內部矛盾」為主題，對黨內高級幹部和知識份子發表講話。毛澤東指出，大多數所謂的「矛盾」實際上都不是對抗性的，只有公然的政治罪行，或是敵我之間的階級鬥爭，才需要被看作是真正的「矛盾」。毛籲請黨內外知識份子以全新的角度來審視中國社會，以及其當前面臨的各種問題，特別是這些問題或許會反映在黨的政治與行為上。這是一次坦率而正面積極的講話，毛澤東說到了革命時期遭殺害者的人數，反思在不同社會主義國家中土地改革的各種問題，還笑著提議說需要推行更廣泛的節育計畫，好確保中國的經濟作物生產，最後還表示要考慮略為放寬言論審查。毛列舉了幾名他心目中認定的知識份子英雄人物，因為這些人堅持自己的正確理念，即使遭到國家權力的迫害或嘲弄，也不改其志──他提到的人物古今中外都有，包括孔子

和耶穌，伽利略與哥白尼，以及舞者伊莎朵拉·鄧肯（Isadora Duncan）。他承認目前東歐的局勢演變確實讓人不安，還表示很多人發現馬克思主義當中有不少令人深感厭惡的元素。看來，他似乎希望這次講話可以化解知識份子群體當中潛在的怨忿與危險，並且讓他們相信黨站在知識份子這一邊。

儘管這次內容拉雜、卻鏗鏘有聲的講話並沒有像毛之前的慣例那樣，在共產黨的官方報紙或理論期刊上進行連載，它想傳達的主要訊息卻已經在知識份子和行政官員群體當中廣為流傳。到了 1957 年春末，知識份子終於開始回應。一開始時他們還猶豫膽怯，但是隨即便鼓起勇氣，開始傾吐各種各樣的不滿及滿腹委屈。這些抱怨裡包括各式各樣黨的庸俗與無能、言論審查與壓制的本質、對於自由表達社會實情的粗暴壓制，以及黨的監控是如何扼殺人們的日常生活。抱怨批判的聲浪來自全國各地，傾吐不滿的人們出身各行各業，而且破天荒的讓他們的聲音首先登載在好幾家全國或地方黨報上。一名蘭州大學的講師批評道，該校的領導竟然認為「黨的命令高過法律」是「自然而然的」。一份學術期刊控訴該刊的黨委「高坐在轎子上，好讓自己和人民大眾隔開」。而很多觀察人士更預言知識份子將會在這樣的政治氣氛下，面臨一個慘澹的未來，古籍出版社的編輯宣稱說：「治經典的學者將會發現自己後繼無人。」

然而，當「百花齊放」的批評開始及於馬列主義的本質，而其批判的內容與中國人民的需求無關時，官方供他們發聲的管道便開始收緊、消失了。到了 1957 年 6 月，中共已經開始著手鎮壓那些直言不諱的批評人士。七月時，毛澤東「論敵我矛盾」的演說終於在黨的刊物上登載，但現在這篇演說紀錄已徹頭徹尾地經過改寫，修訂者或許是毛本人，也可能是黨內其他領導人，而文章的主旨已經被改得面目全非。構成「敵我矛盾」定義的內涵，現在重新修改，納入更廣泛的內容。社會內部的各種階級對立問題，以及必須時時刻刻對階級敵人保持警惕的需要，全都被重新拿上檯面、再次強調。而原先提到中共黨內的緊張局面，以及對馬克思主義過時本質的擔憂則被拿掉。暗示農民貧窮困苦的文字消失不見，那些採取節育計畫以限制中國人口的建議也同樣不見蹤影。講稿裡原先提到堅持自己獨立思想大多數的中外例證，連同孔子在內一併被刪除。至於黨在指引和保衛國家上扮演的建設性角色，則得到了顯著的篇幅。

1957 年夏末，對批評言論的反攻已經演變為一場對知識份子的全面清算，中共將之定名為「反右運動」。這項政治運動的總目標，據稱是要揪出潛伏在人民群眾百花齊放當中的「毒草」。於是，學生和他們的教師、文字創作者、藝術家、編輯、許多地方上的黨委和科學家、加上經濟學者、統計學者和新聞工作者，全被黨的幹部召集起來，開批判大會。

反右運動的受害者

1957 年，數十萬「批評」政府的人士被迫從他們原來在城市的崗位下來，送往農村「向農民學習」。左頁照片裡的生物系畢業生，正藉由收集牲畜糞便來「加深」她對農村生活的看法；她的罪名是出身「資本家的家庭」。1958 年，右頁照片裡四位知名藝術家在河北省灤南縣的村莊裡彩繪社會主義風格的壁畫，來表達他們對於之前「小資產階級」生活行為的懺悔。

攝影：時盤棋

許多當初對中共提出批評建言的人，現在被迫寫下交代材料，老實供認發言時的思想、動機和私底下的立場，他們不得不公開自己和父母的所有生活細節。中共宣稱在知識份子群體當中有百分之五的人忠誠出現問題，在這些人裡面，誰要是膽敢隱匿任何他們先前讀過的外文書籍、欽慕的封建反動教師、或是他們內心曾經祕密渴望資本主義社會的那些面向，都會替自己招來大禍。

隨之而來的是知識份子的「自我批評」。在普遍低迷的政治氣氛中，許多人紛紛藉批評同儕而尋求自保；負責調查知識份子底細的黨幹部因此累積了大批的證據和指控材料，可以建立個人檔案卷宗，並且交叉比對、查核正確性，這些核查程序就成為每一位公民日常生活的標準項目。雖然只有

少數人遭到處決，而且通常只在他們主張某種形式的暴力時才會被判處死刑，但是被判處在居住地從事某種形式的強制勞動改造、或是被下放到遠離家鄉的偏遠農村勞動者，人數達到數十萬之多。夫妻在這個過程中被拆散，母親們也與孩子分開。無數本來前程看好的學術研究人員職涯幻滅，而所有領域的創意藝術都遭受到嚴重破壞。政府的經濟部門放棄了他們最優秀的專家，還有那些受過先進統計訓練的職員；甚至國營企業也失去了很多最有見識、最精明的員工，這些人因為先前長期與西方或國民黨接觸，而累積了不少企業實務經驗。反右運動帶來的最大的悲劇，或許是使得整個中國知識界此後普遍噤若寒蟬、怯於表達意見。儘管不能證明向政府提出批評意見的人士是蓄意遭到設局陷害——而史料證據似乎也顯示，毛原先是期望透過「百花齊放」重新確認知識份子的忠誠，因此一開始時他對局面的演變頗為吃驚——但大多數的知識份子對黨失去了信任，要讓黨內知識份子向上級提出坦率的批評指教已是難如登天，更別提去研究那遠在省會或北京的領導了。原先中共改革社會的承諾，出人意料地突然被猜忌和懷疑徹底壓倒淹沒，而對此沒有人敢再作仗馬之鳴。

興建十三陵水庫

1958 年 5 月至 8 月興建的十三陵水庫，是大躍進時期首批大規模勞動工程項目之一。這年五月，毛澤東帶著隨行人員，分乘六輛大旅行車，親自到施工地點視察。此地位於北京以北四十八公里處，毛在這裡翻了半小時的泥土。他很快就汗流浹背，所以停下來喝杯茶，然後就再也沒回去過。他的隨行醫生（譯按：李志綏）評論：「在我為毛工作二十二年間，這是他唯一一次勞動。」可是，毛澤東在之後向黨內高層提及這項工程時卻表示：黨內幹部不分職務大小，都應該盡其所能，參加這類體力勞動。北京和周邊農村地區的人民必須頂著酷熱，在滂沱大雨之下勞動，他們只憑藉鐵鍬、扁擔和竹簍，就挖掘出大量的巨石和泥沙。

9

大躍進、大饑荒

GREAT LEAP, GREAT FAMINE

「百花齊放」運動所掀起的批判風暴，不但沒有對中共領導高層起到鼓勵作用，反而將這場政治運動推向更激烈的方向。毛澤東向來相信人類意志的力量有移山倒海之能，可以「克服一切障礙」。他本人和共產黨幾經起落而不倒，似乎就證明了這項道理的正確性。按照毛的想法，中國共產黨正是靠著人類的意志力量和人民大眾動員這兩樣法寶，才能率領農民群眾打敗日本帝國主義和國民黨政權。同樣也是靠著這兩大法寶的結合，才能阻擋軍力明顯占優勢的美國在朝鮮半島的進攻，最後逼使他們不得不請求停戰談和。中國的成長潛能就和人口一樣，是沒有極限的。所以，如果蘇聯突然喊停後續的援助，如果美國持續對中國抱持敵意，如果知識份子本身並不足以依靠，那麼黨的領導人此時就必須找上農民和城市中的勞工。按照毛澤東的看法，農民是「一張白紙」，因此「好寫最新最美的文字，好畫最新最美的圖畫。」上述這些觀點反映了毛早年在農村的經歷，而不是出自於任何馬克思主義當中的階級出身和革命潛質理論。

1956 年到 1957 年間，中國農村勞動力都被編組進生產合作社當中，這對毛澤東來說是一個很好的開端，然而若干富農內在的保守性格和占有欲，再加上地方農村黨幹部那種過分小心謹慎的態度，還是讓人耿耿於懷。在毛看來，現在所需要做的，是將土改之後組成的七十四萬多個地方生產合作單位合併成更大的合作社，以釋放整個農業人口的創造性能量。在這個過程當中有一項重要的環節，就是要廢除土地私有制，以及所有個人對土地的權利，然後依照所有人的需求實施配給。在 1958 年的春季，第一個帶有實驗性質的「人民公社」成立了。它整併了原先的二十五個地方生產隊，當中有九千至一萬戶人家，或是約五萬人口。到了 1958 年底，中共宣稱在鄉間已經自發性的組成了兩萬六千餘個人民公社，涵蓋了百分之九十九的農業人口。

毛澤東和他的激進支持者似乎認為，人類的意志與社會組織動員這兩大利器加在一起，將徹底改變中國的生產能力，因為舊有的勞動、年齡與性別區分，至此全都不復存在。婦女原先的各項職責：養育孩子，現在轉由公社裡的托兒所負責；三餐改由中央廚房供應；家中長輩則交由公社負責照顧；

如此一來，使得數百萬婦女得以重返各領域參加勞動。地方民兵武裝由公社統一領導，中國成了一個人民武裝的大軍營，足以抵擋所有外來的侵略者。每個公社都設置醫療部門，並由他們來培訓和分發醫護人員——民眾一般稱這些醫護人員為「赤腳醫生」——到每個生產大隊去，於是使得所有人都能享有醫療保健。同樣的，教育也併歸由公社內的學校負責辦理，並且對學童施以更深化的意識形態訓練，促進他們知識創造力的自發性成長，如此一來，每個農民都能成為詩人、小說家或畫家。城市郊區和廣大農村地帶將要興辦起工業，由每家每戶自行收集燃料，在後院搭造小型土製高爐，然後將他們家中的金屬器皿及多餘的工具冶煉成鋼鐵，如此「全民大煉鋼」構成了這一波工業大躍進的關鍵核心。毛主席思想的指引，將使得上面這些努力彼此凝聚起來，並發揮效力。

人民公社的領導將各項生產數字報給各省的省委領導，然後各省又轉報到北京。這些報上來的數字，似乎證明了毛澤東路線對於改變中國的種種期待來說是正確的。1958年的農產收穫量儼然是中國有史以來的最高峰。密集間植（interplanting）、深耕犁土、將從前的荒土開闢為新農田、充分利用所有的農業勞動人力等方法，在許多地方達成了十倍農產收穫量。而這些地方的黨領導幹部在欣喜之餘，又承諾來年將這個生產數字加倍或提高到三倍。於是，政府便任意以徵收形式向農村調集更多的農作物，還確信即使徵集了糧食之後，地方公社農民手上還留有比從前還多的存糧。在某些地方，由於上報的農產數字實在太過巨大，弄得當地農民不得不讓土地休耕；在另一些地方，已經栽種的莊稼被連根拔起、充當家畜的草料，好讓耕田栽種其他穀物，以實現飲食的多樣化。

「後院煉鋼」的土製高爐

照片中位於河南省的這些土製煉鋼爐，乃是毛澤東實現快速達成現代化、工業化願景的重要項目，但是由這些高爐煉出來的鋼材，完全無法使用。毛的私人醫生李志綏日後回憶道，這些「後院煉鋼」的高爐如何「改變了田野的風景。到處都是煉鋼的高爐，我們可以看見農民，熙熙攘攘，運料運炭，給高爐添燃料，在大煉鋼鐵。入夜，處處小高爐燃起紅紅的火光，照亮了半邊天。」*

＊註：本段與之後的相關引文，參考李志綏（著），戴鴻超（譯），《毛澤東私人醫生回憶錄》（台北：時報文化，1994年），文字略有更動。

一直到後來，人們才逐漸明白：全國正走在一條災難性的錯誤路線上。各項生產的數字完全脫離現實，變成不斷升高好大喜功陶醉感之下的產物。地方上各公社的領導被迫捏造、虛報各種誇張膨脹的數字，在逐級上報的過程中不斷虛構造假，直到送上中共中央政治局為止——而政治局的委員無人能夠查核這些數字，或者他們也沒有提出質疑的勇氣；而在1957年的反右運動中，許多統計學者、會計人員和經濟學者更早已經遭到整肅。

即使是在1958年底這個時候，在若干地方的中共黨領導幹部，已經開始尋求較好的組織型態，以求能平息人民過高的歇斯底里狂熱情緒，並且將公社縮編成較小的單位，以方便經營管理。少數幾位北京的中央首長也繼續下鄉巡視，設法考察地方上的實際情況。可是一直到1959年7月、中共中央政治局在江西避暑度假勝地廬山召開高層會議時為止，沒有任何領導人有勇氣當面向毛直言進諫，說事情出現了差錯。這位孤單的批評者是前任「抗美援朝」的指揮員彭德懷，他在1954年後出任國防部長；由於彭德懷親眼見證中國軍隊在韓戰期間的慘重死傷，因此他大力推動人民解放軍的專業化與現代化。彭德懷深知中共黨內的政治文化，無法直接或公

開對毛進行批評，因此他改以一封萬言書呈給毛，信中討論他在「大躍進」期間所耳聞的各種問題。彭同時在信中還談及一個實際情形，即在某些生產數字驚人的農村地區，同時也接受國家的援助，這才使他們的產量相應的提高。毛把彭的這些評論意見印出來，分送給在廬山的其他中共領導人看，並抨擊彭是在搞「反黨集團」，這個指控在中共黨內領導層裡可能算是最嚴重的罪名了。彭德懷自此再也未能擔任任何黨、政、軍要職。

但是，整肅彭德懷對於遏止嚴重的局勢毫無助益。首先是糧食的嚴重短缺，接著在 1959 年底和 1960 年發生饑荒。政府從農村徵收作物來保障城市居民的糧食供應（這當中自然也包含了政府高級官員和他們在北京的眷屬）。雖然當時的中國報紙、媒體沒有刊登任何饑荒的消息，而國外對於饑荒的內情也毫無所知，但之後即有無數的口述及文字紀錄指出，此時整個農村社會和人民公社有大量的民眾死亡，人們四處羅掘食物，或是吃樹皮和橡實充饑。更有甚者，在不少地方，由於農作物栽種方式的不穩多變，栽種時間太晚、錯過時節致使作物無法收成，開墾荒地不得法而導致栽種的作物枯萎，因深耕而造成土地養分耗盡，以及地方民眾因饑餓而吃掉原本預備播種的種子果腹等種種因素，而造成災情雪上加霜。營養不良的嬰幼兒罹患疾病的風險大增，而成人的生育率也急遽下降。結果是造就出一場人類歷史上最嚴重的大饑荒。日後，人口統計數字顯示，在大躍進之後的三年期間，因為饑荒而死亡的人口，竟多達兩千萬人。

大饑荒的受害者當中，很多是知識份子和其他於 1957 年時向黨提出建言而遭下放農村的人士。這些讀書人完全不熟練農事，對農村貢獻不大，如果沒有得到農民的憐憫照顧，通常只有死路一條。在各地的強制勞改農場裡，也有成千上萬的知識份子喪生，因為他們本來就少得可憐的伙食配給，還被縮減到每天只有一兩個以米糠做餡的小烙餅。學者巫寧坤響應新中國的號召，由美國芝加哥大學回國效力，在大專院校教授英美文學，結果被打為「極右份子」，竟然只是因為他教授小說《大亨小傳》（The Great Gatsby）。他和其他知識份子，穿著單薄的棉衣，被送往鄰近西伯利亞、被稱為「北大荒」的邊境苦寒地帶，興建勞改農場。1960 年，巫寧坤被送往一處專門關押右派份子的勞改營，忍受極度饑餓的痛苦。有天，有人遞給他一張字條，上頭以端秀優美的書法寫著可悲的訊息，向他哀求分享一點食物。巫寧坤本來還猶豫著要不要分出他救命的食物，直到後來又接到第二張字條，上面仍舊是一筆優雅的楷書：「救人一命勝造七級浮屠」。巫說他自己對於「這樣優美的書法竟淪落到如此悲慘的境地」，深感絕望哀傷。幾天後，他奉命去掩埋一具因饑餓死亡的屍體，死者赫然是寫下這兩張字條的人。

中共領導人之所以選擇掩蓋饑荒災情，還有另一個原因：蘇聯的領導人此時正大肆批評「大躍進」，嘲笑這是對馬克思主義的拙劣模仿——儘管他們自己也有推行過災難性的農場實驗。在 1950 年代後期，雖然毛澤東在一九五七年再次訪問莫斯科，慶祝布爾什維克共產革命四十週年，而赫魯雪夫也在兩年後旋風式密訪北京，向中共高層報告他在大衛營與艾森豪總統會談的內容，但蘇聯與中國的關係還是持續惡化。1960 年，蘇聯召回所有援華的技術顧問，還未完工的重要工業及工程計畫全都宣告中斷。中國方面也以召回所有派往蘇聯學習工業與軍事技術的學生、軍官來回敬蘇方。

雖然蘇聯在 1958 年後拒絕協助中國研發原子彈，此後中

極重的體力勞動

照片中，中國西南方的灕江上一對母女正逆流溯江，費力拖拉一般小筏，這張照片可以證明即使到了 1950 年代，中國許多地方的勞動，仍然來自於人力。「大躍進」匯集了數十萬人的勞動力，興建一系列重大工程，深信集結大量的人力，可以彌補機械器具不足的欠缺。

攝影：
艾米爾·修特斯（Emil Schulthess）

勞動中的人龍

「大躍進」群眾動員最初的幾個跡象，就出現在農村水渠和灌溉工程的建設計畫上，就像跨頁照片中，這項位於江西的水利工程，地方上的農民將五百萬立方英尺的土方搬運出去。這項工程於 1957 年 12 月開始動工，一年後毛澤東開始警覺到這樣的工程計畫會使參與的民工付出極重的性命代價。他在一場黨內高層的會議上說：「中國非死一半人不可，不死一半，也要死三分之一，或十分之一，五千萬人。……你們的職不撤，至少我的職要撤。」他建議移除的土石量改為七百億立方公尺，而最初預估時是一千九百億立方公尺，去年（1957 年）實際移除的土石量，則是五百億立方公尺。

遭修改的歷史

毛澤東在十三陵水庫工程上翻土
1958 年 5 月，毛澤東到十三陵水庫工地上參與勞動翻土（見第 177 頁圖說），在他身旁陪同的是黨內資深幹部彭真。這張照片廣為流傳，作為毛決心與人民大眾共體艱苦的證明。彭真這時是北京市長兼市委書記，但是等到 1966 年，彭遭到整肅垮台後，這張照片就讓中共感到尷尬，於是就出現了下圖這張經過「創造性調整」的照片。

國卻集合了一批國內最傑出優秀的核子物理學家，在聶榮臻的統籌主持之下，自力更生，繼續進行原子彈的發展工作。聶榮臻是中共在延安時期、國共內戰時期最傑出的將領之一。聶和他手下的研發團隊運用數千名業餘的「農民地質學家」，在全國各地搜尋鈾礦，最後在湖南和福建找到蘊藏量極為豐富的礦產，然後在青海、寧夏和羅布泊等幾處沙漠地帶的祕密基地進行原子彈的開發。這些祕密開發基地本身就是專為研究而開發的城鎮，由地方社群和科學家合力建成；後者在饑荒的時節，還自己栽種作物充作糧食。中國自行研發的首枚原子彈，於 1964 年 10 月成功試爆，這代表了毛澤東思想的勝利，也是中國人民的勝利——雖然實際上這其實是許多科學家通力合作的成果，他們或是在莫斯科及其他海外地方接受核能物理學的培訓，同時還查閱、參考了數千種西方專業技術期刊。但是上述這些細節並未受到官方強調。

位於東北的大慶油田是中國第一個大型油田。它的開發方式也與原子彈相似，官方將功勞歸於地方農民與工人的努力。毛澤東聲稱大慶是中國自力更生的模範，並且升了大慶多名幹部的官，讓他們到中央擔任重要職務。不過，這些人心裡其實都曉得（毛本人大概也心知肚明），開發建設油田的許多工作，都是由專家來完成的；他們所使用的鑽孔設備，則都是從國外購置的。

不過，雖然有上述這些冠冕堂皇的官方措辭，以及其他諸多調性類似的聲明，自 1959 年以後一連數年，毛澤東在政治上卻處在一種黯淡失意的狀態。除了「大躍進」帶來的諸多混亂之外，中國還受到很多問題的困擾。先是 1959 年西藏發生大規模抗暴運動，致使解放軍再次入藏平亂，許多寺廟被毀，達賴喇嘛出走印度。接著，中國和印度之間因邊境糾紛激化成武裝衝突，而印尼國內則掀起排華浪潮，有數千名華人慘遭殺害，更造成當地華人極大的財產損失。此時毛澤東決定從國家主席的位置下來——他向來就討厭正式外交儀式的繁文縟節，所以這個退位的決定也許是出於毛的自願。他宣稱自己將花更多時間，廣泛的思考國家當前面臨到的種種理論問題。

從 1959 年到 1966 年之間，國家的許多日常具體行政事務實際上都掌握在一位與毛澤東截然不同的高層手中。這個人是劉少奇。1898 年，劉生於毛的故里省份湖南（**譯按：劉少奇是湖南寧鄉人，毛則為湖南湘潭人**），他比毛小五歲。早年的劉少奇是工運領袖，1920 年時他在共產國際的介紹下到莫斯科留學，不久後回國，在上海和江西的採礦工會組織裡活動。此後劉在中共於上海和華北的工運中扮演重要領導角色，抗戰期間他也參與新四軍的部署工作，並且組織敵後抗日游擊隊。劉少奇在延安時期在黨內所做的幾次重要講話和文字著作，使他在人民共和國建國伊始時享有僅次於毛的聲

望，劉還在中共黨基層組織巨幅擴張成長的時候，專門負責維持黨內紀律的工作。1959 年 4 月，劉少奇接替毛，出任中華人民共和國國家主席，他上任後的頭幾個舉動，是公開讚揚「大躍進」達成的各項成就。然而不久之後，他就對中共一千七百萬黨員施以更加嚴格的意識形態訓練，並且指出在黨員之中，有百分之七十都是 1953 年之後才入的黨。為了強化黨的紀律建設，劉少奇在延安時期寫的一篇知名文章〈論共產黨員的修養〉，現在經過修改之後，重新刊載在中共北京黨報《人民日報》的專號上，並且加上指示，要求黨的所有幹部都必須閱讀、學習這篇文章。

劉少奇和黨內其他領導人為了更進一步加緊黨的紀律管理，在 1960 年代初期進行了多次下鄉考察。劉的妻子（譯按：王光美）事前為這些考察行程做準備。她隱藏自己的真實身分，親自下鄉，到農村蹲點調查，鼓勵農民暢所欲言，了解他們所耕田地的實際情況，以及地方中共黨幹部的腐敗情形。黨的調查組發現了地方上有大量黨員假公濟私、濫用權力的情形，這些黨幹部運用毛澤東路線的鬥爭技巧來打倒某些人，鼓勵人民群眾召開鬥爭批判大會，逼使他們想要鬥爭的對象，在會上公開承認自己的罪行。包括毛澤東在內，有很多人認為，這個時期黨中央進行的調查行動，是針對若干資深黨員和教育程度沒那麼高的農村幹部的不正確做法，因為這些被調查對象的生活和事業，正是代表了毛長期以來提倡的黨的

農村新行動路線。隨後，當中國最著名「自力更生」的典型模範、山西大寨生產大隊的支部書記陳永貴，被發現有修正農產量紀錄、虛報浮誇的問題時，毛決定發起反擊，以保護這個他的思想路線象徵人物。毛提名陳永貴為全國人民大會的代表，並且讓陳的相片和自己的肖像一同刊登在《人民日報》上頭。

顯然，現在的問題已經不只是施政的輕重緩急，而是中國應該遵照哪一條革命發展路線了。劉少奇和其他無數黨員希望中國能走蘇聯計畫經濟的道路，在黨主持之下，由專業官僚體系謹慎地主持集體工業和集體農業的發展。為了順利實現這一理想，他們尋求減輕對人民日常生活各種層面的掌控。只要不傷及重工業的發展成長，應該鼓勵人民消費、吃喝。在農村，只要集體耕作的田地達成基本產量，農民應該獲准利用閒暇時間，在自己的一小塊自留地上栽種作物，收成可以自己食用，或是拿到地方上販售。相較於在「大躍進」期間已經成為人們的強制性穿著——單調、講求實用性的藍、灰色「毛裝」，人民將再次被允許穿上比較開朗、具備個人特質的服裝，在藝術表現上也會有一定程度的開放。甚至，與國外有若干關係，也不該被視為禁忌。如此放寬的結果，使得中國社會得以擺脫「大躍進」時期反覆重彈的共產黨修辭老調，部分恢復反右運動之前的文化活力。

如果知識份子的著作或創意不涉及「反黨」或「反社會

孤獨的直言之聲

紅軍老將、國防部長彭德懷，是「大躍進」期間唯一公開表示反對態度的中共領導人。照片中左起第二人是彭德懷，他正和一些江西省的紅軍老戰士及他們的家人談話，蒐集關於「大躍進」極其浮誇不實、隱瞞饑荒的證據。彭德懷鼓起勇氣，在 1959 年 8 月寫了一封信給毛澤東，表達自己的種種擔憂。毛以尖刻的批評回應彭的信，說彭欠缺忠誠，並將他免職。

主義」的話，國務院總理周恩來願意維護他們創作的獨立性；而劉少奇則建議，黨地方基層單位的幹部，如果是抗戰時期入的黨，既沒受過教育，也欠缺一切必備的專業知識，就應該以相關專業領域的大學畢業生取而代之。以人民群眾為導向的研究計畫項目在「大躍進」時期很受青睞，現在則被擱置放棄，而很多學術機構都趕忙更新了他們對西方科學的研究成果，例如從哥白尼（Copernicus）到愛因斯坦（Einstein）科學家，以及從亞當‧史密斯（Adam Smith）到凱因斯（Maynard Keynes）等經濟學家等。北京大學哲學系開設了好幾門介紹康德（Kant）、杜威（John Dewey）和存在主義思想家的課程。有若干在「反右運動」當中被下放到農村的知識份子，現在獲准回家，某些人甚至回到工作崗位上。雖然這些人並未寫下自己在大饑荒時的遭遇，但可以認定他們曾經把這些經歷向家人和身邊好友吐露過。據說中共北京市委書記（譯按：彭真）召集了一個學習「大躍進」時期中央文件的小組，並敦促小組成員「追究這場饑荒的責任」，因為人民群眾在這些年裡飽受苦難。無論此事是真是假，對於諸多伴隨 1957 年「反右運動」濫用權勢的情況，出現歸罪給毛澤東的態勢。對毛的指責是以有節制的影射和歷史寓言形式出現，毛本人被刻畫成中國歷史上專制帝王長串隊伍裡的最新成員。

當時中國一位傑出歷史學者吳晗的作品，或許最能清晰表達出上述意涵。吳晗是明史專家，寫過好幾篇關於耿直極諫的大臣敢於向明朝專制皇帝直言的文章。這些文章裡最早的一篇成於 1950 年代後期，還是受到中共的鼓勵才動筆的。不過，1961 年時，吳晗將自己的各種觀點精心彙整，寫成一齣新編歷史劇（譯按：京劇《海瑞罷官》），講述一位勇敢的明朝大臣為了遭地方官剝削迫害的農民，而向皇帝上書直諫、要求將那些殘民以逞的菁英處死的故事。但是皇上在知曉此案之後，竟將原判推翻，赦免地方官員，將這位勇敢上書的大臣免職。人們不需花太多想像力，就能將劇中皇帝比為毛，上書直諫的大臣是彭德懷，而那些殘民以逞的地方官則是「大躍進」時期的黨地方幹部。吳晗編寫的這部戲在北京上演數次，劇本隨後出版。

吳晗還與北京幾位著名作家、學者合作，以「三家村札記」為專欄名稱，寫了多篇雜文。（譯按：三家村本來指鄉間人煙稀少處。1961 年 9 月起，兼任北京市副市長的吳晗，與北京市委副書記鄧拓、北京市委統戰部長廖沫沙三人，在北京市委機關刊物《前線》上，以「吳南星」為共同筆名，輪流撰寫雜文連載。到 1964 年 7 月，「吳南星」共寫出了六十七篇文章。）這些雜文漫談中國歷史，講述那些不肯聽從他人諫言意見的人主，或試圖攬權自重的人物。其他幾篇文章則以坦率的筆觸，探討中國歷史上不同時期當中，因「人謀不臧」而釀成的饑荒，背後原因何在；檢視歷史上空有大膽的理想、卻沒有實務經驗的

「被科學蒙蔽」

「大躍進」本來應該是技術與農業雙頭並進。像照片中，1959 年在北京舉行的「工業進步」展覽會，有部分是為了回應毛澤東在前一年的講話：「農業已經起飛了；上了軌道，但是工業還沒有。工業必須是重心。有人說『吃睡都在工作場，睡就睡在機器旁』。明年是帶決戰性的一年。」但是毛同時也對這個地方過度嚴格恪守蘇聯領導人教誨的幹部提出警告：「別以為老祖宗放的屁都是香的。」

攝影：
布萊恩‧布瑞克（Brian Brake）

饑荒與盛宴

在 1959 年到 1962 年間襲擊中國農村的可怕饑荒,被中國官方隱藏起來,不但西方此時毫無所知,就連許多中國民眾也完全被蒙在鼓裡。左頁照片中是 1962 年大批逃災到香港的難民,正在討要食物的場景。當他們說起此時中國正發生一場饑荒浩劫時,外界通常並不相信。中國的鄰邦如北朝鮮、越南和柬埔寨同樣也不知道真相,這幾個國家的外交官被中國舉行盛大的宴會所誤導,就像右頁照片中這場於 1964 年 5 月在北京人民大會堂舉辦的外交宴會。

右圖攝影:勒內・布里

改革者；並且拿根基於人性、法律與道德的「王道」和運用
權術與暴力的「霸道」對照。這些文章得到廣泛的傳抄仿效。

　　毛澤東於 1959 年夏季整肅彭德懷以後，選擇由林彪接
任國防部長一職。在中共黨內高層中，行事一直保持低調的
林彪或許是最少公開露面的，留存下來的肖像也最少。有些
人認為，這是因為林彪在 1950 年代初期罹患嚴重的肺結核所
致。林彪和彭德懷一樣，在革命期間戰功彪炳。他從黃埔軍
校畢業之後，就投身共產黨軍隊，歷任各級指揮員，在中共
「長征」時已經統率紅軍的一個軍團。抗戰勝利後，林成為
中共在東北的軍事負責人，在 1947 年到 1949 年內戰期間，
制定戰略，最後成功奪取整個東北。

　　林彪在 1959 年被任命為國防部長後，立刻在軍隊內大力
推動政治教育工作。林彪宣稱解放軍絕對忠於毛的軍事與政
治思想，他寫了一篇廣為流通散發的文章，主張軍隊的專業
化及軍備現代化，這兩個前任部長彭德懷給予高度評價的大
方向，都必須向嚴格的思想意識形態控制低頭。他派出超過
十萬名人民解放軍的參謀和軍官幹部到連或排一級的基層軍
中單位蹲點，以加深他們對於一般士兵生活的了解。1960 年，
林彪還勾勒出自己對軍中正確思想體系的看法，在他看來，
軍隊中人永遠優先於武器，政治工作永遠優先於其他軍事準
備工作，意識形態的思想工作高於其他常態訓練，從實際經
驗中汲取的「活的思想」要高過從學習書本得來的知識。

　　1963 年，林彪主持編纂了一部輯錄毛澤東軍事言論與歷
次談話的小冊，以《毛主席語錄》為題在軍中出版流通。林
彪親自為《毛主席語錄》作序，特別強調「自力更生」、「自
我犧牲」等毛澤東思想的要素，而這些精神目前在黨內是不
受到領導人歡迎的，例如劉少奇就是其中一位。

　　林彪在軍中各級發動的全軍「學雷鋒」運動，為這時已
經出現的「毛澤東崇拜」（日後便這樣稱呼）增添新的動力。
（譯按：雷鋒在 1940 年出生於湖南長沙，是一名解放軍年輕士兵，
1960 年從軍，1962 年 8 月 15 日在遼寧撫順指引戰友開車時，因操作
不慎而意外身亡。）雷鋒的相片，加上一部鉅細靡遺描寫他無
私奉獻和熱誠效忠「最高領袖」毛主席指示的「日記」，在
解放軍所有部隊內散布流通。在這部由中共炮製的「日記」
裡，雷鋒的家世被描寫成從小遭受日本人、貪婪地主及國民
黨右派反覆欺凌之下成長。在這些敵人將他的家人逼迫得貧
病交加而紛紛自殺、病死之後，雷鋒卻在加入解放軍時發現
自己有了新的家人。在軍中他學會駕駛卡車，當他摸索出如
何發動卡車，這項新本領開啟了他求知的世界，讓他夢想著
有朝一日要將「整個中國廣大農村」全都「機械化」。雷鋒
只希望自己能成為中國這部大機器裡的「一顆小螺絲釘」。
毛澤東高度讚揚雷鋒這部「日記」代表的思想主動性，為了
對林彪投桃報李，他特地為「日記」的封面題字，並指示全

憂心忡忡的領導人

這是一張少見的照片，拍攝於
1962 年 1 月，照片當中的中共領
導人都沒有刻意擺出供拍照的姿
勢。當時他們正在開會研商如何嘗
試再造衰頹的經濟。這些國家領導
人由左至右分別是：總理周恩來、
財政經濟委員會主任陳雲、接替毛
澤東國家主席位置的劉少奇、毛、
中共中央總書記鄧小平、以及北京
市委書記彭真。毛澤東嘴裡缺牙的
情形很明顯。根據他的私人保健醫
生表示，這是由於他不喜歡刷牙，
只願意用綠茶漱口所致。前一年的
大飢荒甚至也影響到這些國家高
層領導人：毛澤東的私人醫生注意
到，即使是在中南海的高牆之內，
每人每月的糧食配給也減少到十六
磅（約十五斤），只有少量蔬菜，
幾乎沒有食用油。由於營養不良，
很多人得了肝炎和水腫。毛澤東為
此放棄吃肉，一些他的隨從人員則
到附近的山上打野羗加菜。

國各級學校都要學習這部作品。

　　林彪以國防部為大本營，逐步擴展他的勢力範圍。他的
重要助手是羅瑞卿，這位 1926 年與林彪同期畢業的黃埔軍校
學生。（譯按：林彪為黃埔四期，羅瑞卿則是 1926 年入學的黃埔六
期。）羅瑞卿在出任公安部長之前，和林彪搭檔合作多年。
羅擔任公安部長，並主管解放軍內部安全事務，一直到 1959
年。之後，毛調羅瑞卿擔任國防部副部長，同時兼任解放軍
總參謀長。因此，羅、林兩人結合起來，在軍隊和公安體系
中都擁有強大的勢力。

　　1965 年底，毛澤東徹底從公眾視野中消失，跑到上海住

下來。毛的妻子江青一直在上海發展群眾藝術和人民革命理論，她已經在上海文化官僚當中建立起將來鬥爭時發號施令的基地。雖然在外界觀察人士眼中，毛和江青已經很多年沒在一起了，但是毛對於無法對黨報上面刊登的那些「反動資產階級意識形態」發起批判深感挫折，這顯然就讓他和江青又走在一起。毛才剛到上海住下來，一位江青的親信幕僚（譯按：姚文元）就發表了一篇對吳晗新編明代歷史劇的尖銳攻擊文字，指出這齣戲否定了「毛澤東思想」的基本前提。所謂「毛澤東思想」特定具體內涵的概念，是在延安時期發展形成，之後又由林彪加以重新定義。這篇批判文字又進一步認

定，推動歷史與社會變革的力量，是人民群眾，而不是道德觀狹隘的知識份子。這種批判呼應林彪在軍中出版品的論調，而且向毛與他的信眾表明，他們擁有一個將來可資運用的文字陣地。接著，林彪下令廢除解放軍中的所有軍階標誌，回到延安時代那種非正規人民軍隊的樣貌。在彭德懷任部長時本來已經為解放軍建立軍階制度，林彪則藉由廢除軍階，更加證明他旗幟鮮明的激進政治路線。圍繞著激進的政治承諾主題，某些新而錯綜複雜的鬥爭，顯然已清楚畫下界線，可是政治鬥爭要採取何種形式？而這些議題又要如何呈現？都還在未定之天。

　　在 1964 年或 1965 年的某個時間點，毛澤東打定主意要動手整肅中共黨內的官僚主義，理由是現在黨中央的領導人對激進的改革抱有敵意。這樣看來，決定砲轟吳晗是一個精明算計之舉。吳晗這個人，不但其著作容易為他招來「思想反動」、對毛不忠的指控，尤其他官居北京市副市長，更可以一路順藤摸瓜，往黨中央攀扯。上海發動對吳晗的批判後，費了很長的時間才刊登在全國報刊上，這顯示出文化界和新聞界的高幹們對吳抱持同情的態度。甚至到了 1966 年 1 月，毛澤東要北京市委書記彭真組織一個工作小組調查吳晗時，小組還是做出了一個含混模糊的報告，沒有確證任何對吳的主要指控。直到後來經過毛的一再下令催促，才開始加大調查的力道。（譯按：吳晗因《海瑞罷官》飽受批鬥，於 1968 年 3 月被捕下獄，1969 年 10 月死於獄中。）

　　到了 1966 年 5 月和 6 月間，在毛澤東和上海幾位領導人的談話裡，文化大革命的主要路線終於浮上檯面。他們呼籲對目前依然根深柢固存在於黨內和文化領域的官僚主義、封建主義作風，做出徹底檢查，並且明確表示希望在全國重新帶起革命的聲勢。儘管黨內掌權派官員對此反應遲鈍，北京大學哲學系一名講師（譯按：聶元梓）卻敏銳地察覺到局勢的變化。這名講師同時身兼北大哲學系的黨支部書記，哲學系是該校唯一由江青人馬掌權的系所。她在北大校園張貼出一張大字報，攻擊北京大學黨委和北大校長，說他們試圖鎮壓學生，以鞏固自身的權位。北京市委當局和北大校方下令撕毀這張大字報，並召開群眾大會，批鬥這名講師。但是毛澤東在知道此一消息後，親自下令將大字報全文內容交給中央人民廣播電台向全國播送，並刊登在《人民日報》上。毛還進一步評論道，這張大字報「把全世界攪得天翻地覆」，並表現出「造反有理」的精神，呼應了他自己年輕時搞革命的放言高論。

　　劉少奇為了平息抗議浪潮，派出工作組進駐大專院校調查情勢，結果這一拙劣的舉動，反而引來極端份子更激烈的反彈。1966 年 8 月，北京幾所菁英高校和大專院校陸續有好幾批學生組織名為「紅衛兵」的小隊，聚會支持毛澤東。紅

黑幫份子

1966 年 9 月 12 日，在東北的哈爾濱市，一名年輕的紅衛兵正剪掉黑龍江省省長李范伍的頭髮。李的脖子上套了一塊標語牌，標明他是個「黑幫份子」，這是一個通用的罪名，凡是被指控試圖阻礙毛澤東新近發動的文化大革命者，都可以適用。紅衛兵以毛主席的名義招募照片裡這些十多歲的少女，鼓勵她們「打破社會中一切老舊、封建成分」，這些少女往往成為團體當中態度最為尖刻、最積極的活躍份子。小說《渾沌咖哩格愣》（Chaos and All That）是作者劉索拉的自傳體回憶錄，記載的是她在紅衛兵時期的經歷。她回憶自己在十一歲時是如何懇求加入學校內的紅衛兵組織，在她當眾用最惡毒的語言咒罵自己的家人，並且協助紅衛兵看守一名被指控是「地主婆」的年長拾荒女人之後，終於如願以償。在劉索拉擔任看守的時候，這個老太婆割喉自殺了。這樣的悲劇在文化大革命期間相當常見。

攝影：李振盛

揭發與批判

這是上頁李範伍被剃頭之前和之後的場景。李是抗戰期間的紅軍老幹部,擔任黑龍江省長多年,他被造反派紅衛兵叫來,參加批鬥大會,說他背叛國家,勾結蘇聯。年輕的攝影師李振盛是黑龍江地方黨報的

攝影記者,他以相機記錄下這幕場景,心裡知道接下來的集會將發生什麼情況。(左圖)在批鬥會現場,李振盛看到一名紅衛兵對著省長李範伍咆哮,說他不但是叛國賊,還膽大包天,竟敢把自己的髮型梳得

和毛主席一個模樣。(右圖)在一陣亂剪後,受盡羞辱的省長被迫跪在紅衛兵面前,他剛才被剪掉的頭髮還雜亂的披在頸肩上。會場中毛主席肖像上方懸掛著橫幅布條,要求紅衛兵們要「揭發批判」省委問

題,而李範伍也的確因此失去他在政府與黨內的職務。這位前省長不肯認罪,仍然持續提出抗議,稱自己清白無辜,因而在1967年又遭到新一輪的羞辱與批鬥。

攝影:李振盛

衛兵都配戴紅色袖章，身穿民兵綠軍裝，腰間束武裝皮帶，頭戴綠軍帽，他們如雨後春筍般在全國各地迅速興起，開始對學校的主管及教師發動批判鬥爭大會。攻擊的對象很快就擴及黨的地方幹部，以及那些已知有封建反動或資產階級家庭成分的人，或者是在 1957 年「反右運動」當中被打為右派者。同月，毛澤東本人也寫了一張大字報：「炮打司令部」，然後佩掛紅衛兵袖章，穿上軍裝，站在天安門城樓上，接見廣場上數十萬名到這裡大會串的紅衛兵。到了八月底，由於紅衛兵可以免費搭乘各地火車，他們的人數已經膨脹到將近百萬。至 1966 年 11 月底為止，毛澤東已經出席了六次紅衛兵的大規模集會。情緒激動亢奮、歡呼雀躍的人群一波接著一波，手中都揮舞著林彪編纂的小紅書《毛語錄》。

第一代紅衛兵裡，有很多人是中共高幹的子女。這就解釋了為什麼紅衛兵一開始時是在首都幾所菁英高校和大學校園裡出現，因為只有特殊關係再加上優異的考試成績，才有辦法進入這些學校就讀。這些學生希望藉著他們對毛主席奉獻出的革命熱誠，來確保他們在共產黨權力階層內的位置，並且抹去任何可能拖累他們前程、「偏袒不公」的汙點。可是很快的，紅衛兵團體內部開始分裂，形成新的情勢。那些成績較差學校裡的學生、拒絕繼續受教育或已經從學校畢業的年輕人，由於他們的父母多半都曾是國民黨或有某種海外關係，因此他們試圖用激烈行動來擺脫自身所謂「壞社會階

級成分」。他們也組織起自己的紅衛兵團體，各自取了適當的名稱，開始攻擊各地的學校和黨組織。這時出現多起例子：這些紅衛兵揪鬥自己的父母，搗毀他們的住居，摧毀家裡收藏的外文書籍、留聲機或傳統藝術作品，然後發動公審，批鬥、辱罵任何被懷疑缺乏革命熱情的家庭成員。接著，立場敵對的紅衛兵團體之間開始內鬥，先是彼此否定對方的革命資格或熱情，最後動拳腳的武鬥登場。就像當初參加土改的農民，被鼓勵毆打、甚至殺害地主和富農一樣，紅衛兵在鬥爭中使用暴力的程度更是有過之而無不及。無助的受害者遭到慘絕人寰的羞辱：他們被拘禁在狹小的空間裡，不給食物，反覆被皮帶或金屬扣環抽打，很多人被打成癱瘓，甚至被活活打死。

　　學生們之所以搗毀學校或地方黨部，其中一個動機是為了找尋機會銷毀關於他們課堂上不良態度的紀錄。工廠工人同樣也在工作場所組織紅衛兵，除了藉機擺脫暴虐的管理者或主管，清除自己的檔案紀錄之外，還打算爭取更好的工作環境、較短的工時，甚至較高的工資。不過，對毛澤東和上海那幫激進份子來說，發動進攻的真正意圖，是要更加穿透深入共產黨權力階層的內部，也就是要「炮打司令部」。

　　中共中央宣傳部長陸定一和北京市長兼市委書記彭真兩人遭林彪指控陰謀發動「反黨政變」。陸、彭兩位雖然也算得上位高權重，但是要比起另兩位最高層級的受害者劉少奇和鄧小平，他們可就相形見絀了。對劉、鄧兩人的猛烈批判開始於 1966 年 10 月，12 月時北京三千多名學生集會，攻擊他倆主持的黨中央。由於劉、鄧兩人在中共黨內的資歷很深，不可能只憑區區幾條罪狀就能打倒，因此造反派控訴他們遵循「資產階級反動路線」，是「走資本主義道路的當權派」。此外，劉、鄧和他們的支持者也被冠上「蘇聯修正主義者」的稱號。這些罪狀的意思是，劉、鄧兩人所奉行的政治路線，是蘇聯模式的謹慎國家計畫經濟，而不是作為「大躍進」核心思想的那種革命意志論，或是依靠早期發動工、農從事群眾運動的革命路線。劉、鄧還主張容許農民拿回小塊自耕地，讓他們栽種糧食作物，或畜養雞和其他牲畜，而且是在大饑荒之後便鼓勵採取這樣的做法。

　　鄧小平和劉少奇兩人都是中共黨內精通紀律和組織的老手，他們在「百花齊放」運動中，有效遏制了毛澤東思想主張趨向極端，在隨後而來的「反右運動」裡，更監督事態發展，使其不致失控；因此在 1962 年到 1964 年間發動的「社會主義教育運動」期間，他們派出的黨工作組已經背離了毛打算加深其思想意識形態影響的本意。不但如此，他們派出工作組到地方上調查的對象，是農村中教育程度較低的黨幹部，認為這些人公然濫用權力、作威作福，可是在毛澤東看來，這些人才是真正的革命份子。二十多年來，鄧小平一直

擔任中共中央總書記，有辦法操控黨內幹部的升遷進用，並且擢升那些觀點看法和他相近的人士（譯按：鄧小平實際擔任中共總書記的時間，是 1956 年 9 月到 1967 年 3 月。他三次出任國務院副總理，任期總長則大約是二十年）。所以，鄧、劉兩人是毛澤東在意識形態上唯一還具有威望的對手，發動文化大革命的造反派準備將他們倆打倒，把整個國家的發展方向扭轉到造反派所選擇的路線上。

　　鄧小平和劉少奇被打倒後都沒有遭到殺害。但是劉少奇被紅衛兵從他位於中南海的居所裡拖出，被迫經歷了無數次批鬥會，還在會上做自我批評。傳聞劉試圖自殺未果。他的孩子都被逮捕，並且慘遭虐待；他的妻子王光美，當初曾與

毛澤東崇拜

從 1966 年 8 月開始，一直到隔年，北京天安門廣場一連舉行多次紅衛兵大集會，毛澤東站在紫禁城的天安門城樓上，歡迎這些紅衛兵。照片中是 1967 年 5 月，一大群紅衛兵動作齊一的揮舞著手上的《毛語錄》，所有人都把小紅書翻到書前，印有他們「偉大領袖」玉照的那一頁。曾經當過紅衛兵的作家劉索拉日後寫道，當毛澤東「在天安門城樓上揮手時，廣場上一百萬紅衛兵激素上升，心臟激動得像是要跳出來似的。稍後一見到他出現在屏幕上，我們全都掉下眼淚。他是神，這個世界的革命潮流起落，全都聽憑他的指令。」

攝影：保羅‧科奇（Paolo Koch）

前後境遇對照

（第 202 頁上圖）1964 年 6 月，毛澤東到一處軍方靶場視察，檢視一把來福槍的射擊準星，照片中央是表情若有所思的劉少奇，而左邊臉上帶著鼓勵微笑的則是解放軍總參謀長羅瑞卿。（下圖）1966 年 12 月當時羅瑞卿被指控背叛革命，紅衛兵將他塞進一只竹簍裡將他提起，然後帶往群眾批鬥大會。就在這個月，劉少奇被打倒。

到拒絕。劉可能於 1973 年去世，死時仍處在被監禁的狀態（譯按：劉少奇死於 1969 年 11 月 12 日）。鄧小平則在屈辱中挺了過來，設法在被撤除一切職務的情況下保住性命。

攻擊這些身在整個中共黨國體制最高階層的人，即使是利用政治狂熱的紅衛兵充當打手，如果沒有國家安全機構與人民解放軍的默許與縱容，幾乎是不可能實現的。由於解放軍被林彪牢牢掌握，而且林又明確宣示自己與毛主席同一陣營，因此雖然劉、鄧都在軍方高層中有不少好友與同事，自然無法指望軍方出面干預，保住劉、鄧兩人不受批鬥。同樣的，因為林彪協助毛的妻子江青，透過解放軍的報紙刊物和巡演文工團（這是解放軍結構中的重要組成部分），在軍中宣傳她的政治觀點，因此黨內負責文化領域的高幹也不可能得到軍方的保護。

不過，公安體系這股勢力的態度顯得更加模糊不明，或許這就說明了和林彪曾密切共事超過三十年的羅瑞卿，為何也淪為文革當中被打垮的高幹。此後，和江青及上海激進領導人站在同一陣線的康生，占據了更加具有權勢的位置（譯按：1966 年 8 月，康生成為中共中央政治局常委，兩年後獲得中共中央調查部的領導權）。康生在延安時期就以殘酷無情的中共特務首腦形象為人所知，他的掌權實質上更增添了毛的權力。

到了 1967 年的春季，全國已經陷入大混亂之中。所有各級學校和許多政府機關都被迫關閉。鐵、公路上到處擠滿要分享他們「革命經驗」的紅衛兵。工廠生產遭到嚴重的妨礙，有些紅衛兵的作為，和 1920 年代中共為試圖擴大影響力而發起的罷工行動並無二致，但是這些活動在 1949 年中共建國後可都是會遭受嚴厲鎮壓的。在很多城市裡，彼此敵對的紅衛兵派系陷入血腥的武鬥，他們通常以從倉庫或地方駐軍那裡奪來的步槍、手榴彈和火砲當作武器。許多紅衛兵在武鬥中喪命，而地方駐軍有時候還會向他們開火，以保護駐地的安全，或是驅散危險的群眾。整個官僚行政體系現在已告癱瘓，沒有人可以免於突如其來的批判或攻擊，毀掉他們的生涯事業，徹底否定他們畢生奉獻給革命的功績。大批紅衛兵的群集移動，使得人口管理變得極度困難，原先將農民和工人和人民公社及勞動場所聯繫起來的戶籍登記制度，實際上已經崩潰，而且引發嚴重的社會動盪。最高機密的政府機構，像是現在正在研發氫彈及洲際彈道飛彈系統的研究單位，也被紅衛兵威脅要強制接管，並宣稱這些單位的主管和研究人員都是「蘇修」或是右派份子。紅衛兵還闖入監獄和勞改營，強迫獄方和受刑人表態效忠毛主席。部隊裡軍心不穩，有些單位裡派系林立，甚至還威脅著要譁變。

1967 年中，毛澤東、江青和上海的文革領導人、林彪、以及其他在這波大革命浪潮下僥倖沒被打倒的黨內高層，一致達成共識：要設法恢復社會秩序。他們採用的辦法，是宣

他一起參加工作組，蹲點調查「大躍進」後地方實情，現在也備受批判與羞辱；王光美被迫穿上一件象徵資本家的連身旗袍，脖子上掛了一串假項鍊。鄧小平則在批鬥大會上被咆哮的群眾羞辱，住家四周牆上貼滿汙衊字眼的批鄧大字報，他本人也被迫撤除一切職務。鄧的家人和他一起受難，他的長子被紅衛兵從四樓窗戶推落地面，後來終生癱瘓。劉少奇則因為曾經位高權重，無法就此釋放，他被關押在極度惡劣的環境中，在他因健康狀態持續惡化而申請就醫時，仍然遭

告文化大革命勝利成功（但是「不斷保持警惕」的需求則會繼續下去），並且準備在各城鎮、人民公社、國營企業與各級學校內成立「革命委員會」。這些「革命委員會」的領導群將納入以下這三種群體：「革命群眾」的代表、通過忠誠考核的黨幹部、以及解放軍的代表。當然，這三股勢力之間的平衡，會根據環境的不同而出現變化，但是現在各地終於再一次有了各方公認的權威機關，任何問題都可以提到這裡來解決。儘管毛和其追隨者一開始時還不肯放棄其「革命語言」，但藉由「革命委員會」這個辦法，中央和各省政府機構慢慢地恢復了秩序。不過就在這個時刻，藝術的「淨化」

戴高帽

文革期間，遭到公開批鬥羞辱的人，在遊街示眾時，通常都會被迫戴上照片中這種紙製高尖錐帽。隨著這種場景變得愈來愈常見，「高帽」就必須做得更大，才能吸引人們的注意。照片中這頂攝於 1966 年 9 月的「高帽」就是一個特大號的例子，它被牢牢套在黑龍江省委書記任仲夷的頭上。

攝影：李振盛

實際上進入了一個更加嚴峻的階段。江青藉由支持少數幾部革命樣板戲和電影，以傳達非封建、非資產階級的無瑕情感為目的，試圖把自己認為適當的「人民藝術」觀點強加到全國各地。在這些革命樣板戲裡最著名的幾部，像是《紅燈記》、《紅色娘子軍》、或是《白毛女》等，都是在述說昔日游擊隊時代的英雄事蹟。在《白毛女》裡，未來投身革命大業的女主角，因為受到一位地主不斷欺凌，她的滿頭青絲竟全變成白色。1960 年代後期有一段時間，除了樣板戲外，別無其他戲劇作品能獲准演出。

儘管如此，紅衛兵運動的方向慢慢開始出現改變。黨中央宣稱，城市裡的青年將展開一場偉大的「上山下鄉」運動，年輕人到農村去向農民宣講革命經驗，同時也向中下貧農學習。整體說來，這項運動在意識形態上希望能灌輸人們某些和「大躍進」時期相同的思想價值：消除思想與體力勞動的差異、終結城鄉之間的差距、同時讓男女之間在工作和其他機會上都能更加平等。

毛澤東的肖像

毛主席的照片肖像、畫像、編織圖像或雕像成為文革期間的一項主要產物。照片中這家絲織廠，於 1967 年時放棄該廠百分之八十的生產，轉而製造印在絲綢布上的毛主席肖像。在文革期間的中國，人們在大庭廣眾之下，身上不敢不佩戴毛的肖像章或有毛頭像的鈕扣，出門不敢不攜帶「紅寶書」《毛語錄》，居家或辦公室的牆上也不敢不懸掛有毛肖像的巨型條幅。

毛澤東與藝術

兩者在文化大革命期間有著密不可分的關係。毛的妻子江青曾是電影演員，她在這段期間主管國家的文化事業，並且將可接受的戲劇作品

限制在區區幾部所謂「革命戲劇」上。這些樣板劇通常都由解放軍的文工團員演出，解放軍的總領導林彪是公開表態支持毛與江青的狂熱信徒之一。右頁照片攝於 1967 年，

一隊解放軍文工團在廣州車站朗讀《毛語錄》，這部三年前由林彪主持修纂而成的小紅書。後方有一度被稱作「蒙古小提琴」的二胡，以及橫笛演奏配樂。傳統樂器只要能

傳達「正確」的革命情感，就能獲准演出。

攝影：馬克斯・謝勒（Max Scheler）

　　許多城市裡的年輕人紛紛響應毛主席的新號召,他們志願下鄉,足跡踏遍中國各地。毛澤東在他們心目中的形象,並沒有因為「大躍進」的諸多失政、或是文化大革命期間造成的暴力與混亂而蒙上陰影。這些年輕人收拾了自己珍惜的物品,和家人道珍重,然後在路途中向巴士或火車站歡送的人群致敬;他們就此履足下鄉的征程,有些人去了離家不遠的農村,但也有不少人到環境嚴酷的西藏、內蒙和青海落戶。

　　這些「下鄉」的青年按理說應該是新一代信仰毛澤東路線的菁英份子,但實際上負責挑選他們「下鄉」的革命委員會,卻是同時抱著務實和自私的理由這麼做的;革命委員會利用這個機會,將城市裡不受歡迎的年輕人趕出去,而且把養活他們所需的費用移轉給農村負擔。很多被選中「下鄉」的都是個性堅強而又不安分的年輕人,他們通常階級成分不好,有過惹事闖禍的紀錄,或是找不到工作崗位可以安插。有些人在「反右運動」時就被下放,然後乘著文革時期無人監督的機會自行返鄉,現在又一次遭到流放。

　　這場「上山下鄉」運動的規模十分龐大,在 1968 年到 1972 年間,有多達一千兩百萬名男女青年從城市被下放到農村去。對於某些下鄉青年來說,他們的經歷極令人感動,農村的赤貧與艱苦的勞動都讓他們永生難忘。可是對另一些人而言,這趟下鄉純屬多餘,當他們好不容易終於抵達目的地時,所得到的也只是冷淡的接待。很少人民公社有多餘的糧食。城市青年即使身強體健,對於農事勞動也一無所知,就算不停工作也很難維持溫飽。他們下放到農村來沒有時間限制,這些青年很快就意識到,自己很可能不得不在這些沒有電力和自來水的偏遠村莊裡度過餘生。農民多半對他們抱持戒心,有時甚至還懷疑他們。下鄉青年與農民之間沒有共同話題,兩者的生活方式與期盼看來也令人難以置信的大相逕庭。城市裡來的青年男子被認為沒有前途,所以不是農村女孩的理想婚姻對象;而在農村青年男子的眼裡,城市女孩

文革中的佛寺僧侶

（左圖）文革期間，位於哈爾濱的極樂寺遭到群眾的嘲弄凌辱。照片後方，有一塊貼在寺門口的布條，上書「橫掃一切牛鬼蛇神」，出家僧侶們還被迫拿著一條橫幅，上面寫著「什麼佛經？一堆狗屁！」1966 年 8 月，攝影師李振盛再次運用他地方黨報記者的身分，捕捉到了這「革命」的一刻。

攝影：李振盛

紅衛兵武鬥

（右圖）即使是在紅衛兵對其他團體實施「專政」的同時，他們內部也開始出現衝突，不同的派系競相宣布自己比本地的其他對手更具革命純潔性。在這張攝於 1967 年 1 月的照片裡，在總是出現的革命標語條幅下方，哈爾濱的主要紅衛兵派系正逼迫敵對團體的兩名紅衛兵跪下，並且承認自己的罪行。

攝影：李振盛

人取得聯繫，許多人的健康和意志力往往都告崩潰，如果在這時候有技巧的審問他們，這些人的口中經常會吐露出過往生活的細節，或是導致家人遭受重判的實情。要不然他們就謊造朋友涉嫌犯罪，以求減輕自己的刑期。

從 1970 年開始，有許多較年長資深者加入這些年輕人「下鄉」的行列，這是因為文革領導階層發動一項包羅廣泛的政策，將各文化機構的人員下放到農村裡所謂的「幹部學校」。，在這裡他們也能體驗人生，並且在土地上勞動。這些下放到「幹校」的知識份子群體裡很多是年長者，他們在很少有地方農民陪同的情形下，被分派從事類似僕役般的艱困工作，像是在工作單位裡清掃廁所等。如果他們被下放到農村，由於年齡和欠缺務農經驗的關係，使得這些知識份子除了更加深彼此患難與共的團結情感、並遭受他們所鄙夷的文革語言攻擊之外，幾乎什麼事也做不了。

在中國逐步恢復秩序的過程中，在文革風暴中倖存的領導人開始愈發激烈的競逐權力，因為到了 1970 年，毛已經七十七歲，健康狀況明顯不佳。在他少數幾次公開露面中，毛走路需要隨從或護士的攙扶，他的四肢由於疾病的影響，

似乎是充滿異地情調或貌美的，因此會受到積極的追求。不過，如果他們向現實低頭，或甚至是和農村男女步入婚姻，就將要面臨未來艱苦而繁重的生活。

有一個解決之道，就是在這些青年下放的農村，透過地方上的教學職務或透過組織與勸說的技巧，搞起他們在城市見識過同樣的階級鬥爭過程。在很多村莊裡，原有的舊怨因而更加激化，有些農民積極份子感覺自己被更加成功或更勤奮的同事所坑害，這些人很樂於給他人貼上「封建餘孽」或「走資派」的標籤，以便把他們從生產大隊的領導位置上趕下來。在人民公社的指揮部裡，通常都會有這些前紅衛兵可以利用的內部派系，他們便以革命經驗的名義，在其中製造動亂與暴力對抗。如果這些城市青年行為太過激烈，他們會發現自己被打成「右派」，未經審判就被放逐到勞改營勞動改造，在那裡他們無償修路或整地，飽受看守人員的欺凌，時常有人被逼得自殺。由於勞改營中無法上訴，也不能與家

開始出現不斷顫抖的情況——他受過西方醫學訓練的私人保健醫生認為這是「盧‧賈里格症」（Lou Gehrig's Disease，即運動神經元疾病，俗稱「漸凍人症」），會影響人體的中樞神經系統。毛的妻子江青和他身邊的其他親信，即使已經有好幾位成為中共中央政治局常委（不過江青本人卻還沒進入政治局），現在急於搶奪更重要的職位。毛底下的二號人物，也就是嫻熟外交手腕、自 1950 年起長期擔任國務院總理的周恩來，對這一切顯然不動聲色；文革期間，他在所有紅衛兵的猛烈批判當中挺了過來，而且很技巧地保住了自己在官僚體系裡的權力基地，不過他的身體狀況也很虛弱，看來不太可能比毛澤東長壽。（當時周恩來被診斷罹患初期癌症，他在經過治療後一度康復，但最終還是在 1976 年因癌症病逝。）

這些政治鬥爭和高層人物的身體虛弱使得林彪成為爭奪大權最合乎邏輯的競爭者。從 1967 年到 1970 年，他確實試圖讓自己成為毛澤東的接班人一事寫入憲法，得到國家體制的正式承認。此舉必須得到實際上是中共橡皮圖章的立法機構——全國人民代表大會批准通過，該會每年集會一次。但是毛運用自己的威信擋下了林彪登峰造極的最後一步：有不少傳聞指出，雖然毛主席稱林彪是他的「親密戰友」，卻已經開始懷疑林彪別有野心。毛澤東崇拜已經到達令人暈眩的地步；所有的中國人經常在每天早晚的公開儀式上禮頌毛主席這位「紅太陽」，他也出現在全國各地的標語和旗幟橫幅

上，用的是之前帝制時代稱頌皇帝的詞語「萬歲萬萬歲」。毛個性裡的躁動不安現在倒起了好的作用，他帶著自己的「女友」、私人醫生和衛士，搭乘他的專屬列車到全國各地巡視。巡行全國各地，讓他對文革的進程、以及廣大支持者的相對忠誠度，都有了新的認識。

在 1971 年初，毛顯然獲得消息，知道有一個逼他下台的計畫正在進行當中，甚至打算在他搭乘專列時炸毀火車。1971 年 9 月，毛決定在林彪發難之前率先動手。在發生一連串至今還無法解釋的事件後，林彪據說和幾位家人一起，搭乘一架噴射機，由華北起飛，準備逃往蘇聯。飛機在外蒙古墜毀，機上乘員全部喪生。這對於此前一直如墜入五里霧中的黨員幹部來說至少算是一條新消息，他們旋即奉指示將此事轉達給工農群眾。對很多中國人來說，官方的種種說法是如此前後矛盾，而且匪夷所思，這使得他們原先對黨的信心嚴重遭到動搖，甚至徹底破滅。

此事過後隔年，中國開始與美國來往，這幾乎讓廣大中國人民大吃一驚。文革期間的用語和行動，充斥著一種盲目愛國主義的氛圍——1969 年，中國與蘇聯在邊境爆發武裝衝突；美國一直被中國視為主要敵人，更因其在越戰中扮演的角色而遭受中方譴責；英國駐華代辦處則被紅衛兵燒毀。中國奉行這種外交路線，其目的在支持第三世界國家反抗「超級大國強權」所進行的革命鬥爭。但是在整個文革動盪期間，中國一直在聯合國進行遊說工作，謀求取代迄今仍為台灣保有的中國代表席次。儘管美國持續抵制，中國仍舊在 1971 年成功進入聯合國，並將台灣驅逐出去。因此，從外交政策的長遠角度來看，與美國人來往、將他們拉往對自己有利的方向傾斜，並進一步藉此遠離蘇聯，對中國來說都是明智之舉。

在美國總統尼克森（Richard Nixon）的國家安全顧問亨利‧季辛吉（Henry Kissinger）看來，中國此舉可說來得正是時候。由於蘇聯的各項意圖難以預測，而冷戰局勢下，各種對立的語言和對抗行動猶然方興未艾。因此儘管美國在台灣問題一事上立場反覆多變，但因為興論一直強烈同情蔣介石政府，所以人們很難對尼克森過去堅決反共的立場多所質疑與譴責。因此，在中美雙方政府官員組成的談判小組祕密協商數月之後，尼克森總統搭乘的空軍一號專機於 1972 年 2 月 21日降落在北京首都國際機場，當天下午尼克森就會見了毛澤東。

中美雙方這時發布的外交公報都極為謹慎，承諾不會有大的改變，而且特別重申只有一個中國，因此避免任何可能引發台灣獨立疑慮的爭議。外資在中國進行投資的各種可能性大增，而文化與學術交流使得西方人士蜂擁而至。很多造訪中國的西方人都被中共巧妙誤導，以為中國是一個開放的社會主義國家，公民都享有充分的自由，經濟上的匱乏已經

消失無蹤，其他的犯罪和個人惡習也告絕跡。但是文革的領導人們顯現出還想緊密控制國家的企圖，而在工廠、人民公社與大專院校裡，「革命委員會」總是熱誠接待來訪的西方人士，並為他們開設學習毛澤東思想的速成班。

　　黨的領導高層於 1973 年和 1974 年率先發動一場群眾運動，稱為「批林批孔運動」。據說，在面對中國走向秦朝中央集權的帝制新趨勢時，孔子倒行逆施，竟然膽敢提倡支持恢復舊時代貴族特權的天下秩序。儘管這項運動似乎有些淪於說教，卻讓人們有了閱讀孔子著作的正當理由。與此類似的是另一件事的發展：雖然中國只是稍稍開啟了面對西方的大門，但僅憑這一官方（其實是毛澤東本人）拍板定案的事實，就代表了人們再一次能夠閱讀外文書籍了，即使一開始這些西方書籍僅供證明某人的語言能力。因此，那些幸運沒在 1960 年代後期被焚毀的書籍，現在可以重新擺回家中和圖

被自己一手挑起的動亂弄得身心俱疲的毛澤東

左頁這張照片攝於 1972 年 1 月，當時毛澤東正從他原先的極端革命理想中退卻。這時他已整垮多年來被稱為「毛主席親密戰友」的軍事領導人林彪，而且正暗中安排美國總統尼克森下個月到訪。照片中，毛澤東出席陳毅的追悼會，他緊握著陳毅遺孀張茜的手，陳毅是早期熱誠擁護毛的黨內支持者。毛蓄鬚不剃，他只有在心情極度抑鬱時才會這樣做。到了下個月尼克森訪華時，毛又再次將鬍鬚刮得乾乾淨淨。

黨的路線

政治集會並沒有因為文化大革命的浪潮衰退而平息，人們只是轉換了新的目標。1974 年，在這列開往北京的火車上，乘客們忠實地在懸掛於車廂天花板的一幅標語下方集合起來，大聲呼喊口號，要群眾「把批林批孔的鬥爭進行到底」。林彪在 1971 年遭祕密整肅，但直到隔年才向全國公布他的死訊（據稱，林在準備出逃到蘇聯時死於飛機失事）。政府將這位可恥垮台的將領與孔子聯繫起來，試圖強調林彪個人的反動本質，以及他反對階級鬥爭的立場。

攝影：李振盛

書館的書架上了。大專院校也開始重新定期訂購西方的技術與學術期刊。

同樣的，許多在文革初期就被打倒撤職的高層政治人物，現在開始悄悄地重新掌握權力。如果黨要重建，就需要借重鄧小平對中共黨內結構的豐富知識。於是，在1975年底，他被重新任命為國務院第一副總理，同時兼任中共中央總書記這個要職。（譯按：鄧於1975年1月復出，出任國務院副總理、中共中央副主席、中央軍委副主席、解放軍總參謀長等職，但並未回任黨總書記。當時總理周恩來病重住院不能理事，鄧是實質上的代總理。參見：傅高義（Ezra Vogel）著、馮克利譯，香港中文大學出版社編輯部譯校，《鄧小平時代》，香港：中文大學出版社，2012年。）1976年1月，他在總理周恩來的追悼會上，以謹慎的用語，向周致悼詞。長期以來，周恩來多次提攜引領鄧小平。鄧稱許周公正無私，平易近人，而且深知中國需要維持穩定的重要性。鄧還公開表示，並不是所有的中國領導人都具備周總理這樣平淡無奇的美德。

但是鄧小平這次復出為時甚短，到了1976年4月他再次被打倒，起因是一起中共自1949年建政以來史無前例的事件：在北京的市中心，出現一場大型的政治抗議集會，群眾全是自動自發聚集。這場集會表面上的理由是在4月5日追思先人的清明節這天，紀念已故的總理周恩來。4月4日夜間，來自北京各處的市民群眾，開始在人民英雄紀念碑下方聚集，這座紀念碑是黨在闢建天安門廣場時在中央豎立的。群眾們自己帶來了花圈、鮮花和輓聯、詩文，還有周恩來的遺照，布置在紀念碑四周。民眾表達對周恩來的悼念，周謹慎而務實的施政風格，和現在當權領導人的政治路線形成強烈的對比，而且對這些「現任當權派」的種種批評，很顯然毛主席他老人家也包括在內。

當晚，北京當局出動公安和民兵，到人民英雄紀念碑周邊執行清場，試圖搶先一步，阻止後續的政治性集會活動。但是，4月5日當天，大量群眾再次在紀念碑底下聚集，將他們追悼致敬的各項致敬的物品和詩文又放了回去，而且更帶憤怒情緒地發表演說。在鎮暴部隊拙劣地試圖破壞集會時，群眾失去秩序，開始有人反擊軍警，並試圖闖入廣場周圍的政府建築物。入夜後，北京當局召集增援部隊入城，但嚴重的暴力行為仍然持續出現。天安門廣場被封鎖清場，許多市民遭到逮捕。有報導指出，動亂迅速擴散北京市各地，很多市民遇害，不過這些報導都無法得到證實。中共中央緊急召開政治局常委會議，宣告這場集會是「反革命政治事件」，並將責任歸咎於不在場的鄧小平身上。但是，黨領導高層宣稱這樣一場反革命動亂，顯然是事前經過計畫，而且是由某個最近被打倒的「走資派」策動的，中共中央希望平息任何可疑的民眾自發性政治活動，在未經黨的許可情況下，在中

國出現。鄧小平擔心，要是自己續留北京，將會有生命危險，於是他設法逃往華南，在廣東一位高級將領處暫時取得庇護，觀望事態的後續發展。

由於此刻北京到處都是公安、武警和軍隊，而群眾又缺乏發動示威集會的經驗，因此抗爭沒有後續發展也就不令人感到意外了。但是，在1976年7月，大自然襲擊華北，造成動盪：工業城市唐山周邊的山東地區（譯按：唐山市位於河北省）發生大地震，這是中國歷史上規模最大的地震之一。大片唐山市區及郊區農村完全夷為平地；距離唐山八十公里遠的天津市，建築或崩塌，或成為無法居住的危樓。罹難者估計三十萬人以上，五十萬人受傷，而其他無家可歸者人數更

是無可勝數。在中國歷史上，發生這類自然浩劫，代表人間將有靈耗出現，政府傾全力闢謠、化解這些揣測。當局不帶感情地處理救災事宜，外界人士一概嚴禁進入災區。所有國外提出的救難申請都被當局婉拒。派往當地救災的救援隊活動，都以符合政治正確的毛澤東路線語言加以描述，說他們是人民群眾自動自發成立的，並且在大震災面前，展現出自力更生的大無畏精神。

然而，從歷史的教訓來看，這場大地震在許多人眼中確實是將要發生大事的預兆。毛澤東在前一年已經中風多次，現在臥病在床，陷入半昏迷狀態，偶爾嘴裡喃喃發出一些聲音。圍繞在他身邊的，是幾位平時最親近毛的「女友」，以

及他的警衛組成員。中共中央政治局的常委輪班守在毛的病榻邊，唯恐意外情況發生，需要集體見證。毛的醫療組資深成員現在全陷入一種極度焦慮不安的情緒中，因為他們既不知道要如何延長毛的生命，又恐懼會因為毛死而遭到譴責。1976 年 9 月 9 日午夜剛過，毛澤東死亡的時刻降臨，一切來得既快又安靜。來自毛家鄉湖南的華國鋒，在毛死前一個月，被他欽點成為接班人。華國鋒之前知名度不高，但是他勤懇熱誠地擁護毛澤東路線，而且得到類似毛「遺詔」的字條：「你辦事，我放心。」當局於九日當晚對外宣布毛的死訊，全國開始準備悼念。

1976-1986
毛後中國與世界
THE POST-MAO WORLD

　　毛澤東死亡當下，中共高層眾人在第一時間的反應，是手忙腳亂地找來毛的醫療組成員，準備保存毛的遺體。因為中共中央政治局已經做出決議，毛的遺體應該像列寧在克林姆林宮前的陵墓那樣，經過防腐處理，在天安門廣場上供人瞻仰。政治權力上的競逐持續進行，而且愈演愈烈，而因為文革而掌權的各個團體，現在努力想確保自身的地位。毛的接班人華國鋒看似不是個具有政治份量的人物，但是他夠敏銳，曉得如果自己要想繼續掌權，就必須先發制人，盡快採取行動。於是他和北京城裡手握兵權的幾名老將，以及之前負責毛警衛安全的部隊指揮員（譯按：汪東興）達成協議，合力扳倒江青和她的幾位主要同夥。1976年10月初，在毛澤東國葬之後不久，和江青關係十分密切的三位上海幹部（譯按：王洪文、張春橋、姚文元）便接獲通知：中央政治局要召開緊急會議。這幾名發動文革的領導人準時赴會，當他們步入會議室，立刻遭到逮捕，之後連同江青本人在內，一律收押看管起來。最初的罪名，是指控江青等人在黨內組織一個小宗派——也就是所謂「四人幫」，進行非法奪權，並且要他們為中國人民在文革期間遭受到難以言喻的巨大苦難負起責任。這些人之後的下場已經很清楚了：儘管他們在毛的喪禮中都居於十分顯要的位置，但是在官方發布照片時，這四人的身影都已被噴霧抹消，照片中他們原來站立之處，現在以整齊插入的裝飾植栽和建物背景代替。好幾名過去在文革期間手握重權的「四人幫」其他屬下成員，也很快遭到逮捕。

　　華國鋒能登上大位或許是因為毛澤東的欽點，不過很顯然他的出線乃是各方勢力衝突下的妥協選擇。華在黨內的政敵譏嘲他，說他的髮型和服裝都刻意模仿毛澤東，而且除了「兩個凡是」以外，他別無意識形態思想綱領——這裡指的是華一再反覆重申：「凡是毛主席作出的決策，我們都堅決維護；凡是毛主席的指示，我們都始終不渝地遵循。」華沒有自己的人馬，在黨內和在軍中也欠缺堅定的支持者。事態在短短幾個月之間的發展，清楚顯示毛澤東之死與「四人幫」被捕這些事件，真正的受益者是鄧小平。鄧之前兩次被打倒卻都能再起，表示他仍舊不可或缺。1977年初，鄧又重新出任國務院副總理；到了該年夏季，他再一次擔任黨的總書記。

傑出的倖存者

1984年10月，鄧小平在慶祝中華人民共和國建國三十四週年儀式上檢閱儀隊，當時他已八十歲，腰桿仍然挺直，顯得神采奕奕。鄧之所以能在毛澤東逝世後崛起為中國新一代領導人，要歸功於他性格中過人的堅韌毅力。1966年文化大革命爆發，鄧遭到整肅，被撤銷黨內一切職務；十年過後，在1976年春季的政治風暴中，他又被打倒。但是鄧卻能第三次復出，這是因為他在解放軍及黨內高級領導層中都獲得強力支持的緣故。鄧的革命資歷同樣也無可挑剔：他生於1904年，1920年代初期在法國「勤工儉學」半工半讀時參加中國共產黨。鄧經歷過江西蘇區及「長征」，之後在華北協助建立中共的游擊根據地，而這些游擊根據地，正是中共最終能在1949年贏得內戰勝利的重要基礎。

（譯按：此時鄧小平的黨政職務為中共中央副主席、政治局常委、全國政協主席。1977 年時中共領導人仍為華國鋒。）

鄧在毛手下工作多年，毛向來清楚鄧是個務實主義者。在面對特定問題時，鄧以「實事求是」的主張聞名，他反對單單只是尋求合乎理論正確的解答。譬如積極熱烈探求思想意識形態「正確」與否，對毛澤東而言極為重要，可是對鄧小平而言，「不管黑貓白貓，（只要）抓到老鼠就是好貓。」黨內其他人也感受到鄧小平話中的嘲諷意味。到了 1970 年代後期，雖然華國鋒在形式上依舊是領導人，但是鄧和身邊幾位得力支持者已經做出決定，準備謹慎地開放中國經濟，並且放寬取得外國商務契約與投資機會的大門。

鄧小平對於在農村鼓勵重開私有地、增開自由市場部門的種種可能性特別感到興趣，希望以此增加農村積極性、刺激生產、為地方事業投資創造新的機會。正是這些地方，先前在「大躍進」時期曾經使毛澤東感到極其困擾，後來在文革時又烙上了「走資派」的印記。當鄧得知在廣東、四川兩省，有若干在文革時期被打倒過的年輕領導幹部，現在開始推行這樣的政策時，便出面為他們宣傳，並給予鼓勵。結果使得生產力大大提升（這些產量數字，可不像「大躍進」時期那樣造假，都是準確無誤的），於是鄧決定，宣告這兩個

省的改革開放發展模式，在國家掌控經濟情勢走向的大前提下，成為全國發展經濟的模範。

1978 年 12 月，中共中央召開全會（譯按：即中共中央第十一屆三中全會）。在會中，領導人們討論並確立這些新政策的實施。中國如要邁步向前，就需要實行「四個現代化」的構想，當初在周恩來還在世時就已經提出討論，之後更是在華國鋒嘴上發揚光大、反覆提及。所謂「四個現代化」，指的是工業與貿易、教育、軍事組織以及農業的現代化。但是現在人們開始認真思考這些變化背後的實際意義，以及這些變化與毛澤東思想之間的關聯。長久以來，毛澤東思想一直是這個國家的指導意識形態。黨的領導人們經過連番精心設計構思，終於拍板定案：「總的來說」，當時毛澤東所做的決定，百分之七十都是正確的。至於剩下的百分之三十，究竟是不是暗指毛在「大躍進」或文革時期犯下的錯誤，就不是那麼清楚了。不過，在相關結論中暗示了文革時期中國的各項問題，其主要責任可以追蹤到林彪和「四人幫」的身上。

這次全會還提出一項 1956 年時的核心議題，之後在 1960 年代初，這一議題曾經又一次浮上檯面：中國的藝術創作者和知識份子究竟有什麼樣的權利？在何種範圍下，他們能夠按照憲法保障的言論自由，表達自己的意見？會上似乎重申

了「百花齊放」運動時做出的結論，即只要不危害黨和政府，公開的批評與討論應該提倡，藝術的實驗與創作也應該受到鼓勵。大會的結論明確指出，「人民民主」應該與「中央集權」進行審慎地調和，並確保「法律之前人人平等」的正確道路。這些改革被收入於同年修訂的人民共和國憲法，經由全國人大批准通過，以保障人民集會及張貼大字報的權利。為了加深執行這些決議的力度，在「反右運動」時期被打為右派的大量案件現在重新審查，而數萬藝術家與知識份子終於得以獲准返鄉，他們當中有很多人都經歷了二十多年的下放、勞改或是監禁。

雖然有這樣多的中國人經歷過如此慘痛的教訓，他們仍然興奮雀躍的回應這個政治的新走向，顯然相信當前的局面與1956、57年時完全不同。大量新雜誌刊物出現，它們通常是手工印刷或油印，充滿創新的短篇小說和詩歌，或是短文與省思政治的評論。有些刊物，譬如《今天》和《探索》這兩部雜誌，很快便到了洛陽紙貴的程度，往往一出刊立刻售罄。在此同時，北京警方容許市民在紫禁城以西的一道長圍牆上張貼大字報，表達各自的政見觀點。這個地方很快就成為民眾集會的熱門地點，人群裡擠滿了作家、觀察人士，甚至還有現在已獲准進入中國的若干外國新聞記者。到了1978年10月，這裡有了一個非正式的稱號，叫做「民主牆」。「民主牆」這個名稱，既與牆上許多坦率表達意見的大字報有關，

也能追溯到1919年「五四」運動時的激盪歲月，當時中國需要「民主與科學」是青年人最重要的訴求呼喚。

在所有為《今天》詩刊供稿的作家裡，有一位名叫北島的詩人，迅速得到了讀者極大的歡迎。北島（和其他許許多多同樣使用假名的二十世紀中國作家一樣，這是一個筆名）於1949年出生在一個興旺的家族裡，家人裡不少是專業人士。所以他象徵著在人民共和國統治下出生、成長的一整個世代。1966年，北島和他同年齡的人一樣當了紅衛兵，加入文革頭一道激昂亢奮的洪流中。但是由於見識到了文革之中的暴力，他幻滅退出，之後逐漸發展出充滿隱喻的敘事風格，以記錄下他對於這場吞噬整個中國的革命的種種感受。北島在他的一首詩中寫道，曾親眼見證1976年春天北京天安門廣場上以追思周恩來為名的集會，以及其後的軍警鎮壓；在一首抒發對此事件感受的詩作中（譯按：〈回答〉），北島寫下懷疑的力量，質疑黨提出每一個所謂真理的必要；他還寫道關於懷疑的悖論，能讓一個人懷疑自己所知為真的事物。這首詩成為1978年中國青年人人傳誦的地下國歌。在另一首篇幅更長些的詩中，北島描繪逐漸褪色黯淡的革命形象，即使它們仍能動彈、甚或權勢薰天，現在卻都已經過時了，覆上層層回憶與懷舊之情，就像一座鮮少有人造訪的博物館裡的標誌。全世界的無產階級或許還能向彼此伸出援手，而在中國，卻由一張「網」限制住了人們的生活。

民主牆

北京「民主牆」之名，來自於牆上所張貼各種直率表達政治觀點的大字報。當時是1978年後半，鄧小平甫掌握權力，承諾中國將更加改革開放，隨後的幾個月當中，人心激盪。左頁照片中，一名年輕男子在牆上張貼大字報，描述秋季在北京召開的黨內幹部會議，是「一顆滾進了人民大會堂的王八蛋」，大膽地用帶有性暗示的傳統輕蔑比喻，嘲弄那些家世高貴的人。當之前做過紅衛兵的魏京生和其他人熱情呼籲，實行民主的大字報也張貼在同一道牆上時，政府做出嚴峻的回應。右頁照片攝於1978年12月8日，好幾隊清潔工被派往洗刷這些「民主牆」上的標語和大字報。1979年初，當局禁止大字報張貼，而魏京生則因為抨擊黨而被判處十五年徒刑。

左頁攝影：
馬克・呂布（Marc Riboud）

北京一名年輕的電工，名叫魏京生，來自幹部家庭，也曾參加過紅衛兵，他決定不和這些隱喻糾纏。魏京生的父親曾帶回若干黨內限制流通的刊物，魏很明顯是受到這些刊物裡關於西方政治文章的影響，他進行了一次大膽而勇敢的嘗試，思考民主政治理論對於馬克思列寧社會主義成功的影響。雖然魏京生聲稱自己相信社會主義革命的目標及其中心宗旨，但他也指出，中國當前的意識形態已變得麻木顢頇而且專制獨裁：它業已失去了以想像力進行改變的力量，淪為被用來支撐權貴的工具。因此，鄧小平和其他當今的領導人所宣揚的「四個現代化」是不夠的。必須有「第五個現代化」（譯按：即民主化），魏京生將它定義為真正意義上的多元化，受到憲法的保障，而且能經由有意義的民主選舉傳達出來。魏一面在他與其他人共同編輯的刊物《探索》上宣揚自己的觀點，同時也將上述看法寫在大字報並張貼出去。在接下來幾篇政論文章裡，魏對鄧小平的批判愈來愈直接，此外他還寫了一篇報導文學，講述北京近郊一所惡名昭彰、專關政治犯的監獄——這是之前在監獄裡坐牢的受刑人鉅細靡遺描述給他聽的。在北島和魏京生之外，還有其他許多年輕作家，以各自不同的心態和形式，發展出與他們兩人類似的看法，或是提出自己心目中未來中國的發展藍圖。這次「百花齊放」運動後期階段所得到的各方回響是難以想像的。

也正是在這個階段，1979 年初，外交政策與國家內部團結的需求，正面遭遇這條新發現的追尋自由道路。該年一月，鄧小平赴美國訪問，受到美國大眾媒體的大肆報導與熱烈歡迎，他與卡特（Jimmy Carter）總統舉行會談，探討中國與美國進行合資生產，或是和包括可口可樂、波音在內的美國各大企業洽談採購案的種種可能性，並尋求擴大文化與學術交流的範圍。鄧小平訪美之行透過電視轉播傳回中國，如此對外國資本主義的尋求，讓中國人看在眼裡，突顯出「四個現代化」是亟需落實的方向，而且讓廣大中國人民見識到了充滿耀目光輝的外國產品與生活方式。

與此同時，中國仍然對於蘇聯在東南亞的長期戰略目標感到忐忑不安，因為美國已經於 1975 年撤出越戰，而蘇聯準備填補美國勢力離開東南亞後的權力真空，顯然準備在越南的軍港發展海軍勢力，插足南中國海。越南軍隊還越境侵占柬埔寨，推翻該地由中國扶植、以自己發展起來的激進毛派語言與實踐而自豪的「紅色高棉」（Khmer Rouge，或譯作赤棉）勢力。為了壓制越南的氣焰，中國軍隊越過中越邊境，準備發動一次協調良好的閃電襲擊戰。結果這是一場拙劣而勝負未分的戰役，儘管中國的國營媒體大肆揄揚此戰成果，但實際上越軍造成中方大量人員死傷，並且導致中國狼狽不堪地撤出越南。

由於魏京生在有欠考慮的情況下，對國外媒體記者談論

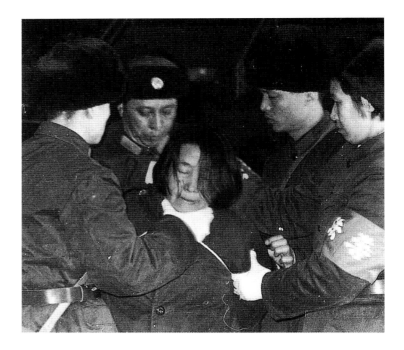

起中國這次敗仗，他隨後便以「洩漏國家軍事機密」為罪名遭到逮捕。在受審時，魏勇敢地重申他對中國民主的觀點看法，強調民主價值的重要性，以及就中國當前問題舉行公開辯論的必要。承審法官不為所動，依然判處魏十五年勞動改造。魏的一些友人想辦法夾帶錄音機進入法庭，記錄下魏的慷慨陳詞，這份轉成文字的記錄後來被發表，很快就在中國和海外複製流通。與上述這些事件同時發生的，是當局對於民主牆的言論表達加諸許多新的限制。1979 年春季，政府完全禁止民眾在這裡張貼大字報、發表看法。取而代之的是，

處決貪汙犯

鄧小平掌權後，開始調查國家內部的各種問題，一連串貪汙大案於是浮上檯面。王守信是黑龍江省一家燃料公司的經理，1979 年 10 月經過三天的庭審之後，她被判處死刑。調查此案的新聞記者劉賓雁，以〈人妖之間〉一文揭發王守信的種種罪行。他在文章裡寫道：「不是還有大大小小的王守信在各個角落繼續蛀蝕社會主義，繼續腐蝕著黨的肌體而又受不到懲罰嗎？」

攝影：李振盛

當局在附近一處公園設立一塊受監管的區域，群眾可在這裡張貼大字報，但是要經過官方的嚴格審查。表達自我意見的浪潮被遏止住了；而那些持論更加直言不諱的刊物編輯們，要不是被逮捕，就是持續遭到騷擾。大部分的新出版品都被查禁。不過揭露內幕的報導文學倒是容許發表，特別是那些被認為提供了「建設性批評」的文章，更是如此。因為它們批判的地方，實是政府自知的缺失。是以在 1979 年中，地方黨報發布了一條新聞，指稱在中國東北極北的黑龍江省，出了一起嚴重貪汙的大案，有一名北京的新聞記者聽到了這個消息，決定親自去探查究竟。

這位冒險查案的記者名叫劉賓雁。他是一位傑出的新聞從業工作者，直到「百花齊放」運動時，響應毛澤東的號召，對中共各項問題提出建言，結果是在 1958 年到 1961 年被下放「勞改」。之後劉賓雁曾經一度恢復名譽，但是在 1969 年至 1977 年間，他又再一次被放逐到「五七幹校」接受改造。

黑龍江這起貪汙大案的首惡，是一名中共的女黨員，名叫王守信。她後來擔任該省一家國營燃料公司的採購經理。在 1970 年代，她一手建立了一個分布廣泛的貪汙人際網絡，

自國家和地方人民處挪移數十萬元公款，轉到自己的黑金庫，並分給她的同夥。劉賓雁不遺餘力地將這些犯罪情形全都記載在一篇長達五十六頁篇幅的報導之中，在 1979 年 8 月完稿，定名為〈人妖之間〉。一個月後，這篇報導文學登載在北京的刊物上。不過，這篇文章在以王守信的種種貪婪和瀆職情狀娛樂讀者、讓讀者感到震駭的同時，劉賓雁也指出：王是在艱困時代裡成長的那代人，是共產黨（當人民在 1959 年到 1962 年的大饑荒當中被迫吃樹皮和糟糠充饑之時，黨的領導人竟然還在大啖肉餡餃子）讓她的貪汙犯罪變得太過容易、不難理解。在文章的字裡行間，劉始終強調，正是靠著當地人民貫徹到底的勇氣，以及他們運用大字報表達民怨的高明手法，才迫使本案浮上檯面，最後逼得國家不得不採取行動。

劉賓雁的文章見報後不久，王守信就被逮捕受審。她被法庭判處死刑，並立即執行。和她同夥的幾名從犯也都獲判很長的刑期。劉賓雁這篇報導之所以筆力千鈞，在於他所寫的內容有普遍性：每個人都知道身邊有像王守信這樣的人，而這又讓人們不禁去想那所有還未被法律制裁的人。雖然劉賓雁遭到若干中共黨員的批評（尤其是黑龍江的黨員幹部，他們指責劉寫這篇報導的目的在於牟利），他卻沒有像吳晗那樣，成為一場政治運動批鬥的風暴中心，或是像魏京生那樣，被強制禁聲。在那些不算太敏感的領域，劉賓雁保存了中共黨內具生命力的良心之聲。（譯按：**劉賓雁於 1988 年赴美國講學，2005 年於紐澤西州逝世。**）

1979 年 1 月，中國與美國全面建立正式外交關係，美國則切斷了與在台灣的國民黨政府的正式官方聯繫。支持台灣的人士憂心，失去美國的支持，將會為這座島嶼帶來嚴重的災難。不過，如果有任何的變動，美國的新對台政策只是更著重在台灣經濟的健全性。蔣介石於 1975 年去世，他的兒子順利接班執政。雖然台灣是受到一黨專政嚴密控制的國家，國民黨幾乎支配了政治和公眾生活的所有領域，但是台灣在經濟發展上卻成績斐然。蔣介石的政府於 1950 年代初期徹底改變了台灣的農業體制，其辦法是一面以非常優惠的條件，授予小農土地，同時又保障他們不受過高田租的剝削，好讓農民能夠提高產量、增加效率（譯按：即「三七五減租」與「耕者有其田」政策）。國民黨驟然推動這兩項政策，卻未造成農民突如其來的災難與衝擊，也沒有出現中共在大陸嘗試推行土改時發生的暴力情形。台灣的工業發展也有類似進程：1960 年代時工業生產基礎開始轉型，在一些精挑細選的產業（例如電子或高科技）領域中更是如此，使得台灣由原來以廉價勞力生產減價消費商品的輸出國，一躍而成為美國和日本在高科技領域上的競爭對手。台灣的產業轉型是國民黨政府推行政策的成果。政府的政策著重在推動科學領域的高等教育，並且以優渥的薪資聘用這些受過高等教育的菁英在政府支持的研究機構、或是經濟產業園區裡指定的大廠內任職。

再沒有其他的比較，能夠像拿台灣科技菁英與中國大陸科技人才的遭遇對比，得到更大的反差了。當中共仰仗所謂「人民的技術」、使這些科技人才遭受醜惡不堪羞辱的同時，台灣卻能誘使許多前程看好的科學家，放棄原來在美國的高薪職位回國任職，而且以大量資源挹注在科技研發領域上，從而保持在科技領域上的世界尖端地位。海峽兩岸不同政策的結果，是到了 1979 年時，台灣的人均生產總值（per capita Gross National Product）是中華人民共和國的六倍。當然，考慮到整體與組織的規模，當時一千七百萬人口的台灣，在高等教育和公共部門發展上能夠達到的水平，是擁有十億人口的中國大陸所無法企及的（根據 1982 年的人口調查，中國人口終於突破十億大關）。

鄧小平繼續在 1980 年代初推動經濟私有化政策，而且強化華南好幾個經濟特區的角色及重要性。這些經濟特區位於廣州近郊的深圳及其他城市。當局在這幾個經濟特區都實施特殊減稅措施，以鼓勵國外貿易和外資挹注，但是又與國內

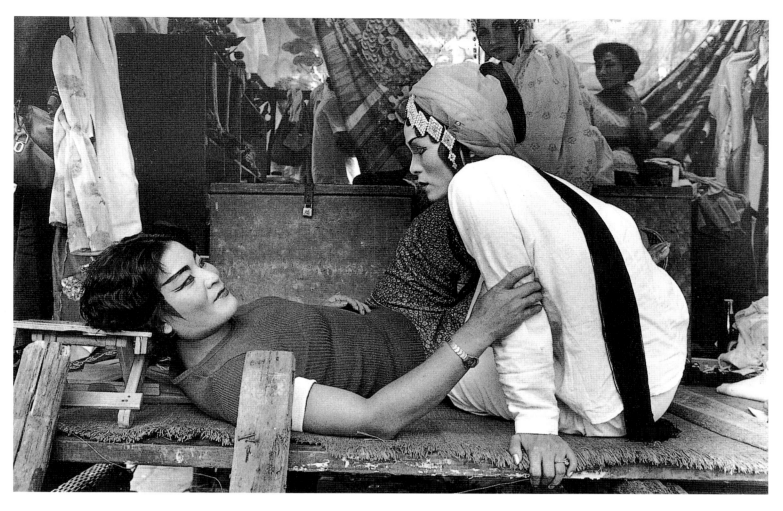

好戲連台

大清傾覆、革命與內戰相尋,隨之而來的則是兩岸的分隔,但是中國戲劇在所有地方、所有年齡的觀眾面前繼續上演。顛鸞倒鳳、男扮女裝或是女扮男裝總是受到觀眾的歡迎。左頁照片是法國駐雲南領事在1905年所攝,這時是清王朝的最後幾年,一名男性伶人扮演女角。右頁下方照片裡左手邊以小旦扮相登場的是程硯秋,他是1920和1930年代最為知名的演員,雖然程身高足有一百八十公分,但是他精緻的女裝扮相仍然令觀眾為之傾倒。程硯秋特別擅長以甩水袖表演來刻畫劇中角色的各種情感。抗戰期間,程回鄉務農,拒絕為日本人登台唱戲。中共建國後,他則開班授徒,訓練新世代的演員,並且成為中國戲曲研究院的副院長。在「大躍進」和文革期間,政府下令各戲曲都要遵照共產黨的意識形態改編為宣傳樣板戲,使得戲曲傳統陷入危機;但是戲曲在台灣繼續發展,並且以多采多姿的面貌呈現。右頁上方的照片攝於1976年的台灣基隆:一名女扮男裝的藝人斜倚在戲班後台,和她的女伴排戲。

左頁攝影:方蘇雅
右頁上圖攝影:張照堂

中西文化的交會
1980 年代，結合中國傳統戲曲與西方影響的新舞蹈
於台灣興起。照片中在演出的是台灣實驗舞蹈團「雲
門舞集」，由曾往美國紐約向知名舞者瑪莎・葛拉漢
（Martha Graham）學習舞蹈的林懷民編舞。在中國
大陸，鄧小平當政之後，現代藝術在政府的容忍下，
曾經有過短暫的復興，但是當局隨後就聲稱，這些形
形色色的當代藝術即使不是「精神汙染」，也代表了
「資產階級自由主義」。

攝影：劉振祥

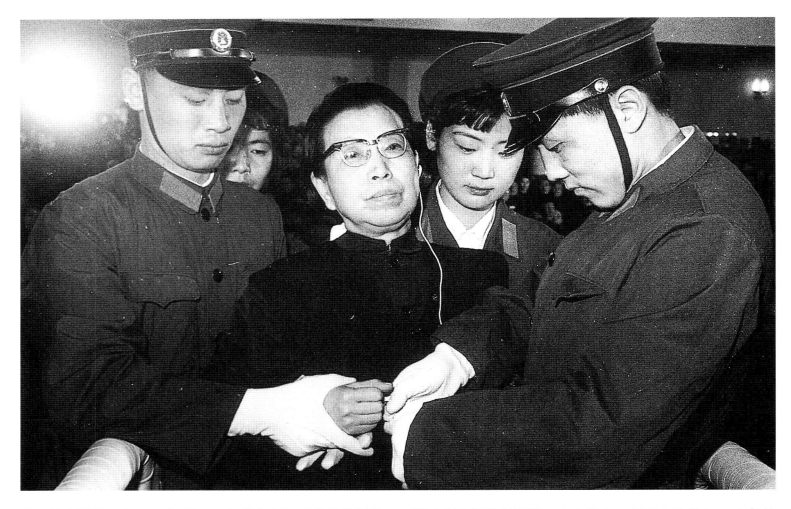

其他地方隔離。在 1975 年到 1977 年間擔任四川省委書記的趙紫陽，於任內將若干人民公社的耕地中農民自有地的比例，增加至百分之十五。趙紫陽這項作法收到明顯成效，鄧小平將他調到北京，先是於 1979 年進入中共中央政治局，又在隔年取代華國鋒，出任國務院總理。1979 年發布的一項數據顯示，當局殷殷期盼的四川新措施，已經獲得成功。從 1976 年起的三年期間，糧食生產提高了百分之二十四。在趙紫陽根據市場需要，解除關於工廠經理的各項禁令、並且鬆綁國家對於他們的各項控制之後，工業生產數字的成長更加驚人。在同樣這三年期間，四川的工業成長來到百分之八十。如果中國大陸是在仿效台灣的成功，這個發展模式看來是一條可以遵循的道路。

經濟改革屢收成效，毛欽定的接班人華國鋒也被換下台，可能是促使鄧小平最終決定讓「四人幫」上法庭受審的原因。之所以拖延這麼久，正顯示情況有多麼複雜，因為「四人幫」出庭時大可以辯稱，自己的所作所為都是遵照毛主席的指示。而問題是：文革期間有數以百萬計的人們被捲入恐怖與暴力之中，現在卻單單只是追究「四人幫」的責任，顯然也是很荒謬的。為了在某種程度上模糊這項議題，於是在 1980 年 11 月，由三十五位法官合組承審法庭，一次對十名人犯進行審理：十人裡面，有五人是捲入 1971 年林彪「陰謀」的高級官員，有一人是為毛撰寫演講稿的祕書陳伯達，他向來是文化大革命激進政策的強硬支持者，剩下的四人，就是所謂的「四人幫」。對「四人幫」的指控出奇的精確：在他們當權期間，一共「設陷並且迫害」了七十二萬九千五百一十一人，另還有三萬四千八百人遭到殺害。

經過剪輯的審判過程片段在中國的電視上播出，著重強調「四人幫」的冥頑不靈與憤怒情緒。「四人幫」裡的其中一人，面對所有指控全程保持沉默，但是毛的妻子江青卻在法庭上高聲咆哮抗辯，堅稱自己無罪，表示她的所作所為均得到毛的支持，檢方對她這番論調難以駁斥，甚感棘手。但江青等人的合法性在外界觀察人士眼中，遠不如魏京生案來得正當，因此江青與她保持沉默的「四人幫」同夥張春橋均被判處死刑，但是另給予兩年緩刑，好讓被告有機會懺悔自己的罪過。其它幾名被告也被判處長期徒刑。就這樣，在混亂與鬧劇之中，文化大革命這一最怪誕離奇的篇章終於宣告落幕。

如果在文革期間中國有七十二萬九千五百一十一人遭受迫害，那麼中共原來該有的法律程序與結構又是什麼？而誰又能說是不是還有其他數百萬未被知曉、冤情待雪的受難者呢？這兩個問題一直纏繞著審判過程，甚至到了所有判決都

1980 年代初，鄧小平試圖運用「翻案」一詞，糾正某些文革時期顯著的錯誤。左頁照片是 1981 年 1 月，毛澤東的妻子江青出庭聆聽判決、獲判死刑時的一幕。她之前被控在文革期間迫害或殺害了數十萬人。在 1976 年 10 月，也就是毛澤東去世後一個月，她和「四人幫」的其它幾名成員便遭到逮捕。實際上，江青獲判兩年緩刑，並被告知：如果她確實表達懺悔，便可將死刑改為無期徒刑。但江青不但不認罪，還聲稱被砍頭是光榮之事，並挑戰法庭，要求「在天安門廣場上，一百萬群眾前面，判我死刑。」雖然之後江青仍然不斷挑釁法庭，而且被單獨囚禁、軟禁起來，當局卻始終沒有執行她的死刑。到了 1993 年，當局宣布江青已自殺身亡。「四人幫」的另幾名成員，如右頁照片中的姚文元，被控「組織反革命集團」、「陰謀顛覆政府」、試圖刺殺毛、迫害超過三萬四千餘人等罪名。他被判處二十年徒刑。

宣判之後也未能消散。

　　科學家方勵之一直執著地追索尋思這些疑問。方生於1936年，他的那個世代身處在時代快速變遷當中，他們的年紀既不夠大，無法像記者劉賓雁那樣成為中共地下黨，卻又不夠年輕，不像詩人北島那樣，對於人民共和國外的世界一無所知。方勵之出生在一個專業知識份子家庭，能跨越1949年天翻地覆的巨大鴻溝，繼續學業，成為一位傑出的科學家。由於他在「百花齊放」運動中批評中共，因此被迫下放勞改，而且被開除黨籍，不過之後他又恢復名譽，重新入黨。在下

放勞改期間，方獲准攜帶一本蘇聯天體研究的書籍。他把這本書翻來覆去讀了又讀，對於宇宙形成的「大霹靂理論」（Big Bang Theory）特別感到著迷。一直到後來，方在飽受磨難之後，才發現大霹靂理論透過「大爆炸後促使銀河系的成長」的假設，指出宇宙最終有可能循同一條路徑回歸到混沌不明與徹底滅絕的狀態。這種看法與恩格斯的思想信仰相牴觸，因為後者相信在宇宙的歷史進程中，社會主義的緩慢而穩健成長是必然出現（也無法逆轉）的。在文革時期，方勵之因為「思想反動」而再次遭到迫害，他展現出剛直不屈的風骨，而在

1970 年代中期，再一次因為傑出的學術成就，出任位於安徽合肥、國家科技研究重鎮之一的中國科技大學副校長之職。

方勵之在 1979 年訪問英國，受到此行的啟發，他開始形塑自己關於科學知識的理論架構。方承繼五四時期相當盛行的理念，認為民主與科學是緊密連結的：科學研究是一門以嚴格檢視證據來探索真理的學問。科學工作者不能僅僅因為研究看似會導向一條他不願走的道路，就終止對真理的探求。西方的偉大科學家認為真理是不可褻瀆的，對於國家政權試圖改變他們的研究方向，更是極力抗拒。當方勵之在英國劍橋國王學院的教堂中聆聽耶誕聖歌時，他領略到：歐洲在中古時代受到天主教階級制度的束縛，之後卻能掙脫出來，那麼中國人同樣也能擺脫毛澤東的魔咒。中國需要的是自發性、獨創性、創造力和探索真相本能的重新恢復。

上面這番省思如果在私底下說，不會造成什麼衝擊。但是這些話出自一所中國最負盛名的大專院校的副校長之口，以極具機智、帶有詞鋒和尖刻的嘲諷來批評中共，就會產生極大的效應；方在其他大學作的多次講話中，一再提及需要以民主和科學來促進僵化的共產黨改革。1980 年代中期，方開始鼓勵他的學生認真考慮參加若干中共允許的基層選舉。這些選舉向來被人們看作是官樣文章，因為選舉的候選人名單都是國家圈定的，不過，在少數地方社群，民眾堅持自行提舉屬意的人選，然後投票給他們。但是黨通常都會駁回這些人選，即使他們當選，也是徒然。1986 年，方勵之和學生們為合肥的若干候選人助選，並且在中共拒絕公平競選時，出席一場大型示威抗議活動。示威的消息傳開到其他城市，其中尤其要緊的是傳到了武漢和上海這兩座工業城市，它們在革命初期就極具有重要性。

這些行動似乎對北京的某些領導人構成深刻的威脅，於是在 1987 年初，他們決定採取行動。政治局的領導不但免去方勵之的副校長職務，要他專心於科學研究，更決定拿胡耀邦開刀，讓這位由鄧小平親自拔擢的中共中央總書記成為替罪羔羊。胡耀邦在十四歲的時候就參加紅軍活動，是江西蘇區時期的年輕黨員。在毛澤東當政時期，胡是一個受到歡迎、卻也帶有爭議的人物，他以機智與氣魄，還有在共青團內的組織手腕而在黨內聞名。1987 年 2 月，在經過一連串的會議之後，胡耀邦被解除總書記職務，黨內並且指責他「沒有堅持政治原則」，在重大事件中犯下錯誤。

從某種程度上來看，胡耀邦的下台十分諷刺，因為在 1980 年代中期，中共黨內率先給文學、藝術和電影的實驗潮流冠上「資產階級自由化」標籤、發起批判聲浪時，胡就是其中的一個。不過，在高層領導人眼裡看來，這些學生們的行動背後的潛在危害預示著更大的危險，他們稍後將這個危害定名為「精神汙染」。這些高層領導們大多都親身經歷過文革的人身羞辱及恐怖，對他們而言，中國絕對禁不起再一次由繁榮倒退至無政府的動亂狀態。當局重新展開學習雷鋒運動。雷鋒是犧牲小我的軍車駕駛，他犧牲自己的性命，只求黨的革命大業可以繁榮昌盛。當局這個舉動，讓那些相信林彪之流已經永遠不會再起的人深感震驚。在全國各地，教師與學生都被告知要重新開始學習雷鋒精神。看來中國的領導人似乎希望時光倒流，讓國家再一次回到早先狂熱的革命時代。

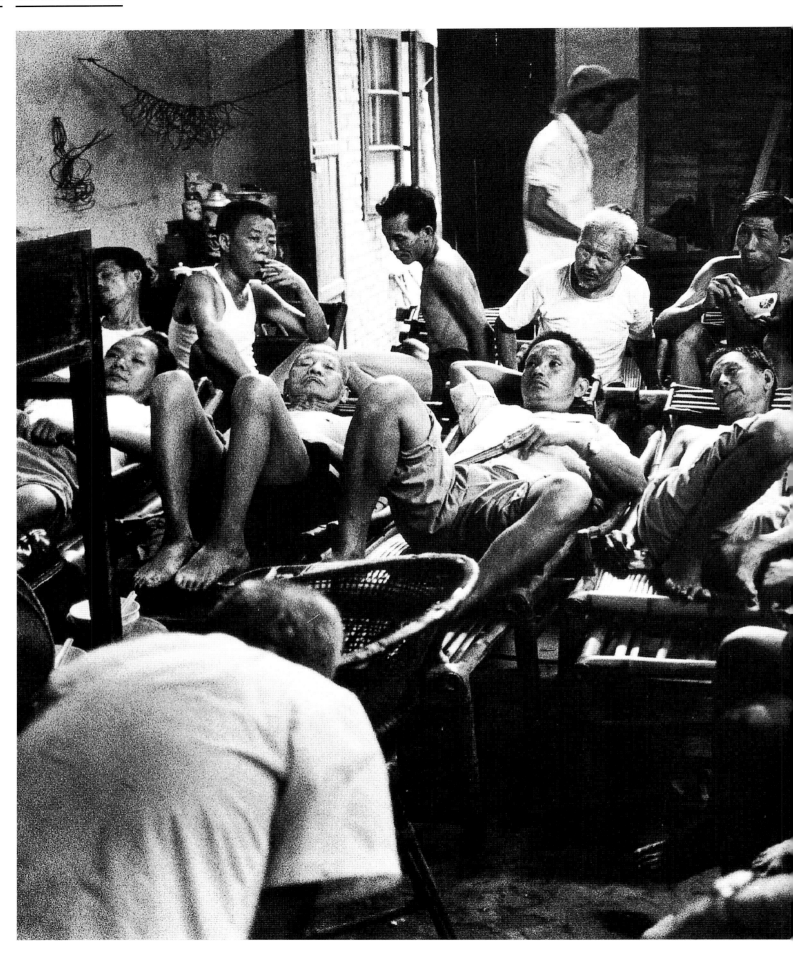

休憩中的人

一群人斜倚在公共澡堂的藤椅上，邊嗑著瓜子零食，邊聽一個在地說書人講段子。中國的經濟此時發生很大的變化，逐漸擺脫原先工業、農業集體主義的走向，給許許多多的工人帶來事業進取心和繁榮致富的可能性，不過同時也帶來了動盪不安，而且不再能夠保障其他數百萬人的工作。從前占據人們大部分閒暇時間的政治會議與鬥爭批判會，現在不再那樣無處不在，人們有了較多的休閒時間，也有機會得以享受各種各樣的娛樂活動。

攝影：柯恩・費辛

對那些在合肥發生抗議事件後，不得不參加學習會、批評會的年輕人來說，黨的種種反應措施看來實在既不合適、小題大作而且又枯燥無趣。對於 1980 年代後期的中國青年而言，現在的世界變得與二十年前、甚至十年之前完全不同，讓人感覺不可思議。中國現在湧進許多外國訪問人士和觀光客，每年也有數千名學生出國留學，密集分布的合資企業引進大批西方商務人士，他們不但在繁榮的經濟發展特區出現，也在全中國各大小城市現身。數千名西方教師在中國的高校、大專院校裡任教。儘管中共官方仍然拒絕承認梵蒂岡有任命主教的權威，中國天主教的教堂與新教的教會都準備重新開放，引來大量的教徒信眾。道教與佛教的寺院也獲准重開，如此一來使得中國傳統宗教得以恢復生機。與歐美主要電影、電視公司簽訂的影視交流協議改變了這個國家的娛樂休閒方式，隨著這些協議的附帶內容引進的外國廣告則帶來了更多新思想概念，以及不斷變化的時尚風格品味。西方的爵士樂和古典樂在各地演出，搖滾樂則在年輕人當中流行起來。西方的書籍如潮水般湧進中國，不管是否取得版權授權，翻譯成中文的作品多得不可勝數。非法盜錄的卡匣式錄音帶和錄影帶到處販售流通，在街邊攤販或一般零售商店裡都可以買到。百貨公司煥發嶄新魅力，讓舊有的「人民商店」顯得落伍可笑。商店裡的員工現在懂得彬彬有禮地接待顧客，而不是從前那一套制式的普羅大眾粗魯直率的態度。

和這些來自西方的直接影響相比，或許更為重要的是從海外華人那裡學到的各種典範先例。在過去三十多年間，來自美國和歐洲的外匯一直是許多中國人的重要收入來源，同時也是政府實行總體閉關路線時，國家僅有的幾個外匯來源之一。現在，香港和台灣變得更舉足輕重，尤其是因為過去很長一段時間，中國都以負面詞語來描繪這兩地的社會。從 1970 年代中期開始，來自香港的觀光客便成群結隊地湧入中國；在台灣這邊，1988 年蔣介石之子蔣經國去世後，繼任總統的李登輝幾乎解除了往來台灣與中國大陸之間的所有限制，數以萬計的家庭熱切地抓住了這次團圓的機會。

年輕的外來民工

1995 年，在上海知名的南京路商圈擴建項目工地裡，有一名頭戴編織草帽充當工地帽的年輕外地民工，在一群戴著硬殼安全帽的工人裡一起施工。在人民共和國建國後前三十年間，上海的發展受到政府刻意的打壓遏制，這是因為在中共眼中，上海受到以下三種因素的汙染，分別是外國資本主義勢力的宰制、組織犯罪、以及難以管束的刁民。早期中共黨內若干城市計畫官員甚至主張重新安置數百萬上海市民。但是隨著 1980 年代國外投資的增長，以及經濟特區及合資企業的飛快發展，上海再一次成為經濟高速成長的火車頭。公寓住宅、工廠廠房、以及辦公空間的巨量需求，再加上新闢道路和地鐵系統的興建項目，據統計單在 1992 年就有兩百萬外來移工進入上海。可是，這些移工成為上海的勞動力之後，就必須面對通貨膨脹和失去原有國營企業「鐵飯碗」的工作，於是反過頭來，又與新移入的勞工競爭。

攝影：
柯‧德‧克魯夫（Co de Kruijf）

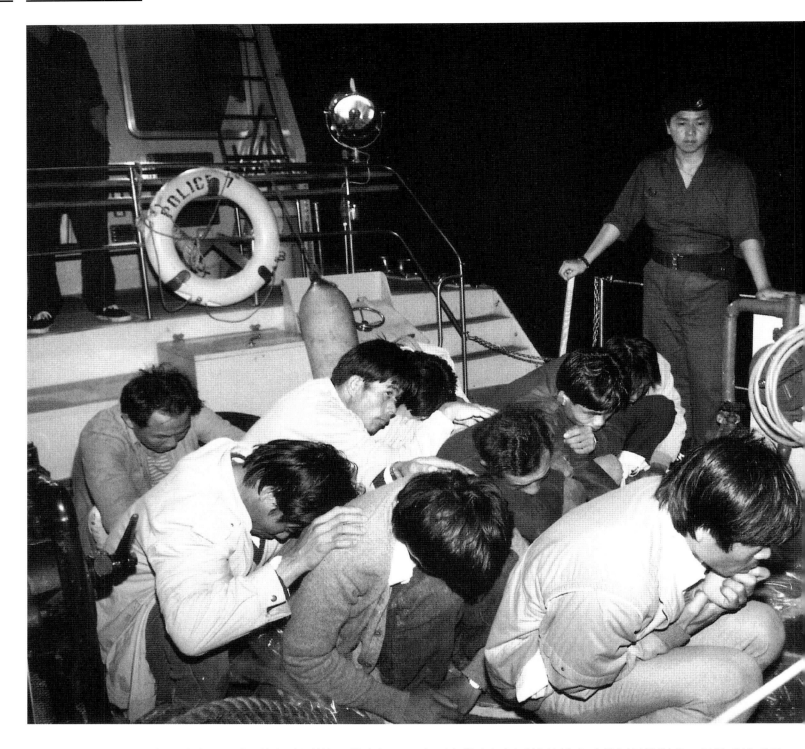

分隔了將近四十年的家庭，現在重新取得聯絡，帶來極大的情感衝擊。在此同時，來自台灣的資金開始流入香港，再從香港轉入中國大陸，本來就已挹注在幾個經濟特區的大量香港資金，現在又加上台灣投資。來自香港和台灣的慈善家回到他們出生的大陸故鄉，在長期偏遠孤立的村莊裡興建學校和運動場，而且提供企業創建及附屬行業所需的重要資金。香港和台灣的政府結構也產生了顯著的變化。英國在1984年時與中國達成協議，將在1997年歸還香港主權，而這年正好是英國在名義上「租借」香港新界期滿的年份。英國

方面在做出歸還香港的決定時曾經相當猶豫，但是香港形勢難以防守，再加上沒有新界的食物與飲水供應，根本無法讓香港島與九龍支持下去。（英國分別於1840年和1860年取得香港島和九龍。）於是，英國終於開始對香港臣民實施遲來的改革，在社會和經濟層面上推出民主措施，希望藉由此舉能促使共產黨在1997年收回香港後，履行其「一國兩制」的承諾。中方對於這些民主改革措施的敵意是顯而易見的，於是人們也產生了重要的疑問：香港這個前殖民地的真正命運將會如何呢？

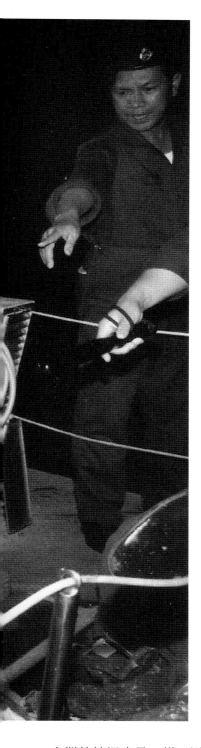

民黨撤退來台的外省難民，他先後在台灣、日本及美國接受教育。雖然李和幾位前任總統一樣，也一再宣稱他本人強烈反對任何「兩個中國」政策，也不支持「獨台」或「台獨」，不過在他的領導下，台灣顯然朝向一個繁榮而有活力的多黨政治體制邁進。

東歐各國共產黨長期以來被黨吹捧為中華人民共和國最值得信賴的盟友，他們的相繼崩潰同樣也讓中共看得怵目驚心。儘管當局大力封鎖消息，中國民眾仍然透過西方新聞廣播和收看衛星電視知道了這一情勢。當同樣的過程甚至也出現在蘇聯時，質疑的聲浪便難以平息。雖說自 1950 年代末期開始，中共就將蘇聯烙印上「對中國懷抱敵意」的烙印，但是無論怎麼說，蘇聯這個國家仍然是囊括政治、經濟與軍事力量於一身的馬列社會主義一黨專政國家的象徵代表。蘇聯領導人戈巴契夫（Mikhail Gorbachev）嘗試施行改革開放的經濟政策，在更大程度上正好映襯出鄧小平與趙紫陽當政後中共所實施的改革路線。不過戈巴契夫除了經濟開放之外，還在國內實施政治改革，辦理全國大選，並且削減蘇聯共產黨的權力，這一切都指出：將來中國或許也能朝同樣的道路前進。

中國內部經濟本質的變化，既帶來繁榮景氣，也造成新的緊張關係。大批原來的國營企業現在要不是徹底轉型為私有化，就是交由新的員工經理人自主管理；裁員或重新分配工作、因為辦事缺乏效率或者曠工不到班而遭到解雇的情況日漸普遍。企業獲准進入出口市場，愈來愈多的地方准許直接進口外國貨品。能源與重要原物料的調控仍然是國家的特權，不過正如黑龍江省的王守信貪汙案，以及 1980 年代許多規模更大的貪腐案件所顯示的那樣，有無數辦法可以避開這些限制與規定，包括通過私人接觸、運用政治影響、賄賂，或乾脆直接竊取需要的貨物與運輸設施等等。

在農村地區，人民公社體系已經被完全廢棄，人們可以用家庭為單位，向省級主管單位購買農業用地合同，在分配指定的地段耕作，以一定程度的納稅額度或作物採購作為擔保。這類合同的年限逐步延長增加，最長可達十五年。這使得購買合同者可以將某些勞務轉包出去，甚至可以從其他省份以便宜價格買入農作物，以達成他們的銷售配額，同時將自己的土地用於栽種有更高收益的經濟作物，供城市農業市場所需，或是出口到香港去。但是這樣的作法反過來會導致法律問題，譬如在立合同人死亡或者離婚時，或者是家中其他成員為了爭取繼承這些合同而鬧上法庭。隨著經濟機會的增長茁壯，數百萬戶的家庭的工作模式開始改變。舉例來說，他們搬遷到城鎮近郊，在地方工廠上班，然後將自己的那塊地分租出去；或是把家中婦孺長者留下耕地，少壯男子到工廠做事，或是參加建築團隊，投身國家繁榮景氣核心的建築熱潮當中。這種種變化引發了移工浪潮，以及自民國時期以

台灣的情況也是一樣。過去國民黨屏除台灣人，壟斷所有重要政治、經濟位置的一黨獨大統治，現在也正在消蝕。開啟這個程序的是蔣介石之子蔣經國，他在地方縣市公正地辦理選舉，並且開始將原來徒有外表的「萬年國會」轉換成代表台灣本地居民為主的民意機關。而儘管「成立反對黨」的構想一直遭到國民黨的激烈反對，試圖成立反對黨的人士也都遭到當局嚴酷的鎮壓，到了 1980 年代後期，這樣的敵意也開始逐漸消散了。所有這些進程隨著李登輝繼任總統，而更形加速。李登輝出身自台灣本省人家庭，不是 1949 年隨國

來前所未見的城鄉差距、貧富對比。此時有許多女性因而受害，她們被強擄到貧困的農村地區，在違背她們自身意願的情形下，被迫成為當地農民的妻子。其他女性雖然倖免淪於被綁架的厄運，卻無法仰賴土地維持生計，只好轉為替人幫傭謀生。而在此情形之下，路旁的乞討者也再次隨處可見。

現在農民失去了原先在公社生產大隊中所享有的生計保障，工廠裡的工人丟了所謂的「鐵飯碗」，那些受過高等教育的年輕人一旦畢業，也無法保障就業。在過去將近四十年的時間裡，在人民共和國接受高等教育的機會一直非常有限，而適合他們任職的機關單位又是如此之少，所以那些拿到學位、完成訓練的人都能確定自己肯定能分派到工作崗位，只不過未必是他們所期望的地點或職務罷了。所以，人們只要能避免讓自己淪為大型群眾政治運動的受害者，完整接受教育，就能為自己帶來威信聲望，以及社會地位的保障。這套職務分派體系在 1980 年代後期宣告結束，其用意是為年輕人就職帶來更多的彈性及機會。事實上，新的開放政策只給一部分人帶來更多機會，他們無不具有後台背景，出身著名的黨內高幹家庭，徒然讓其他許多人茫然不知方向。在一般人眼中看來，工商部門裡那些高薪又光鮮的工作，尤其是那些能與外國投資方接洽現金、合約、以及福利津貼的位置，都被黨內那些吃香喝辣的年輕「官二代」壟斷把持了。

1989 年一開年，包括科學家方勵之、詩人北島在內的許多著名知識份子紛紛向政府進言，今年具有三重紀念意義：1989 年，既是法國大革命爆發兩百週年，是「五四」運動七十週年，也是中華人民共和國建國四十週年。因此，現在正是思考社會進步與民主之間內在關聯的時候，也是宣布大赦像魏京生這樣的政治犯的大好時機（此時魏已經在監獄裡服刑十年了）。然而當局要不是對這些請求置若罔聞，就是去發動批判、騷擾這些提出建言的人士。不過很多學生和知識份子都相信，黨的新任總書記趙紫陽內心是贊同這些建言的。

這年四月，在短暫出席一場黨內會議後，被罷黜的前任總書記胡耀邦因突發性心肌梗塞而不治。他的過世引發一場大型反政府集會，參加的民眾裡既有許多事業受挫、內心焦慮的人，也有不少人是自動自發出來悼念他們心目中這位睿智又懂得變通的政治家。從某種程度上來說，這場運動在一開始時與 1976 年春季那場悼念周恩來的群眾集會十分相似：先是北京各大專院校數百名學生在天安門廣場上聚集，張掛胡耀邦遺像、花圈及輓聯輓詩，接著數千北京市民加入其中。當局雖然禁止後續的示威集會，但是不像 1976 年時那樣粗暴地強制清場。因此參加集會的群眾愈聚愈多，廣場上野生論壇的規模日漸擴大，開始提出包括民主改革以及對政府貪腐的批判在內的各種訴求。政府再次嘗試關閉天安門廣場，但

天安門廣場上的照明燈光

在 1989 年那場大規模示威集會爆發之前，北京天安門廣場曾吸引了一群女學生來這裡讀書。當時的中國學生都苦於沒有足夠的讀書空間和照明燈光。競爭激烈嚴酷、壓力沉重的高考即將到來，許多學生因此效法古人「囊螢映雪」、「鑿壁借光」刻苦攻讀學業的先例，離開他們光線昏暗的宿舍與圖書館，到燈火通明的廣場用功讀書。

攝影：劉香成

是意志堅定的群眾推擠衝破公安設下的封鎖線，使當局的努力歸於失敗。接著，到了 4 月 26 日這天（當時趙紫陽正出訪北朝鮮），黨的喉舌報紙刊出一篇措辭憤怒的社論（譯按：即《人民日報》社論〈必須旗幟鮮明地反對動亂〉），指稱這場群眾示威是「反革命動亂」的顯著例證，背後受到境外勢力煽動的資助與操縱。

受到當局以這樣旗幟鮮明的詞語譴責，許多人的決心反而變得更加堅定。好幾個學生團體與北京市民在天安門廣場上宿營，很快地，這裡變成一個大型狂歡節，搭建起成排的帳篷，飄揚著五顏六色的標語旗幟，人們在現場演奏的搖滾樂中跳舞，中間還穿插著演說與呼喊口號，透過擴音器在廣場上迴盪。儘管中國媒體對這些事件少有報導，但是來自全世界各地的電視轉播團隊都群集到天安門廣場上來，他們固然是對這些示威集會感到興趣，但同時也是因為五月中旬時蘇聯總統戈巴契夫即將訪問北京，結束中蘇兩國之間三十年的分歧。

廣場上的學生

左頁照片中的兩名學生，在 1989 年
5 月 4 日這天，冒雨走了十多公里
的路，從北京近郊的大學來到天安
門廣場，為的是參加紀念「五四」
運動的集會。他們重新回顧當年
「五四」提倡中國要走上民主與科
學的道路。1989 年春季開始的這場
學生運動起源自一場偶發事件：四
月時，素有正直聲望而在最近遭到
罷黜的總書記胡耀邦去世，學生在
廣場上集會追悼。廣場上的演說和
大字報很快就指向對政府貪腐的控
訴，討論青年學生畢業後謀職的毫
無保障，並要求成立民主論壇，以
平反從前的冤案，同時規劃中國的
未來。到了五月中旬，數千名示威
抗議的學生和群眾在廣場上宿營，
他們開始絕食，以抗議政府毫不妥
協的立場。這個時候在廣場上出了
不少學生領袖，右頁照片中的北京
大學歷史系學生王丹就是其中的一
位。王丹的頭上綁著「絕食」的白
布條，此刻的他正試圖在示威活動
中建立起某種程度的秩序。但是隨
著廣場上的人數膨脹到百萬之眾，
而政府當局又決心使用武力來平息
動亂局面，於是在接下來發生的一
連串事件當中，再也沒有任何個人
有辦法控制住局面。

左頁攝影：Davy
右頁攝影：謝三泰

　戈巴契夫抵達北京展開訪問時，數千名學生開始絕食抗議，強烈要求政府實行改革。當時廣場上的群眾已經逼近百萬之眾，戈巴契夫的訪問受到嚴重干擾，他甚至無法從正門進入人民大會堂。此時的國務院總理，是趙紫陽轉任黨總書記後接任的李鵬，他決定和學生代表當面對談，回應學生的訴求。可是，他太過憤怒，而學生代表的態度也倨傲無禮，以致這場會見沒有達成任何成果。中共的領導人們處在盛怒、挫折與羞辱等種種情緒之中，於 1989 年 5 月 20 日宣布北京戒嚴，並下令軍隊進駐天安門廣場強制清場。

　令人驚訝的是，在接下來近兩個星期的時間裡，軍隊竟然未能遵行清場命令（也可能是軍隊選擇不執行命令）。數千名北京市民走上街頭，用臨時搭設的路障或他們自己的血肉之軀，在通往天安門廣場的各大幹道上阻擋軍隊前進。他們對在廣場上宿營的人們提供食物，而且協助各個學生團體與他們的母校保持聯繫管道。儘管公開站出來為學生發聲的高級知識份子不多，但有許多政府機關、官方媒體和醫院裡的專業人士和官員，紛紛參與遊行或在廣場上現身，以表達他們的支持。大規模示威的消息傳遍全國，各省的觀察人士

和可能的參與者都趕來一探究竟，同時還帶來了不少地痞流氓和喬裝打扮的便衣探員，造成嚴重的治安問題。工人也組織起自己的團體，並且在廣場北邊搭設帳棚，成立指揮部，宣告組建「工人自治聯合會」。此舉儘管只是試探性質，卻使得工人大規模參與示威的可能性大大提升，甚至有可能爆發如 1920 年代全國大罷工、或 1960 年代紅衛兵武鬥的失序動亂局面。

　到了五月下旬，許多學生和他們的教授導師，以及對於此運動迅速發展抱持審慎支持立場的知識份子，都建議學生要暫時撤出廣場。他們申述了自己的觀點，並向中國政府乃至於全世界提出正告：如果中國要取得進步發展，就非實施徹底改革不可。可是這些審慎持重的意見，都被其他立場輕變反覆的學生領袖強力否決了，因為他們認為此時要是撤退解散，一切努力就等於前功盡棄。某些激進派學生領袖後來私下曾宣稱，他們希望造成流血屠殺場面，好讓整個國家因蒙受羞辱而展開改革。五月底，中央美術學院、中央工藝美術學院等校的學生，在廣場上豎立起一尊高舉火炬的女神塑像——很快被命名為「民主女神」，為現場氣氛帶來一波新

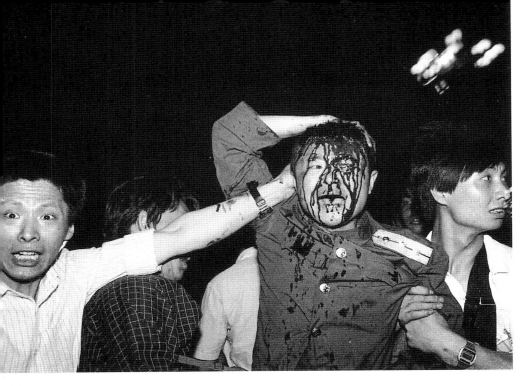

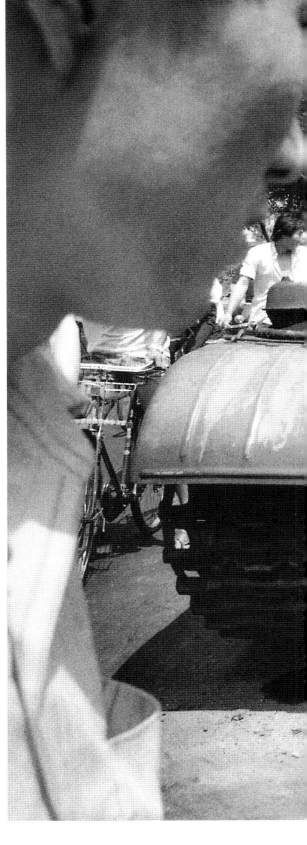

北京最血腥的一夜

1989 年 6 月 4 日深夜到 5 日清晨，是北京殺戮暴力最慘烈的惡夜。當晚解放軍部隊奉中共高層命令入城恢復秩序，士兵無差別無目標地開火，造成數以百計、甚至數千名北京市民在街頭或住家中遇害。死傷的確切人數如今永遠無法得知，因為北京全城封鎖新聞，醫院記錄遭到銷毀，罹難者的遺體被焚化或是運至別處，而遺屬也被禁止為死者辦後事。中國許多地方也爆發大規模示威抗議活動，但是到了六月中旬全數遭到政府的強力鎮壓，當局還下令在全國各地追緝所有在逃疑犯。前一頁照片中的王丹就名列緝捕名單中，他後來遭到逮捕並且監禁。

左頁上圖攝影：達利歐・米堤迪耶里（Dario Mitidieri）
左頁下圖攝影：今枝弘一
右頁照片攝影：Zong Hoi Yi

宗教復興

1980 年代中期，在中共的允許下，出現了不少有組織的宗教團體。黨之所以准許這些宗教組織活動，是因為它們能有效分散人們呼籲民主的訴求。同時，隨著蘇聯的崩潰，中亞興起不少以伊斯蘭教信徒為主要族群的新興國家，因此中國政府急於安撫西陸邊境上的穆斯林族群（左頁上圖），也是另一個准許宗教活動的原因。在天主教方面，由於中國在任命主教以及教徒與國家之間的關係等議題上與梵蒂岡教廷仍存在爭議，因此中國的天主教分為兩大教會，一是政府支持的教會，其信眾在正式教會建築內聚會、禮拜，而另一派則在鄉間進行非官方的祈禱與崇拜（左頁下圖）。起源於中國東南沿海的民間信仰在台灣及其離島繼續興旺繁榮，信眾們透過道教的古老敬拜儀軌，在寺廟和民宅，甚至在海灘上表達他們的虔敬。右頁照片中是一團媽祖信眾，在澎湖向媽祖娘娘這位天上聖母祈求保庇。

左頁上圖攝影：羅德里・瓊斯（Rhodri Jones）
左頁下圖攝影：Yang Yangkang
右頁攝影：謝三泰

僧侶與公安

1988 年，西藏又爆發新一波反抗中
國控制的示威運動，遭到當局暴力
鎮壓。雖然有很多廟宇和寺院在文
革期間遭到搗毀，不過中共當局並
未禁止舉行一切佛教儀式。就像這
張照片所示，1995 年 1 月，拉薩甘
丹寺一如既往，舉行紀念宗喀巴大
師的燃燈節法會。不過中國公安也
到場，既是為了觀察，也有顯眼的
象徵意義。

攝影：卡迪．范．盧森
（Kadir van Lohuizen）

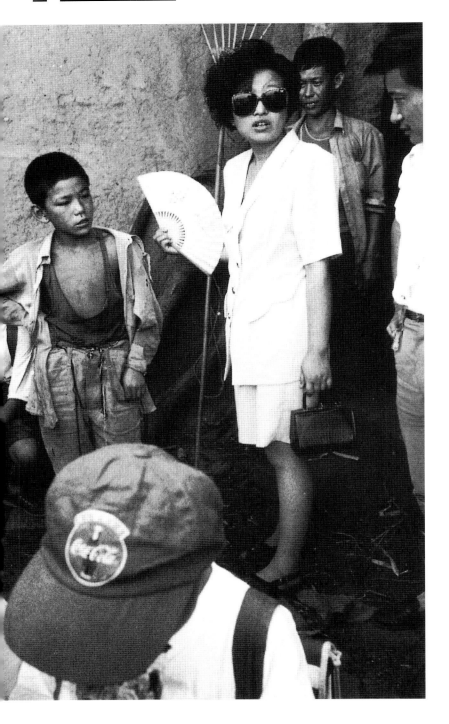

可口可樂與資本主義

1993 年，左頁照片中這位揮著摺扇的共產黨女幹部來到四川一個小村莊裡，對站在她右側的小男孩宣布，他即將要啟程飛往上海，進行三天的免費旅程，一切開銷費用都由美國可口可樂公司贊助。1990 年代，所謂「扶貧」的慈善事業成長茁壯，有時這項事業是通過像「希望工程」這類的公益事業，將政府的倡議與國外企業的贊助相結合。這名小男孩接受贊助出發了，但沒想到竟在村裡引發極大的怨恨，他和家人的

生活受到極大干擾，弄得這個孩子竟然又逃回上海，不得不在人們陪伴護送之下第二次返鄉。1990 年代初，在頭一家證券交易所開張、引進樂透彩券之後，上海一時之間陷入投機熱潮之中。所有新上市的股票立刻被人們搶購一空，向隅者還爆發騷動。若干膽大妄為的發起人很快地就以最薄弱的理由，招募到大量的資金。

攝影：雍和

的熱潮。但是在反覆酷熱與大雨之後，衛生問題愈來愈嚴重，群眾的熱情被澆熄，這場運動有逐漸消散之勢。然而，軍方與黨的領導高層已經不願意繼續等待。

6 月 3 日晚間，解放軍精銳部隊利用防空避難地下隧道悄悄地來到天安門廣場周邊，隨即開始武力清場。這些士兵得到其他部隊的增援，以坦克車和裝甲車開道，沿途摧毀路障，途中有敢阻攔部隊行進者，不加辨別，一律開火格殺，然後輾壓而過。6 月 4 日凌晨到中午這段期間，廣場上剩餘的示威群眾被完全清除。可能有數以百計、或數千名北京市民遇害，但是新聞完全受到當局封鎖，所有醫院的紀錄遭到扣押，遇難者遺屬不准辦理後事。天安門廣場拉起警戒線與外界隔離，罹難者遺體被焚化或運走，因此完全無法準確統計死傷數字。先前的國共內戰、土改鎮壓和文革期間誠然有更多的民眾死亡，但是這一次的殺戮顯然格外的沒有必要，也因此而深具悲劇意涵。

政府的反撲來得既快又徹底。鄧小平和其他黨內高層領導人會見參與平息示威暴亂的軍方人員，盛讚他們是解救人民於倒懸的英雄。廣場上的學生與工人領袖，以及那些支持學運的知名人士，紛紛遭到當局的捉拿緝捕。政府列出一張亟欲緝拿的逃犯名單，在全國各地散發。當局連續發表一連串措詞強硬的聲明，定性示威者為無知與輕率之徒，指稱他們「背叛社會主義、背叛祖國、甘為外國反華勢力的工具」。雖然在中國各大主要城市（從武漢、蘭州到成都，從瀋陽到上海）都出現呼應、聲援天安門廣場學運的示威運動，但是這些場合很少有國外的攝影記者或觀察人士在場，各級地方政府因此得以掩蓋這些抗議運動的實情，然後徹底將其鎮壓下去。這時的上海市長是出身工程師的職業黨官僚江澤民，原本藉藉無名；他果斷採取措施，阻止了可能破壞全市秩序的示威抗議行動，也以迅速的行動化解了工人的騷動。江後來即因為此時的表現蒙高層拔擢，進入中共中央政治局擔任常委，後來又出任黨總書記。中國境外最大規模聲援天安門學運的地方在香港，但抗議活動最後以和平落幕。某些國外的抗議場面相當激烈，參與者情緒慷慨激昂，但是卻沒有任何國家的政府對中國實施經濟或外交制裁。中國領導人在他們這場競爭中大獲全勝。

中國政府很準確的研判，對於大多數中國人民來說，前幾年改革開放所取得的經濟發展成果，遠遠比「民主參與政府」這些此前從未經歷過的未知價值來得重要。在天安門事件後的六年間，大專院校的學生每星期都要上一次政治課程，接受政府灌輸關於過去發生事件的官方解釋，此外他們還要出席以馬列毛澤東思想價值為主題的專題講座。整個國家著重的目標仍然放在經濟成長上。中國的國民生產總值每年成長的速度是驚人的百分之十三，中國對美國的貿易順差來到

三百億美元，中國政府的領導人如今面對的主要問題是如何抑制通貨膨脹，以及如何嚴格管控投資增長速率與貨幣供應量。中國政府顯然對此投注很多努力，對於如何保持在這樣的成長水平，也抱持相當審慎的觀點。1992 年，當時已經八十八歲高齡的鄧小平南下巡視，到南方幾個發展快速的新經濟特區做了一次公開訪視。他強調現有的這些改變是具有正面意義的，而且這些改變將促進發展一套可以實踐的「中國特色社會主義」思想理論，不過很顯然的，他並未完全擺脫舊日的困境。昔日中國的集體農業如今已煙消雲散，但是許多大型國營企業卻依舊存在。這些公營企業裡的管理階層習氣曳沓，所製造的通常是不符合市場需求的產品，勞動力也毫無效率，如此陋習之所以繼續存在，是因為倘若將這麼多的勞動人力投入就業市場，產生的風險不堪設想。

而儘管解放軍在 1980 年代便同時進行人員與預算的裁減，不過軍方卻靠著外銷武器另外創造收入來源。共軍的對外軍售相當成功，當中包括了同時向伊拉克和伊朗賣出價值約十億美元的火箭彈與其他設備。編餘下崗的軍官通常會得到國營企業的掛名閒差，而當局准許軍方出資投資從旅館、渡假村、夜總會到工廠等一系列新建項目，還能從中上下其手，將不計其數的款項放入私囊。

上述這些經濟試驗與其取得的成功，並未掩蓋中國許多傳統問題仍舊存在的事實。1991 年，為了保住這個地區的煤礦、發電廠及下游河道不受洪水肆虐，從而使較難掌控的都市人口處於危險當中，安徽省人民政府主動爆破淮河與滁河沿岸堤防，炸出好幾個大洞，結果造成數千個村莊被洪水淹沒，九十多萬民眾無家可歸，另外三百多萬人交通斷絕。政府發言人以象棋術語做譬喻替炸堤辯護，稱此舉為「棄車保帥」。上海等城市的發展指數增長，當中有很大成份來自於國外房地產公司與本地投資者的抱注，從而引來與上述不同但同樣棘手的各種社會問題。1992 年時據上海市政當局估計，在全國找尋工作的一億移工當中，僅上海一地就有兩百萬人以上（這些移工當中有很多人是 1991 年安徽水災的難民），而移工人數到了 1994 年更是遽增，從而使上海的暴力犯罪案件大幅上升，當中有六成是移工涉嫌。房屋住宅與交通運輸都呈現難以挽回的超載狀態，意外懷孕的人數也相應增加，而在這些移工形成的「村莊聚落」裡，健康問題的惡化更是極其嚴重。

對於上述這些問題，官方的對應辦法是促成更多的發

十里洋場的吸引力

照片中央穿著黑色夾克外套的陳隆（譯音），今年（1992）十二歲，正在等候遣返，將他從上海送回兩千四百公里外的黑龍江老家去。陳隆的母親離婚再嫁時遺棄了他，於是他靠著搭便車和沿路乞討，一路從北方來到上海。上海市公安定期掃蕩查緝非法外來人口，並將這些被查緝到的移工強制遣返回鄉。陳隆被遣返時兩手空空，但是有些人（像右頁下圖這對男女）被遣返時，已經設法得到一大堆財物。其他的外來移工，如右頁上圖中這位被控偷竊自行車的年輕人，通常遭到當地公安的粗暴處置，如果他之後被定罪的話，還要面臨漫長的刑期。大部分的外來移工很早就學會不要偷竊本地人的財物，而是相互欺凌、掠奪，因而在這個人數龐大、流離失所的外來人口當中製造愈來愈多

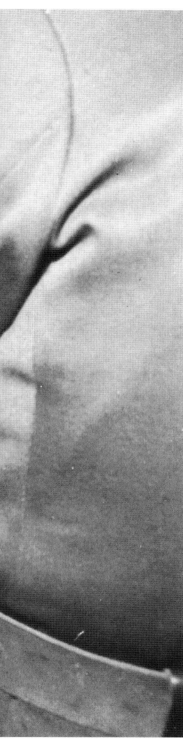

的恐懼與懷疑。1992 年時,根據政府的估計,有超過一億人在全國各地到處流動、找尋工作,為城市的資源帶來沉重的壓力。

攝影:雍和

體育競賽中的中國

體育賽事是人們身處經濟與政治壓力之下一種既嚴格又讓人愉快的抒發方式。到了 1980 年代後期，中國運動員正在躍升世界競技舞台，成為一股強大的力量。1971 年，中國桌球選手的精湛球技（左頁），促成了所謂「乒乓外交」的出現，頭一次揭開了橫梗在中美兩國之間的竹幕。在 1990 年代初，有些體格最符合標準的中國孩童被選中（右頁上圖），在稚齡時就接受訓練，準備參加國際體操競賽。在台灣（右頁下圖），體育賽事更加受到美國球類運動的影響，棒球成了各級學校的熱門運動項目，而台灣的各級男、女壘球代表隊更是國際賽事上的常勝軍。

左頁攝影：布魯諾·巴貝
（Bruno Barbey）
右頁上圖攝影：湯姆·史都達特
（Tom Stoddart）
右頁下圖攝影：楊永智

生活之道

住房還是一屋難求,但是有不計其數的年輕夫婦想辦法在狹隘的空間與共用廚房的環境下湊合度日,同時還愉悅地養育家人,就像左頁上圖中,兩家人於 1990 年代初同住在北京一個典型的「胡同」裡。而對許多老一輩的人來說(左頁下圖),寧靜和平存在於永遠不變的水上生活當中,照片中的小舟式樣和清朝時期完全一樣。(右頁)此外還有一個嶄新的形象:1995 年,在上海的高檔購物路段淮海路上,有一對衣冠楚楚、外貌光鮮亮麗的現代年輕夫婦,帶著他們的獨生女,正步入散發著光彩的城市新世界。

左頁攝影:徐勇
右頁攝影:柯‧德‧克魯夫

展。1995 年，上海市與德國顧問及工程師合作，運用在地募
集的資金，以驚人的速度構築了全市的地下鐵系統，其目的
一是為了製造更多就業機會，二是要緩解市區的交通阻塞問
題。而為了解決水患問題，1994 年，在歷經四十多年建築計
畫師與顧問的各種反對和爭辯之後，中國國營企業規模最大
的建設工程，也就是在位於長江中游的三峽興建世界最大水
壩一案，在總理李鵬的大力推動下，終於在全國人大常會中
通過。短短數月後便有人提議，以高架輸水渠道和幫浦管線，
將淮河流域的水引到乾旱的北方。

　　正當政府努力管控人口和經濟的同時，顯然可以看出現
在的領導班子既無法維持與過去一致的監督力道，又不知道
該如何下放權力，或者要採用何種手段以進行社會控制。毛
澤東式的政治語言現在依然被廣泛使用，而自鄧小平以降的
每一任中共領導人都會強調，他們政權的基本政治前提並未
改變。然而到了 1995 年，影響中國的問題已經擴及到新的領
域，需要人們運用想像力，並進行大規模的前瞻性規畫以求
得解決之道。這些問題如果不以民主分權的手段處理，就必
須以某種形式的中央管控來解決。1980 年代後期，中國共產
黨的黨員人數已經超過四千五百萬人，但是到了 1990 年代，
許多受過高等教育、深具事業進取心的年輕人卻絲毫不想申
請入黨。因此，中共的未來發展前景，不是黨的逐漸高齡化，
就是黨員的平均教育水準呈現衰退狀態。

　　下一代中共領導人（不管由誰脫穎而出）必須面對極為
棘手的環境問題。其中之一即是整個華北的地下水位迅速下
降的問題，因為農業用水與都市對水的需求，早已超過降雨
量與存儲能力所能負荷。淮河調水方案部分正是針對此情況
而來，不過華北環境問題實際上無法根本解決，而且因這個
問題而付出的代價是如此之高，以至於目前還不清楚要如何
處理。由於水土侵蝕和地力耗竭，加上化學肥料的濫用，以
及原本是良田的地段無止境地讓位給道路、工業電廠和住宅
房屋的闢建，中國的可耕地快速消失。在文革期間，所有尚
未開墾的肥沃土地都被伐墾殆盡，而開墾山坡地、草原、排
乾毗鄰大河的沼澤地、在河床耕作等舉措，都對環境造成巨

華東水災

1991 年春季的安徽大洪災，起因於
當年淮河、滁河流域的連番暴雨襲
擊，這場大水災是多年來中國最嚴
重的自然災害之一。隨著死亡人數
上升到數百人，農作物和財產的損
失達到數十億美元之譜。當局打開
堤壩閘門以製造所謂「分洪區」，
為的是挽救位於下游的重要礦產、
工業電廠、以及重點城市。官方在
七月時宣稱：三百萬人受困於洪水

之中，一百三十萬人緊急疏散，還
有一百多萬人還在等待救援。那些
撤離的民眾通常只在前一天接獲通
知，而且被告知只能隨身攜帶幾樣
最重要的物品離開。照片中這名男
子受到救難隊搭救，坐在地勢較高
的河灘上，身旁是他選擇隨身攜帶
的物品：一口預備收斂他自己的棺
材。

攝影：雍和

大的破壞——這正是 1991 年安徽大水的原因之一。將來中國或是不得不從外國進口糧食，然後透過增加產品出口來支應成本，或是開發如水耕法或人工替代土壤等新技術來增產糧食，但這是未經驗證的未知領域，存在著風險。中國人口在 1995 年時已突破十二億大關，這對本國與國外產品而言，擁有巨大的潛在市場，但是在可預見的未來，土地與糧食供應的壓力顯然無法緩解。

1970 與 1980 年代，在人民共和國生活的艱辛，國家以罰金、絕育措施或強迫墮胎（通常都是懷孕後期）為手段，大力推動強制人口控制，雖然對於人口增長確實起到抑制作用，但未能完全遏制中國人口的成長。而在此同時，這項人口控制政策也造成嚴重的後果，為社會與人們帶來極度的痛苦，這些後果包括有人殺害剛出生的女嬰、其他人則寄望女嬰能被收養而將她們遺棄給孤兒院、或是運用胎兒掃描技術確認腹中未出世胎兒的性別，以便在女性不願生女兒時能終止懷孕。然而隨著黨的權力的弱化，防止這些不當殺嬰風氣及非法人工流產的能力也會相應的減弱。石化燃料及化學廢水排放所造成的空氣及水汙染在 1990 年代已經極其嚴重，致使汙染性工業和不願與之為鄰的地方社群之間爆發嚴重抗爭。如果政府執行其於 1995 年宣布的計畫，在接下來十年內讓每個中國家庭都能擁有一輛汽車——汙染只會持續增加。外國動物保育觀察人士不斷敦促中國政府保護瀕臨滅絕的鳥類和動物物種，但是和上述問題相比，動保議題很難在中國內部被看作頭等大事。

中國的外交政策在 1989 年後變得更加強硬。蘇聯的解體或許以奇怪的方式為中共領導人重新帶來信心，因為他們先前曾經提出警告，指稱在沒有穩固的經濟發展基礎時便貿然從事無計畫的民主改革，是冒險之舉；而蘇聯的轟然瓦解同時也在中亞新興的國家之間，提供了一個全新權力競逐的縱橫捭闔場域。中國作為這個地區的中心強權國家，很可能為其西部邊疆取得燃料、水和新市場的叩門磚。與此同時，這些中亞新興國家的強大穆斯林勢力將來很可能會挑起新疆的動盪局面，該省的維吾爾族穆斯林在 1989 年便曾大舉示威，要求更大程度的宗教自治和管控。（譯按：此指「五一九騷亂事件」。1989 年 5 月 19 日，烏魯木齊市有兩千餘名維吾爾族穆斯林群眾舉行示威，高喊伊斯蘭革命萬歲口號、要求漢人退出新疆。新疆當局出動兩千餘名公安及武警驅散人群，造成民警雙方數百人受傷。）在南海方面，先是俄國人降低其在遠東主要海軍基地海參崴（Vladivostok）的兵力，接著美國又放棄在菲律賓蘇比克灣（Subic Bay）的大型海軍基地，在日本缺乏關鍵性軍事力量的情況下，中國便崛起成為北起庫頁島（Sakhalin）、南迄南海這一片廣袤海域的海上霸權。雖然南海群島距離中國本土有八百公里之遠，中國卻在這個地區，針對同樣聲稱擁有主權的台灣、越南、馬來西亞、菲律賓、汶萊以及印尼等國採取咄咄逼人的強硬立場，因為這個地區蘊含豐富的石油與天然氣。中國的海軍戰艦在南海巡弋，並在具戰略意義的地點豎立界碑。如今中國正大舉擴張核子動力潛艦的建造計畫，成功發射洲際導彈，準備購買航空母艦，並進一步掌握戰略轟炸機的空中加油技術，所有這些全都突顯出：將來如果南海主權衝突激化，聲稱擁有本地區主權的各國都將遭遇更大的風險。

在中美關係上，幾個主要議題之中仍有緊張局勢。雖然中國對美國貿易有巨額順差，但是當 1995 年，美方結束以延續貿易「最惠國待遇」換取中國在人權議題上的「進步」措施時，中方並未因此感到欣慰。不但如此，中國在美方試圖執行著作權與智慧財產權相關法律時表現狡猾精明，在歸國

1990 年代的挑戰

人口成長與各地要求自治的壓力，是當前中國遭遇的兩大課題。左頁照片中，四川的路人帶著不安的神情，看著地上被遺棄的女嬰。右頁照片裡是 1990 年代初期的台北，訴求台灣獨立建國的人士正與憲兵激烈對峙。

左頁攝影：陳融（Chen Rong）
右頁攝影：楊永智

的華裔美國公民積極從事人權議題活動時出手將他們逮捕，更在美國發放台灣總統李登輝造訪其母校康乃爾大學的短期簽證時召回駐華盛頓大使以表示抗議。顯然，中國雖可容忍經濟領域上的大規模「美國化」，但對於隨後而來的政治影響則是完全無法接受。英國在 1995 年時遭到中國政府強烈譴責，因為英方不但試圖在 1997 年前持續對港人實施民主自由改革措施，更準備在赤鱲角（譯按：英文版作 Lomtak Island）興建一座巨型國際機場，以及大規模填海工程興建香港國際港。中方認為，這兩大工程都是英方嘗試強化香港未來商務地位之舉，而以犧牲鄰近的深圳與廣州兩大經濟特區作為代價。

時間來到 1996 年，距離晚清朝廷首次嘗試實施憲政與經濟改革，已經過去一世紀之久。在這個世紀之中，既有巨大的希望，規模宏大的實驗，也有幾乎無法想像的苦難。不可否認的，二十世紀末的中國，軍事上比一百年以前更為強盛，外國的壓力愈發緩和，經濟活動更趨多樣化，而民眾也更加團結一致，但是各種問題仍舊存在，而且與往昔一樣棘手。今天的中國，人口是晚清時的兩倍多（譯按：應為三倍），高層領導人年齡老邁又不接地氣，面臨不確定的未來，以及當前的種種考驗，就和他們那些早已不在人世的先輩曾經遭遇過的問題那樣，同樣紛擾繁劇。

走進未來

1990 年代中期，絕大多數的中國人都在追求一個體面的物質生活。照片裡這對年輕情侶正在為日後的婚姻生活作準備，他們把婚禮的禮品全都搬到小艇上，地點位在中國的沿海城市、昔日西方強權的「條約港埠」：廈門。他們的財物兩兩成對，象徵吉利，中間擺放著喜燭和傳統用來祭祀的成熟瓜果。他倆小心翼翼地把雙人床墊搬上岸，預備著來年就要安床。

攝影：徐勇

譯後記
TRANSLATOR'S NOTE

史景遷（Jonathan D. Spence）是西方中國史學界的宗師，他筆下行文真有如汪洋宏肆，說起故事來引人入勝。他的著作有很多已經由名家迻譯成中文，我在赴美讀書前，讀的是史景遷知名著作《追尋現代中國》（The Search for Modern China）的中譯本；在美國時因為課堂需要，反覆在英文本的字裡行間鑽研，有時拿中英版本比對，深深感覺作者文字之流暢優美，也體會到譯者忠實傳達作者意旨之難能可貴。

史氏作品中，唯獨這部 1996 年出版的《世紀中國》（The Chinese Century）還沒有中譯本。能夠接譯這本作品，使中文世界能多閱讀到一部史景遷著作，我既覺得榮幸，又感到責任重大。尤其《世紀中國》這本書非常特別：它既是史景遷與其太座金安平教授合著作品，更是一部圖文並茂的簡明近代中國史。書中珍貴的歷史照片、圖說能傳達訊息，文字篇章也自成一格，兩者相輔相成，又互為聲援指涉。翻譯這樣一部作品，著實費我一番思量。

收入本書的珍貴歷史照片，由作者史景遷、金安平夫婦親自挑選，從中可以看見作者看待近代中國的視角：既有慈禧太后鑾駕的赫赫威儀，也有北京市井小民粗茶淡飯的「小確幸」。同樣的，從文字描述可看出作者掌握史料、剪裁史事的功力：既重視高層人物，也關照庶民百姓，有時深入細節，有時又幾句帶過。於是，我們既看得到年輕的毛澤東為了逃脫地主民團的追捕，鞋子掉了，赤腳在山地間躲藏，也看得見文革期間被揪鬥的佛寺僧侶、神父司鐸，在滄海橫流、妖魔當道時受辱護法。我自己揣想：搭配照片的圖說與每一章的正文，文氣並不相同，史景遷夫婦應有分工；而究竟誰寫圖說，誰撰正文？可以留給讀者作有趣的推理。

本書因為要在不算長的篇幅中論述百年史事，剪裁取捨當中可清楚看見作者關懷之所在。而寫入篇章中的每一個人物、事件，乃至每一句話裡，都蘊含很大的訊息量，值得細細思索，涵詠回味。

在此舉一個例證：第八章「共產新中國」談到中共建國時知識份子的抉擇，以梁思成為例。梁思成的父親是鼎鼎大名的梁啟超，在本書前三章出現過。原文如下：

The decision of Liang Sicheng to stay on in China under the Communists, though he was intimately tied to hopes for a republican China through family and friends, was one taken by tens of thousands of other intellectuals and artists.

一開始時，我的翻譯是：

儘管梁思成本人和親友在民國時期對於國民黨曾寄有厚望，他卻決定留在共產黨統治下的中國，這也是其他萬千知識份子和藝術家的選擇。

這句話，困擾我的是中間的子句：though he was intimately tied to hopes for a republican China through family and friends，我將「republican China」譯為民國時期，而梁氏的「希望」便著落在執政的國民黨身上。但思來想去，總覺得這麼譯並不準確，因為梁思成與他更有名氣的夫人林徽因，同是中華人民共和國國徽的設計者，怎可能還寄國民黨以厚望？同時，這樣譯法也沒有傳達出原文裡一種淡淡悵然之感，因為緊接著下一段，作者就揭示了知識份子之後慘遭整肅的命運。

後來得到多方師友指教，一位學長告訴我：intimately 是全句字眼，解做「情感上的密切關係」，intimately tied，很可能是親友的懇勸或施壓；那些 hopes 的對象，是梁而不是 republican China；而 through 可以當成 as a result of 解。作者這樣寫道，「可能是因為 1947 年時，梁思成夫婦在美國講學，曾有親友勸梁，中國局勢動盪，應就此長留美國。」也有朋友指出：republican China 大概指的不是戰亂動盪裡命運多舛的中華民國（否則 republican 就會大寫了），而是自由民主的共和政體。

於是，我腦海裡便浮現這樣一幕情景：1948 年底、1949 年初，北平被中共團團包圍，南京國民政府派專機接大專院校知名教授離開圍城，也多方動員，勸說這些名流離開，沒想到響應者竟寥寥無幾。這固然一方面是國民黨的壓制霸道已失人心，更顯現知識份子普遍對他們不熟悉的中共懷抱期待，希望藉由支持中共，一起建設新中國。所以，我決定這樣翻譯：

儘管在中共得天下之後，梁思成背負著若干家人、朋友的殷殷厚望，對自由民主體制還有期待，但是他卻依然決定留在共產黨治下的新中國，這也是其他成千上萬知識份子和藝術家的抉擇。

舉這個例子，是想顯示作者書寫筆法的精微巧妙，至於譯者在多大程度上能呈現作者優美流暢的筆調，還請讀者不吝指教為幸。本書頗能呈現 1990 年代美國史學界對中國近代史的主流看法，中文版則在若干段落稍作增補、校正，期望在二十一世紀的今天，能更添增這部作品的價值。（廖彥博）

名詞釋義與人物簡介
GLOSSARY & BIOGRAPHICAL NOTES

反右運動（1957）：在百花齊放運動之後打壓知識份子的政治運動。

64 天安門事件（1989）：在中共黨內強硬派的命令下，北京數百名呼籲進行民主改革的示威人士於此事件中遭到解放軍殺害。

庚子（義和）拳亂（1900）：華北農民組成的義和拳民攻擊基督徒和外籍人士，最初義和拳曾得到慈禧太后的支持，但最後圍攻北京東交民巷使館區卻以失敗收場。

慈禧太后（1835-1908）：原為咸豐皇帝之皇貴妃，因為是同治皇帝生母，在咸豐駕崩之後晉位為皇太后。1874 年同治駕崩後，又立其外甥為新君，是為光緒皇帝。一直到她薨逝為止，慈禧都是中國的實際統治者。

共產國際：蘇聯共產黨的國際分部，派遣代表前來中國，負責組織國民黨與中共的統一戰線。

文化大革命（1966-1976）：由於毛澤東倡導「永久革命論」，造成農村地區動盪混亂，年輕的紅衛兵攻擊教師與各種專業人士。

民主牆（1978-79）：當局允許呼籲民主的大字報張貼在北京的這面牆上。

鄧小平（1904-1997）：於 1920 年在法國加入中國共產黨，參加中共長征，於 1950 年代及 60 年代躍升黨內高層要職，在文革時被打倒，1980 年復出。

段祺瑞（1865-1936）：在袁世凱於 1916 年逝世後出任總理，他在任內與日本達成多項祕密協定，後來激起五四運動。

第一次五年計畫（1953-1957）：蘇聯模式的大規模計畫經濟。

五反運動（1952）：以 1949 年後留在國內的資本家為目標，這項運動在鞏固中共權力的同時重創了許多個人及其家庭。

四個現代化：於 1978 年提出，強調落實工業與貿易、教育、軍事組織和農業的現代化。

四人幫：毛澤東的第三任妻子江青和另外三位黨內高層，於 1976 年毛去世後同時遭到逮捕，他們被指控要為 1966 年開始的文化大革命種種過激暴行負責。

大躍進（1958-1961）：毛澤東發起的烏托邦式空想運動，其主要目的在於透過革命熱情與大眾動員來提高生產力。誇大不實的豐收報告掩蓋了實際產量災難性暴跌的事實。至少有兩千萬人死於因大躍進而造成的饑荒。

青幫：1920 年代及 1930 年代上海組織犯罪的祕密會黨，國民黨和上海商界利用青幫來鎮壓罷工及中共黨人的起事。

光緒皇帝（1871-1908）：清朝倒數第二位皇帝，他在位時曾於 1898 年發起百日維新，結果未能成功。

國民黨：全名是中國國民黨，孫中山於 1905 年創立。

胡適（1891-1962）：北京大學教授、作家、五四運動的領導人之一。

胡耀邦（1915-1989）：中共中央總書記，由於被認為支持 1986 年的學潮，而於隔年遭到罷黜。他的去世引發 1989 年的天安門示威運動。

華國鋒（1921-2008）：毛澤東死後接任總理，於 1980 年受鄧小平排擠而失勢。

百花齊放運動（1957）：毛澤東呼籲知識份子起來批評中共，為時甚短。

江青（1914-1993）：毛澤東的第三任妻子，之前曾是上海電影演員。江青是發動文化大革命的主要人物，她在 1976 年時遭到逮捕，與其他三人合稱為「四人幫」。

江西蘇維埃（1928-1934）：中共黨人退卻到江西這個丘陵密布的區域，所組織的新農村政權。

雷鋒：一位年輕的解放軍戰士，被塑造成具備共產黨員美德的樣板人物。

梁啟超（1873-1929）：清末思想家，參加 1898 年的百日維新變法，遭到鎮壓失敗之後流亡日本。之後他成立進步黨，與國民黨競爭。

李大釗（1889-1927）：中共創黨成員，《新青年》雜誌主編，後來遭到張作霖殺害。

林彪（1908-1971）：毛澤東的狂熱支持者，主持編成了《毛語錄》。他被提名為毛的接班人，然後於兩年後一場神祕的空難當中身亡。

劉少奇（1898-1969）：被視為毛的繼承者，但是在文化大革命時遭到整肅開除出黨。

長征（1934-1935）：中共黨人為了躲避蔣介石的軍隊追擊，自江西蘇區進行長達六千英里的旅程，最後抵達位於延

安的新根據地。

盧溝橋事變（1937）：日本軍隊攻打這座位於北平近郊的橋樑，揭開了侵略中國的序幕。

五四運動（1919）：大批學生在這天聚集於北京天安門廣場，抗議凡爾賽條約以及中日密約。五四運動也可以用來指思想界之後的大動盪。

五卅慘案（1925）：手無寸鐵的學生和工人在遊行抗議時，遭到上海英租界的警察開槍射擊，多人死傷。

新四軍事件（1941）：共產黨重建的軍隊，遭到國民黨大舉進攻。

新生活運動：蔣介石於 1930 年代提倡的一系列清教徒價值觀，用意在更新中國人的道德底蘊。

《新青年》：五四時期引領中國思想風潮的刊物。

北伐（1926-1928）：由國共合作發起的統一全國、對抗軍閥的戰役。

百團大戰（1940）：中共軍隊在華北對日軍發動的一場失敗攻勢，日軍隨後便發起殘酷的報復作戰。

溥儀（1905-1967）：中國的末代皇帝，1932-1945 年成為日本扶植下的滿洲國執政及皇帝。

南京大屠殺（1937-38）：日本軍隊在攻破蔣介石的首都南京後長達七個星期的時間縱兵燒殺擄掠，遭到殺害的人數達十萬人以上。

整風運動（1942）：使毛澤東思想在中共黨內定於一尊的政治運動。

紅衛兵：毛澤東發動的文化大革命當中，作為先鋒的青年學生。

宋教仁（1882-1913）：國民黨內傑出領袖，在北上準備領導中國第 1 次全國普選的國會時遭到暗殺。

經濟特區：由鄧小平提倡，大部分位於東南沿海的城市，容許外國資金直接投資。

鎮壓反革命（1951）：針對原國民黨員、會黨成員及教派的政治運動，數十萬人遭到處決。

三峽大壩：長江三峽大壩水利工程，始建於 1995 年，於 2003 年啟用。

三民主義：孫中山所創制的思想體系，之後成為國民黨奉行的意識形態，分別由民族、民權以及民生主義所構成。

三反運動（1951）：針對「貪汙」、「浪費」與「官僚主義」而起的政治運動，和「五反」運動結合在一起，同時推動。

天安門事件（1976）：因為周恩來過世而引發的一場反毛抗議運動，參見六四天安門事件條目。

二十一條要求（1915）：日本提出關於增加日本在東北利權以及在華經濟特權的相關要求，當時任大總統的袁世凱同意接受。

國共統一戰線：國共兩黨於 1923 年到 1927 年組成第一次統一戰線，共同對抗軍閥，於 1937-45 年組成第二次統一戰線，共同抗日。

汪精衛（1883-1944）：1920 年代及 1930 年代的國民黨領導人物，1940 年時成為日本扶植南京親日政權名義上的魁首。

魏京生：在民主牆張貼大字報的作者。他呼籲實行民主改革，攻擊中共黨內各種貪汙腐敗，結果使他鋃鐺入獄，獲判十五年徒刑。在刑滿獲釋之後，又因為重新批判政府而再次入獄。

黃埔軍校：孫中山在共產國際的協助下於 1924 年成立，校址位於廣州近郊，校長是蔣介石。

袁世凱（1859-1916）：一手策劃清廷於 1912 年退位的北洋軍事強人。孫中山以臨時大總統之位相讓，袁世凱卻解散國會，並稱帝登基。

張學良（1901-2001）：軍閥張作霖之子，於 1936 年時發動西安事變，劫持蔣介石，迫使蔣與中共黨人合組抗日民族統一戰線。

張作霖（1875-1928）：東北軍閥，1928 年時遭日本軍人刺殺殞命。

周恩來（1898-1976）：自長征以來大權在握，並且備受愛戴的中共領導人。

朱德（1886-1976）：江西蘇維埃時期的紅軍總司令，二次大戰時的共產黨軍隊將領。

大事年表
CHRONOLOGY

在名詞釋義中出現的條目、人名，以**粗黑體**標示。

1895　中日甲午戰爭，以及屈辱的《馬關條約》。

1896　駐倫敦清使館人員試圖綁架孫中山。

1898　英國向中國租借香港周圍的新界，為期九十九年。**光緒皇帝**在百日維新失敗之後，遭到**慈禧太后**軟禁。

1900　**庚子（義和）拳亂**。俄國在旅順取得海軍基地，並在東北獲得租界。

1901　清軍開始軍事改革。

1904　日俄戰爭爆發，隔年結束，日本從俄國手中取得旅順港以及東北的租界。

1905　爆發抵制美貨運動。朝廷停止科舉取士。同盟會在日本東京成立。

1908　慈禧太后與光緒皇帝相繼去世。清朝末代皇帝**溥儀**繼承大統，年僅三歲。

1910　袁世凱被清攝政王免職。

1911　辛亥革命在華中與華南等地爆發，推翻清朝統治。孫中山在南京建立中華民國臨時政府。

1912　全國大選。**宋教仁**領導的**國民黨**在選舉中獲勝。溥儀正式下詔退位。袁世凱成為中華民國首任大總統，以北京為首都。軍閥時代開始。

1913　宋教仁被刺。

1915　袁世凱接受日本提出的**二十一條要求**，還解散國會，登基稱帝。

1916　袁世凱去世。作風貪腐的**段祺瑞**繼掌大權。

1917　十五萬中國勞工被送往法國勞動。段祺瑞宣布中國站在協約國陣營，參加第一次世界大戰。

1919　**五四運動**。人們遊行示威，群集北京天安門前廣場以及全國各地，抗議凡爾賽條約偏袒日本，罔顧中國權益。**五四運動**也是中國思想界一大動盪時期。大批中國學生前往法國勤工儉學。

1921　中國共產黨正式成立。

1922　蘇聯**共產國際**派遣代表與孫中山接觸。

1923　孫中山接受蘇聯援助，並且在廣州建立軍政府。國共合作下的統一戰線建立。

1924　孫中山創辦**黃埔軍校**，以蔣介石為首任校長。

1925　孫中山逝世。蔣介石成為國民革命軍總司令。上海和廣州的租界武力殺害中國人（**五卅慘案**），激起全國排外熱潮。

1926　抗議日本侵略行動。蔣介石發動**北伐**。國共之間爆發內戰。

1927　國民黨在上海鎮壓共產黨。中共試圖奪取廣州，最後失敗收場。毛澤東逃往農村山間躲避。共產國際的代表遭到驅逐。

1928　中共建立**江西蘇維埃**。國民黨建都南京，在名義上統治由瀋陽到廣州的地區。

1929　**朱德**協助毛澤東建立紅軍。發生大饑荒，災情一直持續到 1931 年。

1931　九一八事變爆發。日本軍隊與中國軍隊交戰。日軍控制整個中國東北。

1932　日本侵略上海華界。溥儀成為日本扶植的滿洲國執政（1934 年則登基為帝）。

1934　共產黨軍隊展開**長征**，由江西向北前進。毛澤東在黨內取得領導地位。日本在華北製造「非軍事區」（demilitarized zone）

1935　長征過後，共產黨人在延安建立新根據地。

1936　在遭到張學良劫持之後，蔣介石被迫與共產黨人組成**統一戰線**，共同抗日。

1937　**盧溝橋事變**：日本侵華的開始。

1938　**南京大屠殺**。蔣介石遷首都於重慶。毛澤東成為中共黨內無可質疑的領袖。

1940　中共發動**百團大戰**，但是遭到日軍報復性反擊。北平和南京在日本扶植下成立親日政權。

1941　**新四軍事件**爆發，三千名共軍被國民黨擊斃。國共統一戰線破裂。在十二月珍珠港事變爆發後，國民黨政府成為美國的正式盟友。

1942　美國派史迪威將軍到中國襄助蔣介石。英領新加坡、馬來亞和緬甸均被日軍奪佔。中共黨內開始**整風運動**。

1944　日軍在中國戰場發動大規模攻勢，使得國民黨軍隊損兵折將達五十萬人。蔣介石的聲望因為貪腐及壓迫的

證據出現而大幅降低。

1945 美國在八月於日本投下原子彈，日本投降。蘇聯根據雅爾達密約，重新佔領中國東北大片區域，並提供武器給中共軍隊。

1946 國共內戰硝煙再起。

1947 美國馬歇爾將軍試圖調處國共衝突，蔣介石與毛澤東在重慶會談，但調處最終歸於失敗。

1948 國民黨在華北遭到中共擊潰。

1949 一月北平落入中共之手。毛澤東宣布中華人民共和國建立。蔣介石退往台灣。

1950 韓戰爆發。中共和平接收西藏，定為自治區。農村地區開始實施土地改革。

1951 **鎮壓反革命運動**。**三反運動**。

1952 中共發起**五反運動**，加緊對經濟的控制。

1953 朝鮮半島停火協議簽訂。**第一次五年計畫**。

1955 大型農民合作社組織成立，大量剩餘農產收歸國有。

1956 赫魯雪夫譴責史大林。

1957 五月開始**百花齊放**運動，到了六月便因為**反右運動**而遭到扼殺。

1958 **大躍進**開始。全民大煉鋼與人民公社成立。西藏出現反對中國的抗暴運動。

1959 糧食短缺到處出現。

1960 因為大躍進而發生大饑荒，持續到 1962 年。

1963 毛澤東崇拜充斥中國社會。**林彪**出版《毛語錄》。

1965 毛主席在他的新根據地上海發起**文化大革命**。

1966 紅衛兵出現。中國陷入動盪之中。

1967 文化大革命進入最暴力的階段。

1968 **紅衛兵**被下放到農村。

1969 中蘇邊境爆發武裝衝突。

1971 中華人民共和國取代台灣，取得聯合國中國代表權席次。

1971 毛澤東欽定接班人林彪在未遂政變之後死亡。

1971 美國桌球代表隊訪華──「乒乓外交」開始。

1972 美國總統尼克森訪問北京。

1973 許多在文化大革命期間被打倒的官員重新復職，其中包括**鄧小平**在內。

1975 蔣介石在台灣逝世。

1976 天安門事件──周恩來死後，民眾集會示威。鄧小平再次被打倒。**華國鋒**則一躍成為國務院總理及中共中央總書記。毛澤東去世。**四人幫**被逮捕。

1977 鄧小平復出。

1978 **四個現代化**。**民主牆**出現。魏京生崛起，呼籲當局實施第五個現代化──民主化。

1979 一胎化政策開始實施。四個**經濟特區**開設。中國發動一場不成功的對越戰爭。

1980 鄧小平成為中共最高領導人。四人幫受審並定罪。

1981 中國開放外資，集體農業開始解散。

1982 鄧小平在黨內提出發起反精神汙染運動，抵制在藝術層面上的西方影響。

1984 英國同意於 1997 年時將香港交還中國。

1986 十四個城市及海南島被闢為經濟特區。

1988 知名的黨內強硬派李鵬擔任國務院總理。西藏爆發反華抗議。

1989 **六四天安門事件**。學生在天安門廣場上的抗議集會，在 6 月 4 日被鄧小平鎮壓。

1990 東南沿海經濟加速繁榮。

1994 中國因為人權紀錄不佳，失去爭取主辦 2000 年奧運的機會。

1995 中國在海洋爭霸的雄心益加明顯。**三峽大壩**工程開始動工。

1996 中國對台灣展現更加好戰的態度。

謝辭
ACKNOWLEDGEMENTS

下列提到的個人和機關單位，協助我們獲得許多珍貴的歷史照片，在此致上深深的感謝。

北京：北京的王慶成和中國社科院近史所；新華社圖片部門的徐培德（音譯）和張鳳國；夏春濤與趙焰；北京歷史博物館的蘇生文、中國革命博物館；中國現代文學研究中心的唐達軍（音譯）；程受琪提供程硯秋家族收藏；北京故宮博物院；梁從誠提供關於梁思成與林徽因的家族收藏；方大曾的家屬後人提供家族收藏；徐勇；李振盛；梁曉燕；高博（音譯）。

濟南：時盤棋。

南京：中國第二歷史檔案館的王曉華、徐壽林（音譯）和孫永新（音譯）；南京大學歷史系的申曉雲和陳謙平。

上海：上海市檔案館；上海市歷史博物館的唐衛康（音譯）；爾東謙（音譯）和雍和；復旦大學黃美真。

台灣：鄭培凱、蘇天倫（音譯）；《當代》雜誌的金恆煒；吳展良；中央研究院的周婉窈、王瓔玲和吳美慧；中央社；陽明山的中國國民黨中央黨史委員會；國防部史政編譯局；吳金榮提供吳金淼作品集；張照堂；謝三泰；楊永智；劉振祥；林壽鎰；鄧南光作品集。

美國：韓倞（Carma Hinton）丈夫理察・戈登（Richard Gordon）；夏偉（Orville Schell）、大衛・拉鐵摩爾（David Lattimore）、魏斐德（Frederic Wakeman）、王冀、唐日安（Ryan Dunch）、凱薩琳・庫倫（Catherine Curran）和甘博中國研究基金會（Sidney Gamble Foundation for China Studies）；哈佛燕京圖書館（Harvard-Yenching Library）的林希文（Raymond Lum），以及館藏的海達・莫里遜（Hedda Morrison）和法蘭克・卡納迪（Frank Canaday）檔案；耶魯大學皮博迪自然史博物館（Peabody Museum）；哈佛大學（Harvard University）；《聯合循道會檔案》（United Methodist Archives）；耶魯大學手稿與檔案館（Yale Manuscripts and Archives collection）、《雅禮協會檔案》（Yale-in-China Archives）；史丹佛大學的桑德拉・畢耶（Sondra Bierre）和胡佛研究所（Hoover Institute at Stanford）的檔案收藏；洛杉磯的南加州大學，保羅・克里斯多福（Paul Christopher）和喬治・克雷努柯夫（George Krainukov）文件收藏。

加拿大：薩姆・塔塔（Sam Tata）。

義大利：米蘭（Milan）的宗座外方傳教會（Pontifical Institute for Foreign Missions）。

法國：基斯東（Keystone）的艾瑞克・巴士吉（Eric Baschet）、吉美國立亞洲藝術博物館（Musée Guimet）、馬克・呂布（Marc Riboud）、方蘇雅協會（Association Auguste François）的皮耶・西道（Pierre Seydoux）

荷蘭：荷蘭影像攝影社（Hollandse Hoogte）的伊芙琳・史考茲曼（Evelien Schotsman）。

英國：海外基督使團（Overseas Missionary Fellowship）和霍爾頓・蓋提（Hulton Getty）收藏檔案。

圖片出處

巴黎：法新社（Agence France-Presse），頁 188 左側；Agence Vu 新聞社，頁 211、236、239；紐約：美國自然史博物館（American Museum of Natural History），感謝圖書服務部門協助，頁 10-12 左側、20、29；巴黎：方蘇雅協會，頁 220；美聯社「世界廣角鏡」（Associated Press/ Wide World Photos），頁 96 下、150 上、155、215；北京歷史博物館，頁 53；蒙特婁大學（University of Montreal）奧斯勒醫療史圖書館（Osler Library of History of Medicine）藏《白求恩檔案》（Norman Bethune Archives），頁 133；黑星新聞圖片社（Black Star/Colorific），頁 180-181、202、203；中央社（台灣），頁 113、218；張照堂（台灣），頁 221 上；陳融（Chen Rong），頁 254；程硯秋全集，頁 221 下；中國社會科學院（北京），頁 104、105；中國第二歷史檔案館、南京大學，頁 41 下、50 下、52、54 右一與右二、55、64 上與下、66、72、73、75 左與右、85 右、96 上、97、126、152、153 上；保羅・克里斯多福文件，（目錄頁）3、頁 114-115、116、118、121、124、128-129、130-131；聯繫新聞圖片社（Contact Press Images/ Colorific），頁 225、234-235；方大曾作品全集，頁 120 左；甘博中國研究基金會（美國），頁 4（封面頁後）、11 右下、12 上、67、98-99（全部）；國民黨黨史會（台灣），頁 28 上、31 中、48 上、54 左、69、111、136、148、153 下；巴黎：哈林格－維奧莉特（Harlingue-Viollet），頁 46、47；哈佛燕京圖書館藏法蘭克・卡納迪檔案，頁 12 下；海達・莫里遜檔案，頁 146-147（全部）、164 下；約翰・希利爾森新聞圖片社（John

Hillelson Agency），頁 43 上、187；謝三泰（台灣），頁 237、241；阿姆斯特丹：荷蘭影像攝影社，頁 226-227、228-229、231、251；史丹佛大學胡佛研究所藏米莉‧巴內特專檔（Milly Bennet Collection），頁 68、86；亞歷山大‧巴克曼（Alexander H. Buchman）專檔，頁 71、91；法蘭克‧寶恩（Frank Dorn）專檔，頁 100 上、138；傑伊‧喀爾文‧胡斯頓（Jay Calvin Huston）專檔，頁 90；約書亞‧鮑爾斯（Joshua B. Powers）專檔，頁 22-23 右、30、31 右；魏德邁（Albert Wedermeyer）專檔，頁 149；伊凡‧伊頓（Ivan D. Yeaton）專檔，頁 142；霍爾頓‧蓋提（Hulton Getty）專檔，頁 49、57、76 上、77、78-79、87、92、100 下、101、109、122-123、125、127、140、141、154 下、169、192-193；巴黎：《畫報》（L'Illustration/Sygma），頁 11 上與右、16 上、18 上、24、32-33、42-43 主視覺與上左、50-51 右、54 左一、74、94、95；凱茲圖像（Katz Pictures），頁 249 上；梁從誡，頁 102-103 全部；李振盛，頁 195、196、197、199、203、206、207、209、216-217（全部）；劉振祥，頁 222-223；倫敦：馬格蘭攝影通訊社（Magnum），頁 1（簡略書名頁）、4-5（書名頁）、6-7、166-167、189、212、214、232-233、238 下、248；達利歐‧米迪提耶里（Dario Mitidieri），頁 238 上；巴黎：吉美博物館，頁 8、13、14；卡迪‧范‧羅豪晨（Kadir Van Lohuizen），頁 242-243；倫敦：海外基督使團與倫敦大學亞非學院（School of Oriental and African Studies），頁 18 下、132、164 上、165；北京：故宮博物院，頁 26-27、35、60-61（全部）、108 上；倫敦：帕諾斯圖片社（Panos Pictures），頁 240 上；皮博迪自然史博物館暨拉鐵摩爾基金會，頁 134-135（全部）；米蘭：宗座外方傳教會藏南懷謙（Leoni Nani）神父檔案，頁 15、19、22 左、36-37、41 上、44 左上、44-45；巴黎：羅孚（Rapho）攝影通訊社，頁 200-201；巴黎：羅傑‧維萊特（Roger Viollet）攝影協會，頁 39、88-89、110；上海歷史博物館，頁 82（全部）、81、82、83；《上海公共租界工部局檔案》，頁 84-85 左；時盤棋，頁 161、174、175；薩姆‧塔塔／倫敦：貝茲福德（B.T.Batsford）公司，頁 156、157；台灣：鄧南光作品集，頁 106、143、144-145（全部）；紐澤西州麥迪遜（Madison）市：《聯合循道會檔案》，頁 16 下、25、38、40、58、59；舊金山：安德伍兄弟（Underwood & Underwood），頁 108 下；台灣：吳金淼作品集，頁 107；北京：新華社，頁 50 左上、112、150 下、151、154 上、159、160、162、163、168、170 上與下、171、172、173、176、178-179、182-183、185、191、198、202 上與下、208、219、224；北京：徐勇，頁 250 上與下、256-257；明尼蘇達大學（University of Minnesota）藏美國基督教青年會檔案，頁 62、63、65；耶魯大學手稿與檔案館藏《雅禮協會檔案》（Yale-in-China Archives），頁 48 下；台灣：楊永智，頁 249 下、255；楊洋康（音譯），頁 240 下；上海：雍和，頁 244、245、246-247（全部）、252-253。

引用出處

頁 56 圖說：溥儀，《我的前半生》；頁 68：譚若思（Ross Terrill），《毛澤東傳》（Mao: A Biography, New York, 1980）；頁 68 圖說：Milly Bennett, On Her Own, New York: 1993；頁 87 圖說：Milly Bennett, On Her Own, New York: 1993；頁 95：W. H. Auden & Christopher Isherwood, Journey to a War, London and New York, 1939；頁 110 圖說：溥儀，《我的前半生》；頁 117 圖說：Frank Dorn, Sino-Japanese War, 1974；頁 119 圖說：Frank Dorn, Sino-Japanese War, 1974；頁 121 圖說：Frank Dorn, Sino-Japanese War, 1974；頁 125：Frank Dorn, Sino-Japanese War, 1974；頁 126：Frank Dorn, Sino-Japanese War, 1974；頁 133：埃德加‧斯諾（Edgar Snow），《紅星照耀中國》（Red Star Over China, New York, 1938）；頁 140：史迪威（Joseph Stilwell）著、白修德（Theodore White）編，《史迪威日記》（The Stilwell Papers, New York, 1948）；頁 140：陳納德（Claire Lee Chennault），《戰士之路》（Way of a Fighter, New York, 1949）；頁 140-141：W. H. Auden & Christopher Isherwood, Journey to a War, London and New York, 1939；頁 140-141：史迪威（Joseph Stilwell）著、白修德（Theodore White）編，《史迪威日記》（The Stilwell Papers, New York, 1948）；頁 156：Derk Bodde, Peking Diary 1948-1949: A Year of Revolution, Toronto, 1968；頁 170 圖說：李志綏，《毛澤東私人醫生回憶錄》，台北：時報，1994 年；頁 174：R. MacFarquhar ed. The Hundred Flowers, London, 1960；頁 177 圖說：李志綏，《毛澤東私人醫生回憶錄》，台北：時報，1994 年；頁 177 圖說：R. MacFarquhar, T. Cheek, E. Wu, eds., The Secret Speeches of Chairman Mao from the Hundred Flowers to the Great Leap Forward, Cambridge, MA, 1989；頁 178 圖說：李志綏，《毛澤東私人醫生回憶錄》；頁 179：巫寧坤，《一滴淚》，台北：允晨文化，2007 年；頁 181 圖說：R. MacFarquhar, T. Cheek, E. Wu, eds., The Secret Speeches of Chairman Mao from the Hundred Flowers to the Great Leap Forward；頁 194 圖說：劉索拉，《混沌加哩格楞》，1994 年；頁 201 圖說：劉索拉，《混沌加哩格楞》；頁 210 圖說：李志綏，《毛澤東私人醫生回憶錄》；頁 210 圖說：張戎，《鴻：三代中國女子的故事》，台北：麥田，2014 年。

關於中國近代史研究的文獻入門導讀，讀者可以參見：〈延伸閱讀〉（FurtherReadings），收於：Jonathan Spence, The Search of Modern China, 1990. 中譯版可參見：史景遷（著）、溫洽溢（譯）、孟令偉、陳榮彬（審校），《追尋現代中國》（The Search of Modern China），台北：時報出版，2019 年。

索引
INDEX

269

國家圖書館出版品預行編目(CIP)資料

世紀中國：近代中國百年圖像史 / 史景遷(Jonathan D. Spence), 金安平作；廖彥博譯. -- 初版. -- 新北市：左岸文化出版：遠足文化發行, 2020.08
　　面；　公分 -- (歷史.跨越；16)
譯自：The Chinese century : a photographic history of the last hundred years
ISBN 978-986-98656-7-8(精裝)

1.近代史 2.中國史 3.照片集

627.6　　　　　　　　　　　　　　　　　　　　　　　　　　　　　　　　　　　　　　109009649

特別聲明：有關本書中的言論內容，不代表本公司／出版集團的立場及意見，由作者自行承擔文責。

歷史‧跨域 16

世紀中國：近代中國百年圖像史
The Chinese Century: A Photographic History of the Last Hundred Years

作者‧史景遷（Jonathan D. Spence）、金安平（Annping Chin）｜譯者‧廖彥博｜**責任編輯**‧龍傑娣｜**校對**‧施靜沂、楊俶儻｜**美術設計**‧林宜賢｜**出版**‧左岸文化 第二編輯部｜**社長**‧郭重興｜**總編輯**‧龍傑娣｜**發行人兼出版總監**‧曾大福｜**發行**‧遠足文化事業股份有限公司　**電話**‧02-22181417　**傳真**‧02-86672166　**客服專線**‧0800-221-029　**E-Mail**‧service@bookrep.com.tw　**官方網站**‧http://www.bookrep.com.tw｜**法律顧問**‧華洋國際專利商標事務所‧蘇文生律師｜**印刷**‧崎威彩藝有限公司｜**初版**‧2020年8月｜**定價**‧1200元｜**ISBN**‧978-986-98656-7-8｜**版權所有‧翻印必究**｜本書如有缺頁、破損、裝訂錯誤，請寄回更換